Scharuk Husain

Mondfäden und Märchengarn

Zu diesem Buch

Sie legen Kleider und Juwelen ab, sind Meisterinnen der Verwandlung und leben wild und gefährlich. Sie sind geschickte Jägerinnen, furchtlose Kämpferinnen und gewandte Händlerinnen, dinieren mit Königen, Bauern und Seemännern. Sie brechen auf in Wüsten voller Fantasiestaub, treffen auf Zauberstuten, Dämonen und Menschenfresserinnen. Wenn der Schleier der Nacht sich über die Welt legt, lassen sie den Mond schmelzen, und wenn das Blut der Sonne den Himmel rot färbt, ziehen sie in den Krieg. Mit Wagemut und Fantasie finden die Frauen in diesen Märchen ihren Weg, so verschlungen er auch sein mag. Scharuk Husain hat ihnen nachgespürt und ihre Geschichten aus allen Ecken der Welt zusammengetragen.

»Man kann nicht anders, als sich mit ihren Texten vertraut und verbunden zu fühlen.« *Sangat Review*

Die Autorin

Scharuk Husain, geboren 1950 in Karatschi, Pakistan, ist Autorin und Psychotherapeutin. Ihre Kindheit verbrachte sie in Pakistan und studierte im Anschluss Orientalistik und Afrikanistik in London. Sie hat Theaterstücke, Belletristik und Sachbücher für Erwachsene und Kinder verfasst und an Drehbüchern für Merchant Ivory und Disney mitgearbeitet. Seit vielen Jahren beschäftigt sie sich mit Mythen und Folklore aus aller Welt und sammelt Märchen. Husain ist verheiratet, hat zwei Kinder und lebt in London.

Im Unionsverlag ist außerdem lieferbar: *Von Hexen, Nixen und Feen – Märchen aus allen Welten.*

Mehr über die Autorin und ihr Werk auf *www.unionsverlag.com*

Scharuk Husain

Mondfäden und Märchengarn

Geschichten von heimlichen Heldinnen

Aus dem Englischen
von Ruth Melcer

Unionsverlag

Die englische Originalausgabe erschien 1995 bei Virago Press, London.

Im Internet
Aktuelle Informationen, Dokumente und Materialien
zu Scharuk Husain und diesem Buch
www.unionsverlag.com

Unionsverlag Taschenbuch 933

Originaltitel: Women Who Wear Breeches (1995)

Neptunstrasse 20, CH-8032 Zürich
Telefon +41 44 283 20 00
mail@unionsverlag.ch

Die erste Ausgabe dieses Werks im Unionsverlag erschien 1996
Reihengestaltung: Heinz Unternährer
Umschlagmotiv: Kirill Pershin (Unsplash)
Umschlaggestaltung: Peter Löffelholz
Satz: Greiner & Reichel, Köln
Druck und Bindung: CPI – Clausen & Bosse, Leck
ISBN 978-3-293-20933-6

Der Unionsverlag wird vom Bundesamt für Kultur mit einem
Verlagsförderungs-Strukturbeitrag für die Jahre 2021–2024 unterstützt.

Auch als E-Book erhältlich

Inhalt

Für Ruth Petrie

Vorwort

Ich war zehn, als ich zum ersten Mal die Geschichte einer Frau hörte, die sich als Mann verkleidet hatte. Die Erzählung handelte von der Tochter eines Hufschmieds, die einen jungen Rabauken von einem König heiratete und sich dann als Mann verkleidete, um ihn vor einer bösen Prinzessin zu retten.

Die forsche Tochter des Hufschmieds mit ihrem unerschütterlichen Lebensmut begeisterte mich. Sie war fest entschlossen, ihrem Mann Respekt abzufordern. Sie war willens, die Spielregeln des Lebens gegen dieses selbst zu kehren. Sie hatte ein so erfrischendes »Tu-was-dir-passt«-Auftreten. Sie ging jedes Risiko ein, ergriff jede sich bietende Gelegenheit und bahnte sich unbekümmert ihren Weg zum Erfolg. Sie trug den Sieg davon, und ich hatte angebissen.

Die Tochter des Hufschmieds tat die Dinge, von denen man mir als kleinem Kind gesagt hatte, sie seien falsch, und die mein Kinderherz dennoch weiterhin reizten. Sie widersprach, sie war eigensinnig und ungehorsam, sie log und betrog. Sie war das böse Mädchen in Person, ein Typ, mit dem mir die Erwachsenen den Umgang verboten hätten. Und wie viel Spaß sie dabei hatte, wild und gefährlich zu leben!

Die Geschichte wurde mir von einem grimmig aussehenden Mann von der Nordwestgrenze Pakistans erzählt, der vorübergehend den Nachtwächter im Haus unserer Familie in Karatschi vertrat. Er freute sich von ganzem Herzen über die tollen Streiche der Heldin – die Spötteleien, die Betrügereien und schließlich die Niederlage ihres Ehemanns. Zugegeben, seine Version der Geschichte betonte nicht, dass die Tochter des Hufschmieds unter ganz anderen Voraussetzungen und Bedingungen zum König zurückkehrte. Er schloss die Geschichte mit einer Rechtfertigung des Königs, doch sein Ton und seine Haltung zeigten, dass er von ihrem Sieg hingerissen war.

Im Rückblick wird mir klar, dass der Grenzbewohner die Geschichte mit so viel Gusto und solcher Dynamik vorgetragen hatte, weil er sich mit der Heldin identifizierte. Er und sie wurden austauschbar, wenn er von ihr bald in der maskulinen, bald in der femininen Form sprach, zugleich weibliche und männliche Züge hervorhob. Sie war das perfekte Zwitterwesen, das sowohl das Beschützende als auch das Durchsetzungsvermögen in Mann und Frau repräsentierte. Und die Frage, warum ihr Ehemann sie nicht wiedererkannt hatte, obwohl er doch ihr Gemahl war, oder was mit der bösen Prinzessin geschah, war Nebensache – die Zuhörerin und der Erzähler konzentrierten sich voll und ganz auf die Bedürfnisse der Heldin und hofften und bangten mit ihr und ihrer wilden Entschlossenheit, diese zu stillen.

Ich durchstöberte die Bibliotheksregale nach weiteren Heldinnen wie ihr und fand überall Verkleidungskünstlerinnen: bei Enid Blyton wie bei Shakespeare, in China und in Afrika, in Europa und im Orient, in klassischer und moderner Literatur, und dazu authentische historische Fälle. Aber keine war im Entferntesten so aufregend und wagemutig wie die unwiderstehliche, anarchische Verkleidungskünstlerin in meinem Märchen. Über die Jahre wurde meine Suche noch aufregender: Ich pickte mir die Geschichten einzeln aus den Erinnerungen von Erzählern und aus verschiedenen Anthologien heraus, bis ich ein ansehnliches Knäuel dieses besonderen Märchengarns beisammenhatte, das die vielen Eigenschaften der Frau feiert – von

Pflichttreue bis Verrat, von Ehrlichkeit bis Betrügerei, von Hingabe bis Respektlosigkeit.

Überall in der Welt sind die Geschichten über Verkleidungskünstlerinnen reich und vielfältig, doch mit der Zeit konnte ich einzelne Gruppierungen ausmachen: Geschichten aus dem Orient zum Beispiel zeigen häufiger aristokratische Heldinnen, die auf dem Weg zur Erfüllung ihrer traditionellen Märchenaufgabe gegen Ungeheuer und Dämonen kämpfen müssen, während sich die Frauen in Nordeuropa lieber in Uniform kleiden, Kriege führen und zur See fahren. Einige Frauen wählen den Weg des Asketen und riskieren auf diese Weise ihr Leben, andere, insbesondere in der italienischen Novelle, werden von eifersüchtigen, um die Keuschheit ihrer Ehefrau besorgten Gatten dazu getrieben, sich Mönchskutten überzuwerfen. Aber es gibt keine festen Regeln außer dieser: Jede Frau verschafft sich aus der Verkleidung einen Vorteil.

Das Anziehen von Männerkleidung – Machtkleidung in höchster Potenz – ist das äußerlich sichtbare Anzeichen für eine Verschiebung der Werte und Wahrnehmungen der Heldin. Wenn sie dann ihre Erfahrung mit beiden Lebensweisen gemacht hat, ist sie frei, ihre Wahl zu treffen. Indem die Heldin ihre Schleier, Kleider und Juwelen ablegt, wirft sie auch ihre Fesseln ab. Die Männerkleidung ist das Symbol ihrer Befreiung. Und wir alle wissen, welche Anstrengungen es eine Frau kostet, wenn aller Augen auf sie gerichtet sind und nur darauf warten, dass sie in einer Männerwelt ihr Frausein verrät.

Märchen rücken dieses Ungleichgewicht unmittelbar und befriedigend zurecht. Hier durchbrechen Frauen, als Männer verkleidet, ungehindert die von männlicher Macht errichteten Schranken und schwingen sich zu enormer Größe auf – wie die Tochter des Hufschmieds triumphieren sie auch dort, wo Männer versagt haben. Es stellt sich heraus, dass sie ohne Weiteres das Zeug zum Rechtsanwalt, Arzt oder Ritter haben – manchmal werden sie sogar König. Doch um in die weiten Gebiete ihrer unerforschten, ungenutzten inneren weiblichen Landschaft vorzudringen und die Kraft, von deren Existenz allein sie wissen, unter Beweis zu stellen, müssen sie zuerst in Männerkleidung schlüpfen. In Hosen können sie dann die zu dieser Kleidung gehörigen Qualitäten ausleben – Waghalsigkeit, offen gezeigte Sexualität und Unabhängigkeit. Und obwohl die Prinzessin als Märchenfigur natürlich nicht wegzudenken ist, ist sie keineswegs die Einzige, die sich dieser List bedient: Bäuerinnen, Priestertöchter, Frauen von Schneidern, Schuhmachern und Ärzten – sie alle steigen buchstäblich in die Hosen, wenn sie einen Grund dazu haben.

Ich habe festgestellt, dass in Geschichten von Verkleidungskünstlerinnen fast immer ein Prozess am Werk ist. Die Heldin reagiert auf ein Bedürfnis oder einen Ruf; sie verwandelt sich schnell und vollständig (oft auch heimlich), um dieses Bedürfnis zu stillen; schließlich offenbart sie nach Erfüllung ihrer Mission ihre Verkleidung vor denen, die ihr wichtig sind, und kehrt zu ihrer früheren Normalität zurück. Dieser Prozess verändert sie jedoch nachhaltig und markiert eine wichtige Wende in ihrem Leben.

Eine Frau in Gestalt eines Mannes ist das äußerste Symbol von Täuschung oder Metamorphose, und da Märchen, die im Bereich des Unwahrscheinlichen angesiedelt sind, schon immer ein ideales Mittel für Anspielungen auf das Untergründige, Verborgene waren, ermöglicht diese Figur eine taugliche, manchmal erheiternde Bezugnahme auf Themen, die im Allgemeinen tabu sind. So zum Beispiel die Homoerotik – Frauen verlieben sich in als Männer verkleidete Frauen, als Männer verkleidete Frauen verlieben sich in Frauen, Männer verlieben sich in Frauen, obwohl sie sie für Männer halten. Doch der lineare und fest vorgegebene Ablauf des traditionellen Märchens stellt lediglich die provokative Frage in den Raum und geht dann weiter, ohne die Sache näher zu untersuchen. Beschließt die Leserin, der Leser, die Sache weiterzuverfolgen, dann hat das Märchen eines seiner Ziele erreicht – den Geist zum Überschreiten des vorhandenen Rahmens anzuregen, die Fantasie zu beflügeln.

Zweifelsohne bringt die Verwandlung Schwierigkeiten mit sich. Über die Jahrhunderte konditioniert, eignen sich Männer den Raum auf andere Weise an als Frauen. Vermutlich, weil sie auf den Begriff des »äußerlichen Raumes« eingestimmt sind, versuchen sie, diesen zu erobern, indem sie sich mit Händen und Füßen auf ihn stürzen und ihn umklammern und dazu benutzen, ihren Körper mit einem Nimbus zu umgeben, der sie beschützen und größer erscheinen lassen soll. Frauen hingegen passen sich der Beschränkung auf einen »Innenraum« an; sie neigen dazu, sich zu verschließen und mit überkreuzten, dicht aneinanderliegenden Beinen den Raum auszusperren, die Arme eng an den Körper gepresst. Männer und Frauen klingen verschieden und sehen anders aus, sie reagieren unterschiedlich. Wir glauben, wir könnten sie auch ohne ihre unterschiedliche Kleidung auseinanderhalten. Wir sprechen von »männlichen« Frauen und »weiblichen« Männern.

Entgegen der landläufigen Meinung zeichnen Märchen keine Klischees. Wie Träume symbolisieren sie Qualitäten und verborgene Potenziale. Sie lassen beträchtlichen Spielraum – so verlieben sich zum Beispiel kleine Mädchen und heiraten, und zwar ohne jegliche Angabe, ob und wie viel Zeit inzwischen verstrichen ist. Wir könnten dies damit erklären, dass es in den vergangenen Zeiten von »Es war einmal« für Mädchen nicht ungewöhnlich war zu heiraten, noch ehe sie im heiratsfähigen Alter waren; damals trugen Männer oft langes Haar; abgesehen von Schleier und Turban unterschied sich die Kleidung orientalischer

Männer kaum von derjenigen der Frauen. Dennoch: Da die verkleidete Heldin sich selbst ständig in Situationen bringt, in denen sie entlarvt werden könnte, ist sie permanent in Gefahr, entdeckt und erkannt zu werden.

Verrat, Betrug und Unsittlichkeit konnten in den Zeiten von »Es war einmal« mit Kerker oder gar mit Tod bestraft werden. Im fünften Buch Mose, dem Deuteronomium, eingebettet zwischen einem freundlichen Vers, der einen Mann dazu ermahnt, seinem Nächsten beizustehen, dessen geschwächtem Ochsen wieder auf die Beine zu helfen, und einem anderen Vers, der gemahnt, brütende Vogeleltern in ihrem Nest zu schonen, fand ich zu meinem Entsetzen folgenden Einschub, der zur Grundlage grausamer Urteilssprüche gegen Verkleidungskünstlerinnen und -künstler wurde: »Nicht sei Mannsgerät an einem Weib, nicht kleide sich ein Mann in Weibes Gewandtuch, denn ihm deinem Gott ein Gräuel ist, allwer dies tut.« (Deut. 22,5)

Bei Urvölkern und in frühen Zivilisationen bestand der Zweck von Mythos und Märchen darin, die Zuhörer in unterhaltsamer Weise darauf vorzubereiten, was im wahren Leben auf sie zukommen konnte. In gewisser Weise ist das noch heute so. Geschichten der Völker aus aller Welt zeigen das Leben als eine Reihe von Aufgaben, die mittels einer Kombination aus beharrlicher Entschlossenheit, Kühnheit, Risikofreude und unerklärlichen Glückssträhnen bewältigt werden können. Das Leben lässt sich nicht voraussagen, denn es verläuft nicht nach einer erkennbaren Logik. Mythos und Geschichte lehren auch, dass das Überleben auf verschiedene Weisen gesichert werden kann: durch Trug oder Redlichkeit, Fleiß oder Faulheit, Duckmäuserei oder Mut, Aktivität oder Passivität – und durch ein Verbinden dieser Gegensätze. Jede Situation wird nach ihren einzigartigen Vorzügen beurteilt – die Heldin des einen Märchens mag das Verhalten einer Schurkin in einem anderen Märchen nachahmen.

Märchen kommen aus dem Land, wo Ungehorsam sich bezahlt machen, Faulheit reiche Belohnung einbringen und Täuschung in Ehre münden kann. Kurz, es ist das Land der Verheißung – das Land, in dem nichts unmöglich ist, wo das Urteil, wenn es denn je dazu kommt, erstaunlich milde ausfallen kann. Und die Verkleidungskünstlerin verkörpert die erfolgreiche Verbindung der Gegensätze.

Auf dem indisch-pakistanischen Subkontinent, wo ich aufwuchs – und besonders in meiner eigenen Familie –, war Geschichtenerzählen eine hochangesehene Beschäftigung. Europäische Märchenklassiker, die Brüder Grimm, Hans Christian Andersen und die Bücher von Andrew Lang teilten sich den Platz im Regal mit orientalischen Wälzern wie dem Epos von *Amir Hamza* und den *Chronicles of Azaad* – und Burtons englische Übersetzung von *Tausendundeiner Nacht* war die Brücke zwischen diesen Welten. Geschichten waren allgegenwärtig, von *American-Junior-Classic*-Comics bis hin zu Sammelbänden griechischer, römischer und ägyptischer Mythologie. Die vielfältige Rolle von Geschichten, Fabeln und Sprichwörtern, die für Lob oder Tadel herhielten oder wie Karten- oder Brettspiele dem gemeinsamen Zeitvertreib dienten, ist mir in lebhafter Erinnerung geblieben. Diese Geschichten waren lebendig und einflussreich und vermittelten Lebensauffassungen, wünschenswerte Ergebnisse, religiöse Vorstellungen und moralische Perspektiven. Frauen, die sich wie Männer kleideten, brachten daher eine berechtigte weibliche Fantasie zum Ausdruck – das Sichlösen von den Fesseln ihres Geschlechts. Für eine Frau war das Ablegen der Frauenkleider gleichbedeutend mit dem Ablegen der dazugehörigen Person. Und die Veränderung reichte noch tiefer, nämlich bis ins Innerste ihrer Persönlichkeit und ihrer Seele, und brachte die Zauberkräfte von List und Fantasie zutage.

Ich bekenne freiheraus: Ich bin von der Beherztheit dieser

Heldinnen noch immer verzaubert – von ihrer mutigen, unverblümten Forderung des Rechts auf Selbstdarstellung, von ihrer Entschlossenheit, auf beiden Hochzeiten zu tanzen, von der Selbstverständlichkeit, mit der sie aus dem Frausein heraus- und wieder in dieses hineinschlüpfen. Als Kind hatte ich nie das Gefühl, dass jemand in meinem Umfeld dies missbilligte. An der allgemeinen Form des Märchens gab es nichts, was einer Zensur bedurft hätte. Die Verankerung des Märchens in den Landen der weiten Ferne, in Zeiten, in die sich die Uhr nicht zurückdrehen lässt, genügte, um die drohende Subversion in Schach zu halten und zugleich das unerschöpfliche und magische Potenzial für Erfüllung zu bieten.

Die offensichtlich erbauliche Wirkung des Märchens von der Verkleidungskünstlerin rührt von zwei entscheidenden Faktoren her: Die Heldin erhält für ihre Errungenschaften bedingungslose Anerkennung, worauf ihr Lebensstil eine Frage der freien Wahl wird. Dies verändert in subtiler, nachhaltiger und unwiderruflicher Weise ihren gesellschaftlichen Status.

Von Verwandlungen handelt jedes Märchen in seinem Innersten, und die Verkleidungskünstlerin ist geradezu ein Paradebeispiel für diesen Vorgang. Wie in der Geschichte, die mir der Nachtwächter erzählte, wird die wichtigere innere Wandlung von der konkreten äußeren Veränderung überlagert. Doch ist es die durch das Erlebnis der Heldin hervorgerufene innerliche Umkehr, die letztlich eine neue Wendung in die »alte« Situation bringt: Eine tyrannisierte Ehefrau fühlt sich nicht länger ausgenutzt, auch wenn sie weiterhin dieselben Pflichten erfüllt, und die Tochter, die die Freilassung ihres Vaters aus dem Kerker bewirkt hat, kehrt mit einem neuen Verständnis ihrer Rolle in die Frauengemächer zurück.

Ich habe mich entschieden, in meiner Version der Geschichten diesen inneren Wandlungsprozess von der Abhängigkeit zur

Unabhängigkeit in irgendeiner Form zu zeigen. Nie hegte ich Zweifel daran, dass die Heldinnen meiner Sammlung aus Legenden und Märchen stammen würden, doch beim Schreiben merkte ich, dass ich meiner Muse oft bessere Dienste erwies als meiner Wissenschaft. Als Volkskundlerin und Sammlerin von Volksmärchen fühlte ich mich genötigt, Struktur und Inhalt der Geschichten so zu belassen, wie ich sie zum ersten Mal gehört oder gelesen hatte. Als Schriftstellerin wollte ich mir aber die Freiheit nehmen, die Figuren über ihre reine Funktion hinaus weiterzuentwickeln, ihre Motive zu untersuchen, über ihre Probleme nachzudenken, deren Lösung zu bejubeln. Doch Märchen gleichen eher Erinnerungen als Romanen, vielleicht sind sie gar eine Form von Geschichtsschreibung. Es gab sie schon lange, ehe ich meinen Stift aufs Papier setzte, und ich ertappte mich dabei, wie ich mit ihnen Verhandlungen führte, so wie man beim Schreiben eines historischen Romans über eine berühmte Persönlichkeit mit der geschichtlichen Wahrheit verhandeln würde; man nimmt leichte Veränderungen in der Chronologie vor, stellt gewisse Aspekte im Leben der dargestellten Person heraus, andere Elemente nimmt man zurück – und hofft dabei, den Kern des Ganzen nicht zu verzerren. Oder man handelt ähnlich wie ein Therapeut, der an Situationen teilhat, in denen das Unaussprechliche aussprechbar, das Unbenennbare benannt werden muss. Benennen und in der Folge Aneignen sind die beiden entscheidenden Schritte der Integration; das Gute, das Böse und das Zweifelhafte sind allesamt Teil des Ganzen, und die Verkleidungskünstlerin spiegelt diese Synthese wider.

In einigen Fällen bedeutete dies nicht mehr, als der Heldin einen Namen zu geben, während ich in anderen Fällen versteckte Neigungen erforschte – Homosexualität, Hemmungslosigkeit, den Kampf der Geschlechter – jene Fragen, die mir als Kind von zehn Jahren so nebensächlich erschienen waren. Ich habe versucht, den charakteristischen Ton der jeweiligen Situation in einer Geschichte herauszuarbeiten – ob derb, ironisch, ernst oder urkomisch. Die Puristin in mir ist getröstet durch das Wissen, dass die Handlung unter all den Einzelheiten unbestreitbar dieselbe bleibt.

Ich habe diese Geschichten im Geist des Geschichtenerzählens geschrieben und dabei der Versuchung widerstanden, den Erzählungen, die über meine eigene kulturelle Erfahrung hinausgehen, eine literarische oder historische Authentizität zu verleihen. Wie eine Geschichtenerzählerin bin ich meinen Instinkten gefolgt, habe die Persönlichkeit der Hauptfiguren mit mehr Fleisch modelliert, auf dem Weg Denkpausen eingelegt, den Randfiguren eine eigene Entwicklung zugestanden – und bin den unbeantworteten Fragen nachgegangen, die mir einfielen, als Erwachsener und schon als Kind: in Atem gehalten und fasziniert vom Wagemut und der stolzen Unabhängigkeit der Frauen, die in die Hosen steigen.

Scharuk Husain, London, 1995

Königsrätsel

Wasili Wasiljewitsch? Wasilissa Wasiljewna? Ist es eine Frau? Ist es ein Mann? Des Priesters Tochter? Des Priesters Sohn? König Barakat stand vor einem Rätsel. Er war so verdutzt, dass er gar den Hinterhof des Palastes aufsuchte, um sich von der alten Hexe, die dort wohnte, Rat zu holen. Und auf diese Weise erfuhr Wasilissas Diener von seiner Verwirrung und seiner Neugier.

Wasilissa Wasiljewna schlug sich auf die Schenkel und lachte. »Der König will also wissen, ob ich eine Frau bin. Mich wundert, dass ihn das so beschäftigt!«

»Nun«, antwortete der Diener, »ich vermute, das ist kein Wunder. Wo, sagtet Ihr, ist er Euch begegnet?«

»Ich bin ihm begegnet«, verbesserte Wasilissa ihren Diener. »Ich war im Wald auf Jagd, und er auch. Hinter mir, über dem Rücken meiner grauen Stute – du weißt schon, die mit der grauen Mähne –, hing ein Sack voll Wild, als plötzlich der König mit ganz ordentlicher Jagdbeute auftauchte. Ich grüßte ihn von fern und ritt meines Weges.«

»Dann«, schloss der Diener an Wasilissas Stelle, »ist es tatsächlich kein Wunder. Ihr rittet davon, ohne innezuhalten, um den König zu grüßen, wie andere es tun würden. Da wurde er neugierig und fragte seinen Reitknecht: ›Wer ist der junge Mann?‹, und der Reitknecht antwortete: ›Nicht ein Mann, Herr, sondern eine Frau – die Tochter des Priesters –, Wasilissa Wasiljewna.‹ Und genau zur gleichen Zeit sagte ein anderer Begleiter: ›Das ist der tüchtige Jäger Wasili Wasiljewitsch.‹ Also war der König verwirrt.«

Wasilissa lachte laut auf. »›Wer ist dieser Mann‹, was? Überraschend ist es wohl nicht, aus dieser Entfernung und bei meiner Jagdkleidung. Er ist bestimmt nicht der Erste, und er wird auch nicht der Letzte sein. Es ist ja für viele ein Rätsel. Bin ich ein Mann? Bin ich eine Frau? Wenn ich eine Frau bin, warum trage ich Reithosen? Jeder will eine Antwort. Nur ich selbst habe noch nie darüber nachgedacht!«

Sie stand auf, kippte ihr übliches Glas Wodka, gab ein scharfes Zischen von sich, als er ihr durch die Kehle rann, und spannte die Lippen über den Zähnen. Sie liebte dieses Gefühl von Hitze, das sich in ihrer Brust ausbreitete, wenn der Wodka ihren Hals hinunterjagte. Sie nahm es mit den trinkfestesten Männern auf, jawohl, sie, Wasilissa Wasiljewna, obgleich ihr Vater, der sanfte Priester Wasili, sie ständig mahnte, dass es sich für eine Frau nicht schicke, Wodka zu trinken.

»Wir werden wahrscheinlich noch mehr vom König hören, obwohl ich mir nicht so recht vorstellen kann, was er von der alten Hexe zu erfahren hofft – außer einem Haufen abergläubischen Mumpitz.«

Sie lachte leise in sich hinein, während sie aufstand und sich die Hosen glatt strich. Ihr Vater sah sie gerne hübsch und ordentlich, und sie selbst achtete peinlich auf ihr Aussehen. Noch immer lachend, schlenderte sie zum Studierzimmer des alten Wasili. Er würde Gefallen an der Geschichte finden, da war sie sich sicher.

Sie trat ein, wie immer, ohne anzuklopfen; der Priester war dabei, einen Brief zu lesen – siehe da!, mit dem königlichen Wappen.

»Ein Brief des Königs?«, fragte Wasilissa, ohne eine Spur von Überraschung in der Stimme.

»Woher weißt du das?«, entgegnete ihr Vater erstaunt.

»Nun, Vater, ich habe sozusagen erwartet, von ihm zu hören.«

Der alte Wasili schüttelte den Kopf, konnte sich aber ein Lächeln nicht verkneifen. »Tochter, Tochter«, verkündete er, »ich wage es nicht, dich nach dem Grund für so eine Erwartung zu fragen.«

»Das ist aber schade, Vater«, lachte Wasilissa, »weil ich nämlich hergekommen bin, um es dir zu erzählen.«

Der Priester gab sich geschlagen: »Nun, dann sprich.«

Also erzählte Wasilissa ihrem Vater von der Begegnung, nahm dann den Brief und las. *»Ehrwürdiger Priester Wasili«,* schrieb König Barakat, *»ich wünsche, dass Ihr Eurem Sohn Wasili Wasiljewitsch gestattet, mich in meinem Palast zu besuchen und am königlichen Tisch mit mir das Brot zu brechen.«* Wasilissa lachte laut heraus.

»Wünscht er nun mit einer Frau zu dinieren«, fragte der Priester scharfsinnig, »oder mit einem Jäger seines Ranges?«

»Ein guter Jäger bin ich allemal, ganz gleich, ob man mich nun einen Mann oder eine Frau nennt. Aber genau deswegen, weil er das eben nicht weiß, möchte Barakat, dass ich mit ihm speise. Bin ich ein Mann? Bin ich eine Frau? Bin ich der Sohn des Priesters? Oder seine Tochter? Armer König Barakat! Er ist so verzweifelt, dass er schon alte Weiber um Rat bittet. Und dabei sind es doch immer die Frauen, über die man ihrer eitlen Neugier wegen herzieht.«

Wasilissa Wasiljewna? Wasili Wasiljewitsch? Mann oder Frau? Des Priesters Tochter, des Priesters Sohn? Wasilissa konnte sich das Grinsen kaum verkneifen, als Barakat, seinen Argwohn meisterhaft verbergend, sie höflich begrüßte. Beim Eintreten verneigte sich Wasilissa tief, bekreuzigte sich und hob ihre Hände zum Gebet, und der König war über ihre formelle und korrekte Begrüßung hocherfreut. Tatsächlich war er den ganzen Abend über so gastfreundlich und charmant, dass Wasilissa ihrer Täuschung wegen einen Anflug von Schuldgefühl verspürte – doch nicht lange. Schließlich hoffte Barakat seinerseits, sie zu überlisten, indem er vorgab, bezüglich ihres Geschlechts nicht verwirrt zu sein oder sich den Kopf zu zerbrechen. So blieb Wasilissa auf der Hut vor der Falle, die er auf den Rat der Alten hin für sie ausgelegt hatte und die er irgendwann würde zuschnappen lassen. Doch nichts dergleichen geschah, und der Abend ging friedlich zu Ende.

Schließlich begleitete der König Wasilissa zur Eingangshalle, dankte ihr für ihren Besuch und sagte, wie sehr er den Abend genossen habe. Und als sie seinen Dank und die Komplimente erwiderte, fiel ihr Blick auf einen Wandteppich, der neben einer Sammlung von Gewehren, Schwertern und anderen Waffen an der Wand hing. Ein auffälliges, merkwürdig grobes Stück, das man eher im Haus eines Bauern erwartet hätte: Die einzelnen Elemente standen im Widerstreit miteinander – die Farben grell, die Stickerei jedoch exquisit, die Gedanken edel, die Umsetzung aber plump. Der Wandteppich war nur deshalb bemerkenswert, weil er unter einer Sammlung von Kampfgerät hing, und da der Wodka Wasilissa in gelöste Stimmung versetzt hatte, sprach sie ungehemmt.

»Wie seltsam, einen Wandteppich zu Euren Schwertern zu hängen, König Barakat«, bemerkte sie. »Und dazu noch einen, den ich in einem Palast nicht erwarten würde! Im Haus meines Vaters fändet Ihr keinen wertlosen, mädchenhaften Tand dieser Art. Das würden wir nicht dulden, weder Vater noch ich.«

Und ehe der König sprechen konnte, verschwand Wasilissa Wasiljewna.

»Der König hat wieder die alte Hexe besucht«, berichtete ihr Diener, der nun zum Spion geworden war. »Er sagte, ihr Plan sei fehlgeschlagen.«

»Welcher Plan?«, fragte Wasilissa.

»Nun, anscheinend hatte die alte Frau dem König gesagt, er solle den Wandteppich aufhängen. ›Ist es eine Frau‹, behauptete sie, ›wird er ihr sofort auffallen; ist es ein Mann, werden ihm die Gewehre auffallen.‹ Nach diesem Rat hat der König gehandelt, aber es hat ihm nicht weitergeholfen.«

»Das kann man wohl sagen«, prustete Wasilissa, und der Schalk blitzte in ihren Augen. »Die Gewehre erwähnte ich kaum, den Wandteppich dagegen sehr wohl, bedachte ihn jedoch nur mit Spott. Armer König Barakat.«

Es dauerte keine ganze Woche, da sandte der König erneut eine Einladung für Wasilissa. Wie es sich schickte, war die Bitte, Wasili Wasiljewitsch zum Abendessen laden zu dürfen, an ihren Vater gerichtet. Wieder sattelte Wasilissa ihre graue Stute, schwang sich auf den Rücken des treuen Tieres und machte sich auf zum Palast. Und auch diesmal konnte sie bei der Erinnerung an die vergebliche List des Königs ihre diebische Freude kaum verbergen. Den ganzen Abend über blieb sie wachsam, um nicht in eine Falle zu tappen. Sie genoss die Unterhaltung und des Königs Gesellschaft, doch das Essen war diesmal nicht so schmackhaft wie bei der ersten Einladung. Jedes Mal, wenn sie einen Bissen nahm, stießen ihre Zähne auf harte Knollen. Zuerst war Wasilissa höflich, spuckte sie verstohlen in ihre Hand und warf sie unter den Tisch. Schließlich aber untersuchte sie einen vollen Löffel mit verstohlenem Blick genau, während sie mit dem König sprach, um ihn abzulenken. Die störenden Knollen waren rund und schimmerten.

»Perlen!«, erkannte sie zu ihrem Erstaunen. »Er hat die Speise mit Perlen versetzen lassen. Was für eine furchtbare Verschwendung!«

Mittlerweile hatten König Barakats angenehme Gesellschaft, seine Gastfreundschaft und der Wodka Wasilissas Zunge gelöst, und sie beklagte sich offen. »Gibt man bei Euch Perlen in die

Kascha, König Barakat? Die Zähne könnte man sich daran ausbeißen! Solch mädchenhaften Luxus würden mein Vater und ich in unserem Hause nicht dulden, des seid versichert. Aber ich danke Euch trotz allem für Eure Gastfreundschaft.«

Und Wasilissa Wasiljewna rauschte aus dem Palast, ehe der König seinen Mund öffnen konnte, um ihr zu antworten.

Wieder ließ Wasilissa König Barakat in einem Zustand der Verwirrung zurück. Wieder ging er zu der alten Hexe, und wieder wurde Wasilissa berichtet, dass der König wegen seines erneuten Fehlschlags ziemlich bedrückt sei. Natürlich war es das alte Weib gewesen, das angeordnet hatte, die Perlen in die Buchweizengrütze zu geben.

»Eine Frau weiß, dass es Perlen sind, und sammelt sie in einer Ecke, um sie mitzunehmen«, versicherte sie dem König. »Ein Mann denkt, es seien Kieselsteinchen, und wirft sie unter den Tisch.«

Der König war nicht überzeugt.

»Er hat sie doch unter den Tisch geworfen, oder etwa nicht?«, brummelte die alte Hexe. »Das bedeutet, es ist ein Mann.«

»Er mag sie unter den Tisch geworfen haben«, wandte der König ein, »aber er wusste, dass es Perlen waren. Also haben wir nichts erreicht.«

Es kam also eine dritte Einladung. Wieder war sie an den Priester gerichtet, wieder war Wasili Wasiljewitsch gebeten, mit dem König zu speisen, und wieder schwang sich Wasilissa Wasiljewna auf ihre graue Stute und ritt zum Palast. Mittlerweile begann sie sich allerdings schon zu fragen, wie lange es noch dauern würde, bis ihr Vergnügen sich in Langeweile und schließlich in Ärger verwandeln würde. Noch freute sie sich aber darauf, den König zu besuchen und sich seinen Herausforderungen zu stellen. Er war ein großzügiger Gastgeber und ein unterhaltsamer Gesprächspartner, und die Zeit mit ihm verging aufs angenehmste.

Oh, wie liebte Wasilissa Wasiljewna das Spiel dieser Herausforderungen! So ein kniffliger und raffinierter geistiger Wettkampf war doch weit aufregender als das Parieren und Stoßen mit einer Fechtklinge. Und König Barakat war ein würdiger Partner, verstand es, sie in eine Unterhaltung zu verstricken, ihre Gedanken zu betören und sie zu amüsieren. Dennoch ließ er sie nicht ein einziges Mal erkennen, dass er etwas anderes im Sinn hatte, als ihre Gesellschaft zu genießen – die Gesellschaft des Priestersohns Wasili Wasiljewitsch. Seine Witze waren stets ein wenig gewagt – jedoch nie genug, um die Grenze zu verletzen; seine Fragen waren stets ein wenig bohrend – jedoch nie genug, um preiszugeben, dass er Ermittlungen anstellte, abwägte, das Terrain prüfte.

Er war ein schlauer Bursche, dieser König Barakat, doch für einen König war es nur recht und billig, diese Eigenschaften zu haben. Wasilissa Wasiljewna fand in ihm einen ebenbürtigen Gegner, und ihr gefiel die Vorstellung, dass er diese Fähigkeiten nicht bei Tisch mit einem einzelnen Gast ausgefeilt hatte, sondern nach und nach in Sälen und an Höfen, mit Ministern und Königen, über Staatsangelegenheiten, über Fragen von Krieg und Frieden, Leben und Tod. Nein, Barakat war zweifellos so scharfsinnig und berechnend und entschlossen, wie man nur irgend sein konnte.

An jenem Abend betrat Wasilissa die bereits vertraute Eingangshalle und blickte sorgfältig um sich, als sie ihr übliches Gebet für Land und König sprach, sich bekreuzigte und sich nach Osten und Westen und Norden und Süden verneigte. Hing etwas Neues an den Wänden? Gab es irgendetwas Ungewöhnliches? Etwas, wovor sie sich in Acht nehmen musste? Nichts – oder jedenfalls nichts, was sie auf Anhieb erkennen konnte.

Sie richtete sich auf und folgte dem König in den Speisesaal. Wie gewohnt überhäufte der König sie mit Speisen und Wodka, sie erörterten die treffsichersten Zielmethoden und prahlten mit ihren jeweiligen Leistungen beim Jagen, bei Redegefechten und beim Rätselraten. Und sie klatschten sich auf die Schenkel und kippten ein Gläschen Wodka nach dem anderen und amüsierten sich köstlich. Wasilissa indes fragte sich: »Hat der König seine Ermittlungen etwa eingestellt? Genießt er meine Gesellschaft so sehr, dass ihn sein Rätsel nicht mehr beschäftigt?«

Doch Barakats nächste Worte machten ihr wieder bewusst, dass der schlaue König sich bestens auf sein Geschäft verstand und es ihm gelungen war, sie abzulenken.

»Wasili Wasiljewitsch, wir sind nun seit geraumer Zeit Freunde. Und wir haben des Öfteren zusammen gespeist – und einander viele Geheimnisse anvertraut. Ich denke, es ist daher nicht unangebracht zu fragen, ob Ihr heute Abend das Bad mit mir teilen wollt. Das Wasser wird gerade eingelassen und geheizt, und ich wäre hocherfreut, wenn Ihr Euch zu mir ins königliche Badehaus gesellen würdet. So könnten wir unser Beisammensein noch etwas länger genießen.«

Auf Wasilissas Gesicht machte sich ein äußerst vergnügtes Grinsen breit. »Oh, König Barakat! Welch eine Auszeichnung! Mein letztes Bad liegt schon eine Weile zurück, was wäre da verlockender als ein großes, heißes Bad mit Euch? Schließlich ist Dampf für die Haut wie Regen für die hart gewordene Erde.« Sie verneigte sich tief. »Es ist mir eine Ehre, die Einladung anzunehmen.«

Barakat war natürlich vor Freude im siebten Himmel. Jetzt würde er endlich das Geheimnis lüften. Er legte seinen Arm um Wasilissas Schulter und führte sie sogleich zum Badehaus, wo ein Kammerdiener eintrat, um ihm beim Auskleiden behilflich zu sein.

Wasilissa entkleidete sich schnell im Nebenraum, ließ sich ins Bad gleiten und aalte sich eine Weile genießerisch in dem warmen Wasser, ehe sie dem König draußen zurief: »Seid Ihr schon fertig, Eure Majestät? Das Wasser ist heiß und dampft.«

»Ich bin fertig, Wasili Wasiljewitsch, nur noch mein Unterhemd, meine Gamaschen und die Stiefel«, antwortete der König. »Bald bin ich da.«

Da rieb sich Wasilissa am ganzen Körper mit Seife und Luffa ab, ehe sie erneut nach draußen rief: »Wie lange noch, Majestät? Ich fürchte, in der Winterluft wird sich der Dampf bald lichten.«

»Nur noch meine Stiefel und meine Gamaschen, Wasili Wasiljewitsch«, antwortete der König. »Gleich bin ich bei Euch.«

Da streifte sich Wasilissa die Seife vom Körper und rieb ihn von oben bis unten mit parfümierten Ölen ein und rief ein drittes Mal nach draußen: »Ihr müsstet nun doch mit Euren Stiefeln und Gamaschen fertig sein, Majestät?«

Und der König antwortete: »Während ich spreche, Wasili Wasiljewitsch, werden gerade meine Gamaschen abgenommen. Auf der Stelle bin ich bei Euch.«

Da stieg Wasilissa aus dem Bad, reihte die Schwämme und Bürsten, die Seifen und Parfüms fein säuberlich am Rand auf, kleidete sich an und verschwand.

Draußen schwang sie sich auf ihre graue Stute, schrieb schnell etwas auf ein Blatt Papier und übergab dieses ihrem Diener. »Gib das dem König«, befahl sie mit vor Lachen bebender Stimme.

»Ihr seid ein raffinierter alter Rabe, König Barakat«, lautete die Botschaft, *»doch konntet Ihr den Falken im Flug nicht einholen. Es war nie meine Absicht, Geheimniskrämerei zu treiben. Ich hätte Euch gesagt, dass ich Wasilissa Wasiljewna bin und nicht Wasili Wasiljewitsch. Ihr hättet mich bloß zu fragen brauchen.«*

Auf Freiersfüßen

Diese Geschichte beginnt mit einer Geschichte, die – so erschien es unserem Helden, dem stattlichen Cavaliere Ambrosio de l'Andriani aus Mailand – um ihn herum in jedermanns Munde war. Jedenfalls drang sie Ambrosio seit seiner Ankunft in Neapel von allen Seiten ins Ohr. Es war ebenso eine Geschichte, ein Stadtgespräch, ja vielleicht sollte man sie eher ein Gerücht nennen oder als Tratsch und Klatsch abtun. Sie handelte von Nola, der schönsten Frau Neapels – vielleicht sogar ganz Italiens. Ambrosio zweifelte bereits daran, auch nur annähernd die Wahrheit zu erfahren, denn diese Nola (sie hieß nicht wirklich so, aber da niemand ihren richtigen Namen kannte, wurde sie nach der Stadt benannt, aus der sie stammte) war geradezu unbeschreiblich. Niemand hatte sie je zu Gesicht bekommen, und so überschlugen sich die Schilderungen schier. Ein Mann schwor, er habe sie gesehen – ganz rosa und rosig und rundlich und üppig sei sie, mit güldenem Haar, das ihr in lockigen Wellen über Schultern und Rücken floss: eine voll erblühte Wasserblume auf einem sonnenüberfluteten Fluss von Gold. Ein anderer huldigte einer strengen Schönheit, bleich wie eine Lilie, mit großen Augen, dunkel wie die Schuld und tief wie die Reue, und Haaren, so schwarz wie die Sünde und straff aus dem Gesicht gekämmt, was ihre edlen Züge, ihre fein geschnittene Nase, ihren elegant geschwungenen Mund noch unterstrich. Sie war ein Geschöpf wie von der Hand eines Meisterbildhauers, von der Alabasterhaut bis hin zu den kühlen Gliedern bar jeder Leidenschaft – denn sie, nein!, sie würde sich nie jemandem hingeben. Sie war eben jenes Vorbild für Anstand, jener Ausbund an Tugend, jenes Beispiel für Keuschheit, das alle Männer zur Verzweiflung brachte.

Ambrosio de l'Andriani aus Mailand verabscheute alle Äußerungen, die sie als keusches Wesen beschrieben. Diese Version lehnte er ab und wünschte sehnlichst, er könnte überhaupt allen Berichten über Nola entkommen. Doch sie wuchsen ihm von überall entgegen. Von hier, von da, aus der Luft, wie Blumen, die ein Zauberkünstler dem Mund der Männer abknöpfte, wie farbenfrohe Bänder, die nur zum Schein besonderen Genuss versprachen. Keusch konnte sie nicht sein; denn wenn sie es wäre, warum schirmte ihr Mann sie dann so verbissen ab und kettete sie so eifersüchtig an sich? Nein, tröstete sich Ambrosio, bestimmt hatte sie ihm in der Vergangenheit Anlass dazu gegeben. »Man kann andere nur beurteilen, indem man sich selbst als Maßstab nimmt«, sagte er immer, und ihm fiel kein anderer Beweggrund ein als Untreue oder die Neigung dazu, nachweisliche, offen gezeigte Untreue, die einen Mann veranlassen würde, seine Frau einzusperren und sie vor jeglichen Blicken verborgen zu halten. Und dieser Mann, ihr Ehemann, war derart eifersüchtig, dass er gar den Zorn des Herzogs von Kalabrien auf sich gezogen hatte, der mit vielerlei Schlichen – und immer erfolglos – versucht hatte, sich mit eigenen Augen von Nolas Schönheit zu überzeugen. Wie Nola nun wirklich aussah, wusste niemand, und angesichts der Erfahrung des Herzogs würde es wohl auch niemand je erfahren. Die Kundschafter des Herzogs hatten nämlich eine Entdeckung gemacht: Wenn Nolas Mann auf Reisen ging, begleitete sie ihn – als Mann verkleidet. Meist waren noch ein, zwei weitere Männer dabei; wie konnte man da wissen, welcher davon sie war?

Ambrosio schöpfte seinen Mut aus der Wahrscheinlichkeit,

dass Nola einem außerehelichen Vergnügen nicht abgeneigt wäre und sich, hätte sie die Gelegenheit, nicht ungern darauf einließe. Er machte es sich zur Gewohnheit, auf der Straße vor dem bescheidenen Haus ihres Mannes herumzulungern.

JOANNI TORNESE – SCHUHMACHER FÜR CAVALIERI prangte auf dem Schild vor seinem Laden. Die Fenster der Wohnung im ersten Stock waren immer dunkel, die Vorhänge immer zugezogen, und Tornese war immer in seinem Laden.

»Wenn der Schuft doch nur mal das Haus verlassen würde«, stöhnte Ambrosio.

»Das ist ziemlich unwahrscheinlich«, entgegnete sein Freund Tommaso Caracciolo. Er wirkte widerborstig, aber Ambrosio wusste, dass das nur seine Art war. »Wir wissen doch ganz genau, dass er das nicht tut.«

»Ach ja?«, erwiderte Ambrosio dumpf.

»Das sagen sie alle.«

»Wie viel von dem, was sie sagen, glauben wir?«, wollte Ambrosio wissen. »Dass sie gold- und schwarzhaarig zugleich ist, rosig wie ein Apfel und dabei weiß wie Schnee, üppig und zugleich knabenhaft – und das alles in ein und demselben Leib?«

Tommaso schüttelte den Kopf. Sein Freund war in einem hoffnungslosen Zustand. »Du hast hier und da und überall mit Frauen herumgehurt. Die Nacht, in der du dich nicht im Bett einer Frau vergnügt hättest, ist noch nicht da gewesen – und du hattest es nie nötig, dich lange umzusehen. Wieso wegen dieser einen Trübsal blasen?«

Er blickte Ambrosio an; abgezehrt sah er aus, gequält. Seine Augen waren trüb, außer wenn sie vermeinten, Nola an einem Fenster zu erspähen, seine Haut war fahl.

»Wie du aussiehst, wird sie kaum Gefallen an dir finden«, stichelte Tommaso. »Werde wieder Herr deiner selbst, Ambrosio, du musst ihr etwas bieten, für das es sich lohnt, ein Wagnis einzugehen – für den unwahrscheinlichen Fall, dass sie je Gelegenheit dazu bekommt.«

»Wenn er doch nur mal weggehen würde. Nur für einen halben Tag.«

»Du weißt genau, dass er sie mitnimmt, wenn er ausgeht! Das ist das Einzige, worin sich alle einig sind.« Tommaso wurde langsam wütend auf seinen Freund. In letzter Zeit schien Ambrosio nur noch zu hören, was er wollte; für die Dinge, die er nicht hören wollte, entwickelte er hingegen eine wundersame Taubheit. Man musste einfach etwas unternehmen, sonst würde Ambrosio zugrunde gehen oder den Verstand verlieren.

»Geh in den Laden und lass dir ein paar Schuhe zeigen«, sagte er zu Ambrosio. »Setz dich an die Hintertür. Sie führt zum Hof und allen Schlafzimmerfenstern. Er wird dir den Rücken zukehren, und du hast eine glänzende Ausrede, um hinauszugehen und dir deinen Kauf im Tageslicht zu betrachten.«

So unternahm Ambrosio einen zögernden Schritt auf seine Bestimmung zu. Er betrat das Schuhgeschäft des Joanni Tornese, Schuhmacher für Cavalieri. Und er verlangte diesen Schuh und jenen Schuh zu sehen. Hatte der Mann nicht ein noch feineres Leder anzubieten, keinen eleganter geschwungenen Absatz, keine ansprechendere Farbauswahl? Hatte er keine größere Auswahl an Modellen? Etwas Originelleres? Helleres? Dunkleres? Frühlingshafteres? Festeres? Engeres? Weiteres? Schnallenschuhe? Schnabelschuhe? Die Forderungen nahmen kein Ende. Joanni Tornese, Schuhmacher für Cavalieri, wurde ganz wirr im Kopf und glaubte nicht mehr daran, ein Geschäft machen zu können. Aber er wollte diesen vielversprechenden Kunden keinesfalls verlieren, einen Modenarren, wie er im Buche stand, der, wenn es ihm gelänge, ihn hinreichend zufriedenzustellen, wahrscheinlich immer wiederkommen würde. Also ging er geflissentlich auf all die extravaganten Wünsche ein.

Die Zeit verging. Und Ambrosio de l'Andriani, der edle und stattliche Cavaliere, ließ seinerseits langsam alle Hoffnung fahren, dass dieses Gerücht in Frauengestalt je an einem der Fenster erscheinen würde. Doch er musste unbedingt dafür sorgen, dass er im Laden des Schuhmachers weiterhin jederzeit willkommen wäre. Die Eifersucht dieses Mannes war legendär; wenn er auch nur ahnte, dass der Cavaliere in seinem Laden war, um seiner Frau nachzustellen, würde er ihm den Zutritt verweigern.

Ambrosios armem Kopf gingen die Forderungen aus und seinem Herzen die Hoffnung. Er beschloss, seine Augen noch ein letztes Mal über die Fenster gleiten zu lassen. »Wenn sie nicht da ist«, schwor er im Stillen, »verlasse ich den Laden, reise zurück nach Mailand und streiche sie für immer aus meinem Gedächtnis.«

Diese Entscheidung gab ihm seine Kraft zurück. Er stand auf, schlüpfte in einen Schuh, wirbelte elegant herum, zog ihn aus, seinen eigenen wieder an, hob den Schuh, den er soeben anprobiert hatte, hoch und ging hinüber zum Fenster, wo er ihn im Tageslicht betrachtete und in Richtung der gegenüberliegenden Fenster hochhielt.

Rot. Glühendes, glänzendes Tizianrot erfüllte seine Augen, wie manchmal, wenn er in der Sonne Zeigefinger und Daumen über die Nasenwurzel legte und seine Augenlider zudrückte. Ein feuriges, brennendes Rot – das Blut seiner eigenen Augenlider, wie er immer gedacht hatte. Doch nun sah er es am anderen Ende des sonnigen Hinterhofs hinter der durchsichtigen Glasscheibe leuchten.

Und was sah er sonst noch? Denn sein Herz stockte, als sie ihre Hand hob und auf die Stelle zeigte, an der er bei seinen früheren Versuchen, ihrer ansichtig zu werden, herumgelungert und sich nach ihr verzehrt hatte. Sie wusste Bescheid! Sie wusste

Bescheid, und sie hieß ihn willkommen! Dann verschwand sie, und sein Mut mit ihr.

Doch halt! Da ist sie wieder und hebt ein Glas Wein, von anderem Rot – dunkel, wie das Blut der Jungfräulichkeit –, sie hebt es ihm entgegen, küsst es und zieht die Vorhänge zu. Er denkt, wenn er jetzt, auf der Stelle, erblindete, es könnte nicht schlimmer sein, als zu erleben, wie die duftigen Rüschen jener Vorhänge, die Bahn um Bahn über seinen Schmerz hinwegwallen, die rote Glut der unberührten Morgenröte aussperren.

»Sie sehen gut aus im Tageslicht«, murmelte er, ohne die Schuhe richtig wahrzunehmen. »Ich möchte sie mir an der Tür noch einmal genauer ansehen.«

Das Geschäft war geglückt. Und der vor Liebe trunkene und vor Erwartung schier platzende Cavaliere spendete dem Schuhmacher ein überschwängliches Lob und einen großzügigen Lohn.

»Bald komme ich wieder und hole mir noch mehr von Euren Prachtexemplaren«, verkündete er. »Jeden Tag ein neues Paar Schuhe. Also gebt Euch Mühe, Meister Tornese, und Euer Vermögen ist gemacht!«

Als Ambrosio sich noch einmal umdrehte, sah er, dass Joanni Tornese seinen Laden geschlossen hatte.

»Den habe ich an den Rand der Erschöpfung gebracht!«, scherzte er, als er Tommaso die Begebenheit erzählte.

»Nicht so sehr, wie du seine Frau an den Rand der Erschöpfung bringen wirst – und dich selbst übrigens dazu«, wieherte Tommaso rau und hob und senkte anzüglich stöhnend seinen wuchtigen Körper.

Ambrosio war beleidigt. Derbe Gedanken über Nola – seine heiß geliebte, teure, schöne Nola –, das konnte er nicht ertragen. »Diesmal ist es für mich ganz anders«, knurrte er. Er würde ihr den Hof machen und sie umwerben und anbeten, und erst wenn sie bereit und willens und voller Lust wäre, würde er in ihr Bett steigen.

Es musste wirklich Liebe sein.

Von diesem Moment an hegte Ambrosio in seiner Vorstellung die verschiedensten Bilder von Nola. Manchmal war sie aufgebracht und er besänftigte sie, andere Male war sie unglücklich und er verwöhnte sie, dann wieder fürchtete sie, er würde sie nicht so schön finden, wie alle behaupteten, und er beruhigte sie: Für Geschichten von ihrer Schönheit sei er nie empfänglich gewesen; ihn habe das Geheimnisvolle an ihr gefesselt. Doch nun, da er sie gefunden habe, liebe er sie, die Frau, und nicht die Legende oder das Geheimnis, das sie umgab. Und hätte sie auch das Gesicht eines Eichhörnchens – er hätte schwören mögen, dass er sie selbst dann mit Leib und Seele liebte.

Wochen vergingen, und was ihn am Leben erhielt, war ihr Winken am Fenster, das Zuprosten durch die Fensterscheibe. Keuschheit bekam für ihn einen neuen Sinn. Es war plötzlich eine wunderbare Eigenschaft, und er war überzeugt, Nola sei davon durchdrungen und spare sich für ihrer beider Begegnung auf.

Jeden Morgen um zehn Uhr stattete er dem Schuhladen seinen Besuch ab und stellte sich so hin, dass er vom Fenster aus zu sehen war. In Gedanken baute er ihre täglichen Rendezvous über den sonnigen Hof hinweg zu bedeutungsvollen Begebenheiten in ihrer zwar aus der Ferne geführten, aber dennoch von Leidenschaft erfüllten, verborgenen Beziehung aus. Jede Tändelei geriet zu einer kostbaren Erinnerung. Er hatte sich verbeugt, sie hatte ihren Kopf geneigt. Er hatte gelächelt, sie hatte die Hände vor dem Gesicht zusammengeschlagen: Jede Begegnung über die Stunden und Tage ihrer Liebschaft hinweg barg Reichtum und Erfüllung. Und auf Schuhe entwickelte er einen derart unstillbaren Appetit, dass er sich eine neue Unterkunft suchen musste, um sie alle unterbringen zu können.

Joanni Tornese, Schuhmacher für Cavalieri, wurde ein sehr glücklicher Mann, der seinen Reichtum täglich mehrte, als Ambrosios Freunde ebenfalls zu seinen festen Kunden zu zählen begannen und Ambrosios Rivalen ihn zu übertreffen suchten, indem sie zwei Paar Schuhe am Tag kauften und den von ihm gebotenen Lohn verdoppelten. Ambrosio jedoch kehrte nach jeder Begegnung bewegt und überschäumend, singend, glückstrahlend nach Hause zurück und ergänzte in seinen Tagträumen die Berührungen, die Bewegungen, die Wärme, die Nolas Person innewohnten. Sie waren Himmelskörper, die eine wichtige Rolle in der Ordnung des Kosmos spielten und einander umkreisten, um sicherzustellen, dass die Welt nicht aus den Fugen geriet. Sie waren füreinander bestimmt.

Dass er Tommaso zunehmend links liegen ließ, fiel Ambrosio kaum auf. Strahlenden Blicks und mit blühenden Wangen ging er durch die Welt, immer ein Lied auf den Lippen, und trieb all die jungen, feinen Damen der Gesellschaft und auch die weniger feinen samt all ihren Müttern ins nächstgelegene Heiligtum oder zu einem Zauberer oder einer Hexe, um seine Liebe herbeizubeten. Er hatte jedoch keine Liebe zu vergeben, außer an die Frau des Schuhmachers. Und er war es zufrieden, auszuharren und auf seine Gelegenheit zu lauern und in Gedanken zärtliche Annäherungsversuche zu unternehmen und sie weiterhin zu umwerben und ihr den Hof zu machen und für sie Geld zu verschwenden – alles unter der Nase ihres Mannes.

Da hörte er eines Tages vom Santa-Caterina-Fest in Formello. Es fand jedes Jahr statt, und jeder in der Umgebung besuchte es.

»Ich hoffe, Ihr findet die Zeit, mich auf dem Santa-Caterina-Fest in Formello ein wenig herumzuführen«, sagte er beiläufig, als er sein Paar Schuhe für den Tag kaufte. Er war darauf bedacht, an diesem Tag keine allzu großen Forderungen zu stellen. »Ich nehme doch an, Ihr geht hin?«

Tornese schien zu zaudern, und Ambrosio nutzte seine Verlegenheit aus. »Ah, ich verstehe, Signore, Ihr habt andere, wichtigere Verpflichtungen dort. Ich hätte Euch durch meine Bitte nicht in Verlegenheit bringen sollen.«

Tornese verbeugte sich liebedienerisch. »Ganz und gar nicht, mein Herr. Es wäre mir eine Ehre.«

»Kommt, Tornese, mit mir braucht Ihr nicht auf Förmlichkeit zu bestehen. Ihr wisst doch, dass ich nicht nachtragend bin. Ich weiß nicht so recht, ob ich überhaupt hingehen soll. Schließlich hat das Ereignis für mich keine besondere Bedeutung. Ich bin ein Fremder in Neapel – keine Verbindungen, keine Wurzeln, Ihr versteht.«

Tornese sah besorgt aus. Die Furche, die sich zwischen seinen buschigen schwarzen Augenbrauen bildete, gefiel Ambrosio.

»Ihr hingegen seid tief im hiesigen Brauchtum verwurzelt«, fuhr er listig fort. »Es war ein Fehler von mir, Euch in Verlegenheit zu bringen. Ich bitte um Verzeihung.«

»Ihr habt mich missverstanden, Cavaliere«, widersprach Tornese. »Die ungeheure Ehre hat mich einfach sprachlos gemacht. Ich hätte nie gedacht, dass Ihr mich zu Eurem Begleiter auserwählen würdet, da ...«

Mit einer dramatischen Geste schloss Ambrosio Tornese in die Arme. »Guter Mann, ich betrachte Euch als Freund, merkt Ihr das nicht?« Und ohne ein weiteres Wort abzuwarten, legte er ein Säckchen Goldstücke auf den Tisch und stürmte davon. Bis er Nola durch sein Werben endlich den Fängen ihres Ehemannes entrissen hätte, würde er den Kerl mit Gold und Geschäften so gut entschädigt haben, dass er keinerlei Schuldgefühle mehr hegen musste. Außerdem war die Liebschaft zwischen ihm und Nola von Anfang bis Ende vorherbestimmt, daher blieb für Schuldgefühle sowieso kein Platz. Er war nichts als das Opfer seiner Bestimmung. Diese Angelegenheiten dauerten oft Jahre – ein

Augenzwinkern Gottes, so sagten die Weisen, hat die Länge eines Jahrhunderts in menschlichem Zeitmaß. Ambrosio gab sich der Vorstellung hin, dass ihm die Parzen die Vereinigung mit seiner geliebten Nola für den Zeitpunkt zugestehen würden, der dafür vorherbestimmt war. Nicht einen Augenblick früher, nicht einen Augenblick später. Und er durfte nichts überstürzen oder antreiben oder vorwärtsstürmen und das Gleichgewicht und die Ordnung stören. Längst wäre er sonst nicht ein Mal, sondern hundert Male in Nolas Bett gewesen.

Wie er hüpfend und singend seine Tage damit zubrachte, zu planen und vorzubereiten und zu träumen! Um einen geeigneten Ort für seinen Plan ausfindig zu machen, suchte er alle Herbergen in der Umgebung auf und unterzog sie und ihre Wirte einer eingehenden Prüfung. Er kaufte sich Kleider und Perücken und Hüte und Federn und Schuhe, Schuhe und immer mehr Schuhe. Und er vertrieb sich die Zeit damit, sich vorzustellen, wie ihre Schuhe wohl aussehen würden. Und was würde sie sonst noch am Körper tragen? Hosen, das war ihm klar, aber was weiter? Zweifellos einen Umhang, der sie bedecken sollte, damit niemand dahinterkommen konnte, wer von Torneses Gefährten seine Frau war. Bestimmt war es ein Leichtes, sie an der Stimme zu erkennen. Wie würde Tornese es bewerkstelligen, ihr Haar zu verbergen – ihre glänzenden, tizianroten Flechten, die widerspenstig unter jeder Kopfbedeckung hervorquellen würden? Und was für eine Kopfbedeckung würde es wohl sein? Ein ausladendes Barett? Eine Mönchskapuze? Ein eckiger Doktorhut? Du lieber Himmel! Er brauchte sich doch keine Sorgen zu machen, er würde seine Liebe erkennen, wo immer er ihr begegnete. Was immer sie auch tragen würde. Er kannte ihre Seele, kannte jede ihrer Bewegungen: die schnelle Drehung ihres Handgelenks, das Wenden ihres Kopfes, die geschwungene Linie ihres Lächelns. Er würde Nola auf Anhieb erkennen.

Und das tat er auch. Er stand dem Castello Capuano gegenüber, wo er den ganzen Morgen gewartet hatte, als er Tornese mit zwei Männern daherkommen sah, die beide um einiges jünger waren als er selbst.

»Studenten«, erklärte Tornese, als er sie einander vorstellte. »Dieser hier ist der jüngere Bruder meiner Frau, Giulio, Student der Medizin. Und das hier ist Orlando, ein Freund der Familie.«

»Giulio«, hauchte Ambrosio und hatte das Gefühl, über dem Erdboden zu schweben. »Das ist also ihr richtiger Name«, dachte er, »Giulia. Ich hätte es erahnen können.«

Er drückte ihr fest die Hand und bekam ein wenig Gegendruck zu spüren, der mit dem flinken Augenaufschlag in Einklang war, mit dem sie ihn bedachte, als er seinen Blick auf sie heftete.

Für Ambrosio stand die Zeit still.

Und dieser Tag mit ihr ging an die Grenze des Erträglichen, bildete den Höhepunkt seiner Qualen. Wäre er an einen brennenden Pfahl gefesselt gewesen, den Teufel, der ihm Wasser anbot, auf der einen, und Jesus, der ihm Erlösung versprach, auf der anderen Seite, er hätte nicht ärger leiden können. Sein geliebtes, rubinrotes Kronjuwel an seiner Seite zu haben, sodass ihre Kleidungsstücke sich manchmal streiften, sie selbst häufig und absichtlich aneinanderstießen und es dabei vorsätzlich mieden, ihre Blicke einander begegnen zu lassen – sie endlich neben sich zu haben, das war süßeste Verzückung. Doch der Freiheit beraubt zu sein, ihre Hand zu ergreifen und sie an seine Brust zu drücken, oder seinen Kopf in ihren einladenden Schoß zu vergraben, oder gar süße Worte der Liebe zu flüstern – oh, er starb hundert Tode, unser romantischer Cavaliere, und hundert Mal erstand er aus der brennenden Ungeduld seines Verlangens wieder auf wie der Phönix aus der Asche.

Bis es endlich Abend wurde, war sein Gesicht zur Maske erstarrt, seine Schultern schmerzten, und sein Körper pochte von der Anspannung, in ihrer Nähe zu sein und sie gleichzeitig weder ansehen noch ein Wort mit ihr wechseln oder ihr gar ein Lächeln schenken zu dürfen. Tornese und Orlando gegenüber wurde er maulig und klagte über Erschöpfung, bis der Schuhmacher sich zu fragen begann, ob er den Cavaliere in irgendeiner Weise verärgert habe und nun womöglich seinen besten Kunden verlieren würde.

»Zu meiner Unterkunft«, sagte Ambrosio schließlich. »Ich bin es leid zu warten.« Während er so sprach, blickte er inbrünstig zu Giulia. »Ich glaube, ich halte das nicht länger durch, wenn das hier die ganze Zeit so weitergeht …« Huch, beinahe hätte er sich verraten, schnell die Situation retten, Tornese von der Spur abbringen! »… den ganzen Tag hatte ich das Gefühl, vom Fieber verfolgt zu werden, und jetzt hat es mich wohl ziemlich erwischt.«

Joanni Tornese sah erleichtert aus. Es war also doch nicht seine Schuld. Der Cavaliere war ganz einfach krank.

»Meine Gefährten und ich werden Euch zu einer passenden Unterkunft geleiten, mein Herr«, erbot er sich, »dann ziehen wir weiter zu unserem Quartier für die Nacht.«

Sie nahmen eine Herberge nach der anderen in Augenschein, und wie sich herausstellte, war Ambrosio hierin ebenso pingelig wie bei der Wahl von Schuhen. Hatte der Wirt Zimmer frei, war ihm das Gasthaus zuwider, sagte ihm die Herberge zu, waren keine Zimmer verfügbar, und so ging es immer weiter, bis die anderen drei ebenso müde waren wie er. Schließlich erreichten sie die Herberge, die Tommaso ausfindig gemacht und für Ambrosios Zwecke geeignet befunden hatte: das richtige Personal, die geeignete Ausstattung (und ein entsprechender Mangel an beidem, denn dies war für seinen sorgfältig ausgefeilten Plan mindestens genauso wichtig) sowie die richtige Anzahl freigehaltener Zimmer.

»Seht Ihr, Tornese«, prahlte er. »Wenn man nur gut genug

sucht und seine Ansprüche nicht herunterschraubt, wird man am Ende fündig.«

»Ja, mein Herr«, brummte Tornese erschöpft. »Jetzt müssen meine Gefährten und ich unseren Weg fortsetzen.«

»Habt Ihr schon eine Unterkunft ins Auge gefasst?«, erkundigte sich Ambrosio.

»Nein, mein Herr, aber das dauert bei uns nicht lange ...«

»Unfug, Tornese. Ihr und Eure Freunde müsst hier bei mir bleiben.«

Tornese nestelte an seinem Umhang herum. »Das wäre zu dreist, mein Herr.«

»Unfug, guter Mann, ihr seid meine Gäste.«

»Nein, das kann ich wirklich nicht ... Es wäre zu aufdringlich.«

»Zahle ich Euch nicht genug für die Schuhe, die ich täglich kaufe, Tornese?«, fuhr Ambrosio ihn an. Seinem heiß ersehnten Ziel so nahe, dass ein Hinausschieben des Höhepunkts seine Vorfreude nur noch steigern konnte, genoss er das Spiel in vollen Zügen.

»Darum geht es doch gar nicht, mein Herr.«

»Dann bleibt. Und Ihr sollt meine Gäste sein.« Mit einer schwungvollen Bewegung wandte er sich an den Wirt: »Wir brauchen noch drei Zimmer. Für meine Freunde.«

Der Wirt, ein Riese von einem Mann, war erst ein wenig verwirrt, zuckte dann mit den Schultern und schüttelte den Kopf. Für ihn waren die Spielchen der Edelleute ein Buch mit sieben Siegeln. Ihm war befohlen worden, vier Zimmer frei und vorbereitet zu halten, und er hatte seine Bezahlung im Voraus erhalten; über das Hin und Her seiner Gäste untereinander brauchte er sich zum Glück nicht den Kopf zu zerbrechen.

Als sich alle in ihren Zimmern eingerichtet hatten, rief Ambrosio lauthals nach dem Wirt.

»Wirt! Abendessen für vier Mann«, befahl er. »Und zwar eine kräftige Mahlzeit, denn wir sind müde von der Reise.«

»Von Kochen war nie die Rede«, maulte der Wirt.

»Nun, jetzt ist davon die Rede«, fuhr Ambrosio ihn an. »Genug Fleisch und Sauce für vier Leute.«

»Fleisch? Sauce? Wo soll ich in einer Feiertagsnacht Fleisch und Sauce für vier Leute auftreiben? Es ist alles ausverkauft.«

»Nun, hättet Ihr nicht daran denken sollen, für Eure Kundschaft vorzusorgen?«

»So spät nachts reichen wir keine Mahlzeiten mehr«, bockte der Wirt.

»Dann lasst etwas holen«, beharrte Ambrosio.

Der Riese dachte einen Augenblick lang nach und kratzte sich am Kopf. »Also, da wäre noch der Braten von unserem Mittagstisch«, meinte er schließlich. »Der gibt noch eine ordentliche Menge ab. Aber das Fleisch allein wird reichen müssen. Sauce habe ich keine dazu.«

»Keine Sauce? Könnt Ihr keine Sauce zubereiten? Fleisch ohne Sauce ist trocken und schmeckt nach nichts.«

»Das Feuer ist schon aus«, murrte der Wirt trotzig. »Nur für Sauce mache ich es nicht wieder an.«

»Dann lasst Sauce holen.«

»Entweder gehe ich Sauce holen, Cavaliere«, grinste der Wirt hämisch, »oder ich bleibe hier, um das Fleisch aufzuschneiden und es Euch anzurichten. Wenn ich beides machen soll, werdet Ihr die ganze Nacht auf Eure Mahlzeit warten.«

»Seht Ihr denn nicht, dass ich krank bin?«, schrie Ambrosio. »Wie könnt Ihr erwarten, dass ein kranker Mann, noch dazu ein Fremder, der zum ersten Mal in Formello ist, wissen soll, wo hier um Mitternacht Sauce zu finden ist?«

»Dann eben ein anderer von Eurer Gesellschaft«, gab der Wirt zurück, als er bemerkte, dass die anderen aus ihren Zimmern gekommen waren und Tornese dem jungen Studenten Giulio über den Flur hinweg wütende Blicke zuschoss.

»Sie sind meine Gäste«, ereiferte sich Ambrosio, »da kann ich sie wohl kaum ausschicken.«

Der Riese zuckte mit den Schultern. »Wie Ihr wollt. Entweder Fleisch ohne Sauce, wenn niemand geht, oder Fleisch mit Sauce, wenn es doch jemand tut. Ich fange jetzt an, das Fleisch aufzuschneiden.« Er gähnte unverhohlen, wobei ihm ein lang gezogenes Stöhnen entfuhr.

»Fleisch ohne Sauce vertrage ich nicht«, ächzte Ambrosio, »aber wenn ich gar nichts esse, fürchte ich um meine Gesundheit.« Mit gespielter Zaghaftigkeit wandte er sich an Tornese. »Ich bedränge Euch ungern, Tornese, aber würdet Ihr freundlicherweise etwas Sauce holen gehen? Ihr kennt Euch im Ort besser aus als ich. Oder vielleicht einer von Euren Gefährten …?«

»Nein, nein«, fiel ihm Tornese ins Wort, »sie kennen sich hier nicht aus. Ich werde gehen.«

Er befahl die beiden jungen Gefährten in sein Zimmer; einen Augenblick später stand er, in seinen Umhang gehüllt und bereit zum Aufbruch, draußen. Der arme Tor! Aber schließlich hatte er es sich ja selbst zuzuschreiben. Hätte er seine Frau zu Hause gelassen, dann wäre dieses langwierige, ausgeklügelte Versteckspiel überflüssig gewesen. Andererseits, überlegte Ambrosio, wo wäre der köstliche Taumel geblieben, der im Warten lag, die Erfahrung einer Liebe, die sich nur schwerlich einfangen ließ? Wahre Liebe, eine Liebe von Körper und Geist und Seele in einem, die so ganz anders war als das schnelle Unter-die-Decke-Schlüpfen, dass die Federn flogen, die Zeit verflog, und er selbst flog, schneller, immer schneller, damit er es hinter sich bringen und abhauen konnte, ohne sich einfangen zu lassen. Manchmal hatte er das Weib, dessen Federn er gewalkt hatte, am nächsten

Tag auf der Straße oder am anderen Ende eines Raums nicht einmal wiedererkannt.

Dennoch dauerte ihn der arme alte Tornese, der nun im Begriff war, auf der Suche nach einem Glas Sauce einen langen, dunklen und einsamen Fußweg in die Stadt anzutreten. Endlich wieder zurückgekehrt, würde er merken, dass fortan sein ganzes Leben ein langer, dunkler und einsamer Weg war … Aber halt! Nicht die Parzen herausfordern. Sie hören zu und könnten neidisch werden!

Aberglaube! Weg damit! Seit dieser Liebschaft, seit jenem ersten rubinroten Augenblick, als er sie am anderen Ende des sonnigen Hinterhofs in der Fensterscheibe hatte glühen sehen, war Ambrosio schrecklich abergläubisch geworden. Vielleicht sollte er sich einfach noch ein paar Tage an die Regeln des Aberglaubens halten, bis alles entschieden war. Wozu ein Wagnis eingehen?

Er begleitete Tornese bis zur Tür, entschuldigte sich langatmig, bekundete umständlich seinen Dank, stellte reichliche Belohnung in Aussicht; schließlich beobachtete er, wie Tornese langsam am Ende der Straße verschwand. Dann machte er kehrt, von Erschöpfung keine Spur. Die alte Sprungkraft in den Beinen, jagte er, als hätte er Flügel an den Fersen, die Treppen hinauf und klopfte an Orlandos Tür.

»Ich frage mich, Maestro Orlando, ob Ihr wohl so gütig wäret, nach Salerno zu gehen und uns ein paar Orangen zu besorgen?« Nachdem er seine Frage vorgetragen hatte, zögerte er geschickt. »Wie man mir sagt, würden sie meinem Fieber entgegenwirken, doch bin ich, wie Ihr wisst, zu krank, um selber auszugehen. Und da ich ein Fremder in dieser Gegend bin, fürchte ich …«

Orlando war ratlos. »Ich würde gerne gehen, Signor Ambrosio«, stammelte er, »aber ich habe Signor Tornese versprochen, seinen Schützling, den jungen Giulio, im Auge zu behalten.

Und da ich ihm mein Wort gab, vertraut er darauf, dass ich den Jungen nicht allein lasse.«

»Wenn Ihr gestattet«, bot Ambrosio an, der plötzlich zitterte und bibberte, »könnte der Student der Medizin vielleicht auf mein Zimmer kommen und mich behandeln? Dann wären wir in guten Händen und außer Gefahr.«

Orlando zögerte kurz, bis er sah, dass Ambrosios Augen überquollen. Der mitleiderregende Anblick des tränenüberströmten, zitternden Cavaliere, der so galant und eindrucksvoll gewesen war, als er ihm zum ersten Mal begegnet war, erweichte sein Herz. Was konnte schon geschehen?

»Aber natürlich, mein Herr«, lächelte er, »so schlagen wir zwei Fliegen mit einer Klappe. Ich weiß, wie hoch Joanni Tornese Euer Ehren achtet. Und bis ich mit den Orangen zurück bin, ist Giulio in guten Händen.« Er drehte sich ins Zimmer um. »Giulio! Giulio! Der Cavaliere benötigt deinen Sachverstand. Geh zu ihm auf sein Zimmer und kümmere dich um ihn.«

Munter und ohne zu zögern sprang Giulio mit fliegendem Umhang und glänzenden Augen auf.

»Wie er sein Fach liebt!«, rief Orlando aus. »Wie er sich freut, das Gelernte anwenden zu können. Seht nur, er ist Feuer und Flamme.«

Ambrosio widerstand der Versuchung, sich vorzulehnen, um es zu sehen, und kehrte entschlossen in sein Zimmer zurück, wo er kurz darauf ein Klopfen hörte. Er schnellte empor, um die Tür zu öffnen; die für diesen Augenblick geplante Begrüßung war ihm entfallen, seine sorgfältig zurechtgelegten Worte hatten sich verflüchtigt, die gewissenhaft ausgewählten Verspaare und Vierzeiler, Sonette und Gedichte lösten sich in trunkenen Nebel auf.

Und da stand sie nun, eingehüllt in den stattlichen Deckmantel der Männlichkeit. Ehe er sich's versah, hatte er sie in sein Zimmer gezerrt und die Tür hinter ihr geschlossen.

»Dein Haar!«, entfuhr es ihm, während er wild an ihrem Hut fummelte. »Wo ist es, wie konntest du es nur verstecken?« Nun fiel es Locke um Locke, Welle um Welle über seinen Arm herab, wie züngelnde Flammen an einem Ast. »Mein Gott«, hauchte er, »was bist du schön. Viel schöner als alles, was Worte je beschreiben könnten.«

Sie erwiderte seinen Blick mit ihren grünen Augen.

»Ich war im Vorteil«, lachte sie. »Ich konnte alles an dir genau sehen.« Sie trat einen Schritt zurück, spazierte um ihn herum und gab vor, ihn dabei eingehend zu mustern. »Du hingegen …«, und an dieser Stelle zieht sie den Umhang enger um sich, sodass sie sich im selben Atemzug verbirgt und zur Schau stellt, »du siehst mich nicht einmal jetzt.«

»Meine Liebe gilt dem Ganzen«, stieß er hervor. »Ich muss nicht alle Teile sehen, die dieses Ganze bilden.«

»Nun, mein Herr Cavaliere«, meinte sie herausfordernd, »welchen Teil begehrt Ihr als Erstes zu sehen?«

»Oh, du sollst mich nicht länger verspotten!« Er trat lächelnd auf sie zu. »Haben wir nicht schon lange genug gewartet?« Und im nächsten Augenblick lagen sie einander in den Armen. Es sprudelten die Worte und Streicheleien, die Blicke und Berührungen, die während all der Wochen des Wartens aufgestaut und zurückgehalten worden waren, mit einem Mal heraus. Die Kleider fielen von ihnen ab, als könnten die beiden Liebenden deren Hitze und Enge nicht mehr ertragen, und sie waren voller Bewunderung füreinander. Keiner von ihnen, so schworen sie, hatte je auch nur annähernd solche Schönheit gesehen.

»Du darfst nicht bei ihm bleiben«, flüsterte der Cavaliere, »du musst mit mir mitkommen.«

Giulia stimmte ihm zu. »Ich habe es satt, diese Kleider zu tragen«, schmollte sie. »Am ersten Tag zu zweit werden wir sie feierlich verbrennen.«

Lachend fragte er: »Was hat ihn dazu veranlasst, dich so zu verkleiden?«

»Eifersucht, schlicht und einfach Eifersucht«, antwortete sie. »Er stellt sich vor, wie die Hände anderer Männer meinen Körper berühren, und das erstickt und blendet ihn, bis er es weder mit mir noch ohne mich aushalten kann. Er verlässt kaum das Haus, und ich bin den ganzen Tag mit seinen abscheulichen Verdächtigungen eingesperrt. Wenn er doch irgendwohin geht, muss ich mitgehen. Aber er lässt sich nicht davon abbringen, dass ich allen Männern schutzlos ausgeliefert bin, wenn ich als Frau reise.«

Sie schlüpfte wieder in ihren Umhang, neigte ihren Kopf und äffte mit tiefer, rauer Stimme ihren Mann nach: »›Es ist um deiner Keuschheit willen, mein Liebes‹, beharrt er. ›Es ist *meine* Keuschheit!‹ sage ich. ›Ich bin ganz gut in der Lage, meine Keuschheit selbst zu wahren. Du brauchst dir ihretwegen nicht den Kopf zu zerbrechen.‹ Aber es ist aussichtslos! Seine Eifersucht erstickt und erdrückt mich ebenso, wie sie ihn erstickt und erdrückt.«

»Lass uns noch heute Nacht durchbrennen«, flehte Ambrosio. »Wir haben vielleicht nie mehr die Gelegenheit!«

Sie lächelte zustimmend und hob ihren Mund dem seinen entgegen. Oh, diese wundervolle Schale, voll des ewigen Zaubertranks Liebe! Sie nahmen einen großen Schluck, und wie im Rausch fielen sie übereinander her. In höchster Liebesglut sind sie ineinander verschlungen, und herein stolpert Maestro Orlando, einen Sack voller Orangen in der Hand. Er sieht ein Knäuel, etwas wie einen Tintenfisch, fuchtelnde Arme und Beine, schneller, immer schneller, in wilder Raserei. Sie vereinigen sich zu dem Tier mit den zwei Rücken. Orlando schließt die Tür, schließt sich selbst im Zimmer mit ein. Öffnet die Tür, schließt sie wieder, und diesmal steht er draußen. Nachdem er über die Lage nachgedacht hat, kommt er wieder herein; sein Blick ist starr von dem hemmungslosen Paar abgewandt, obgleich er sehr wohl wahrnimmt, dass ihre Bewegungen nun langsamer werden und schließlich verebben.

Sie beobachten lachend, wie ihm der Schweiß von der sanften, ehrlichen Stirn tropft. Er wischt sich die Stirn ab und versucht, einen klaren Gedanken zu fassen, doch sein Kopf ist leer. Großer Gott! Was für Geschichten! Maestro Tornese muss von der Neigung des Cavaliere und der Veranlagung des Jungen gewusst haben. Deswegen hatte er ihn gebeten, den Burschen während seiner Abwesenheit nicht aus den Augen zu lassen. Und er schüttelte den Kopf, als ihm siedend heiß einfiel, wie er Zeuge geworden war, dass Tornese den jungen Giulio auf dem Jahrmarkt zurechtgewiesen hatte, als dieser seinen Blick hatte schweifen lassen, wie er darauf bestanden hatte, des Nachts mit ihm das Zimmer zu teilen, worauf der junge Mann gefragt hatte, was die Leute sich denn anderes denken sollten, als dass Joanni Tornese, Schuhmacher für Cavalieri, ohne seine Frau reiste, weil er auf junge Männer aus sei. Orlando hatte sogar gehört, wie Giulio sagte, die Leute würden sich wahrscheinlich schon jetzt die Mäuler darüber zerreißen.

Und da stand er nun mit schweißtriefendem Gesicht, und der Sack voller Orangen wurde mit jedem Augenblick schwerer. Was um Himmels willen sollte er Maestro Tornese erzählen, wenn er mit der Sauce für das Fleisch wiederkam? Heute Nacht würde es mit Sicherheit kein Essen mehr geben – es sei denn, man würde dieses Sünderpaar in kleine Stücke hacken und braten!

»Ich bin für Euch Orangen kaufen gegangen«, sagt er mit erstickter Stimme. »Ich habe Euch einen Dienst erwiesen. Und Ihr, was treibt Ihr in der Zwischenzeit? Was habe ich mir da eingehandelt!?«

»Einen Sack Orangen«, antworten sie einstimmig. Sie sind sich bereits einig.

Orlando lässt den Sack mit einem dumpfen Schlag zu Boden fallen. »Verfluchte Orangen! Was soll ich Maestro Tornese erzählen? Wie soll ich ihm meine Torheit erklären – und Eure, Eure …« Er fängt an zu stottern, ihm fehlen die Worte.

»Gar nicht«, sagen sie im Chor. »Du hältst brav den Mund.«

Er ist außer sich. »Das kann ich nicht.«

»Warum nicht?«

»Es wäre unaufrichtig.«

Sie zucken mit den Schultern, und noch ehe er etwas hinzufügen kann, ist das Spiel aus.

»Was geht hier vor?«, donnert Maestro Tornese.

Giulia schießt hoch. Ambrosio zieht sie zurück, wirft ihr eine Decke über.

»Es wird schon klappen«, raunt er ihr ins Ohr. »Jetzt ist genau der richtige Zeitpunkt. Und ich bin ein Cavaliere, ich spiele lieber mit offenen Karten. Tornese hat sowieso ausgespielt.«

Derweil ist Orlando völlig in Tränen aufgelöst, er schwitzt Blut und Wasser und faselt Erklärungen, stottert Entschuldigungen. Oh, zum Teufel! Warum war seine Herzensgüte in dieser schrecklichen Weise missbraucht worden? Hätte er doch bloß von der Neigung des Jungen gewusst … Aber wie hätte er je erraten sollen, dass der Cavaliere eine Vorliebe für junge Männer hatte?

»Junge Männer?!«, brüllte Tornese. »Was für junge Männer? Das ist meine Frau, du Schwachkopf!«

Aufgeblasen vor Entrüstung, straffte Orlando die Schultern. »Kein Schwachkopf, Herr, ein ehrlicher Mann!«, rief er empört. »Der sich sowohl von Euch als auch von diesen jungen Leuten hat hinters Licht führen lassen. Von einem Mann mit grauem Haar wie dem Euren hätte ich Besseres erwartet.«

»Warum hast du nicht getan, wie dir befohlen?«, keifte Tornese, völlig außer sich. »Nichts wäre geschehen, wenn du meine Befehle befolgt hättest.«

»Befehle, mein Herr?«, fauchte Orlando mit hochgezogenen Augenbrauen. »Bin ich denn Euer Diener?«

»Du gabst mir dein Wort.«

Giulia und Ambrosio kugelten sich vor Lachen in ihrem Bett. Orlando war zutiefst beleidigt, Tornese raste vor Eifersucht. Plötzlich stand der Wirt hinter den Kampfhähnen. Sein Blick fiel auf das Liebespaar im Bett, erfasste die Kleidung des Studenten der Medizin auf dem Fußboden, das rote Haar, das über Giulias Schultern fiel. Er konnte sich kaum halten vor Lachen und rief seine Frau herbei. Eine mollige, rosige Frau mit einer Nachthaube auf dem Kopf erschien und stellte sich neben ihn. Auf dem Arm hielt sie ihren riesigen, rot getigerten Kater, dem der Radau gehörig gegen den Strich zu gehen schien. Er beteiligte sich lebhaft an dem allgemeinen Gekreische und Gejaule.

Geschrei, Gelächter; Gelächter, Geschrei. So ging es eine ganze Weile. Dann hatte Maestro Orlando es satt. Er baute sich vor Tornese auf und stand ihm Auge in Auge dicht gegenüber.

»Maestro Tornese«, erklärte er streng, »Ihr tatet Unrecht, Eure Frau zu zwingen, sich als Mann zu verkleiden. Es war falsch, weil es sie in tiefster Seele verletzt hat, und es war falsch, weil Ihr hättet wissen müssen, dass es in diesen Zeiten schwieriger ist, hübsche Kerle zu hüten als Frauen.«

Dem war nicht mehr viel hinzuzufügen.

Und die Mahlzeit – nun, der Wirt bestand darauf, sie aufzutragen, aber Tornese war fest entschlossen, die Herberge auf der Stelle mit knurrendem Magen zu verlassen. Orlando blieb bei dem jungen Paar und wünschte ihnen alles erdenkliche Gute, ob sie nun in Neapel blieben oder nach Mailand gingen. Alle freuten sich über die Sauce und die Orangen und ließen sie sich schmecken. Der Wirt gab viele wohlbekannte Sprüche zum Besten, wie »Die Liebe ist eine Himmelsmacht« und »Die Liebe einer Frau war Trojas Untergang«, »Mädchen und Pferde sind das Glück der Erde« und »Was ist des Lebens höchste Lust? Die Liebe und der Wein«, und schloss mit der Binsenweisheit: »Was Sauce für die Gans, ist nicht Sauce für den Ganter.« Und obwohl jeder der Anwesenden ahnte, dass dieser Satz eine Anspielung auf die ganze Geschichte enthielt, waren sie nicht ganz sicher, ob er hier auch wirklich zutraf.

Aber das kümmerte im Grunde niemanden.

Endlich gut aufgehoben

Ginevras Geschichte

Geh aufmachen! Mach endlich auf! Da kommt Rinaldo! Bestimmt bringt er eine Nachricht von meinem Gemahl!«

Servia blickte auf. Das Gesicht ihrer Herrin Ginevra strahlte taufrisch und rosig.

»Woher wollt Ihr das wissen?«, fragte sie aufmüpfig. »Es pocht nicht am Türklopfer, und niemand hat an der Glocke gezogen.«

»O Servia, Servia, siehst du nicht den Staub aufwirbeln, genau auf unser Haus zu?«

Servia stand auf und schlurfte zum Fenster. »Ich sehe eine Staubwolke und darin ein Pferd und einen Reiter«, räumte sie ein, als sie mit zusammengekniffenen Augen aus dem Fenster blickte. »Aber ich kann nicht erkennen, wer es ist.«

»Servia, deine Augen lassen nach«, lachte Ginevra. »Es ist Rinaldo, sieh doch genau hin, erkennst du nicht sein Pferd? Es ist eines aus unserem Gestüt.«

Der Reiter tauchte aus der Wolke auf und verschwand, noch ehe Servia ihn klar erkennen konnte, unter dem Balkon aus ihrem Blickfeld.

»Er bringt Neuigkeiten von meinem Gemahl«, seufzte Ginevra schwärmerisch.

»Seid Ihr neuerdings unter die Hellseher gegangen?«, murrte Servia, zerzauste dabei aber das Haar ihrer Herrin und kniff sie liebevoll ins Kinn. Ginevra sah, wie in den Winkeln des alten, eingefallenen Mundes die Spur eines Lächelns spielte. Unter ihrem mürrischen Äußeren war Servia süß wie Honig, weich und herzhaft wie ihr köstlicher Kochpudding.

Fabia, das Hausmädchen, war unterwegs zur Tür, als Ginevra auf halber Treppe das Klopfen hörte. Sie hatte recht: Es war Rinaldo. Und sie hatte noch einmal recht: Er brachte tatsächlich eine Nachricht von ihrem Gemahl.

»Wie der einfach zur Haustür kommt«, ereiferte sich Servia. »Früher hätte sich kein Dienstbote herausgenommen, an der Haustür Einlass zu verlangen.«

Ihr war jene kühle Überheblichkeit zu eigen, die Bedienstete, deren Eltern und Großeltern bereits in reichen Häusern angestellt waren, auszeichnet. Sie erinnerte sich noch gut, wie beleidigt ihre Großmutter gewesen war, als ihr Vater sie zu einem Kaufmann in Dienst gegeben hatte. Ihre Familie, so hatte sich Großmama gebrüstet, habe immer nur bei Adligen gedient. Nun, Servia war der Meinung, dass diese Kaufleute es mit hundert oder mehr Adligen aufnehmen konnten. Mochte ihr Geld nur ein oder zwei Generationen alt sein, das Blut in ihren Adern war jedenfalls blauer als blau – würde Blut nach menschlicher Güte beurteilt. Doch leider wurde es ja an Titeln und Rängen gemessen, und dabei blieb es auch. Wer ein edles Herz hatte, war selten von adliger Herkunft, und das galt umgekehrt genauso. Wie viele königliche Diener konnten schon von sich behaupten, von demselben Tablett zu speisen wie ihre Herrin? Nun, Servia hatte das immer gedurft. Und Fabia, das neue Mädchen, war wie eine Freundin für Ginevra. Ihre gute, gute Herrin! Zwar musste sie über Ginevras gelegentliche Verstöße gegen die Regeln geflissentlich hinwegsehen – aber seis drum. Gegenüber ihrer Großmutter oder Mutter – wären sie noch am Leben – hätte sie diese Dinge natürlich mit keinem Sterbenswörtchen erwähnt.

»Dienstboten«, wiederholte sie und schüttelte die strafenden

Gedanken ab, die sich ihr aufdrängten. »Dienstboten, die an die Haustür klopfen!«

»Still, Servia, komm endlich von deinem hohen Ross herunter und hör auf, dich aufzuregen. Er bringt eine Nachricht von Bernabò, eine Nachricht von meinem Gemahl.«

Wieder schüttelte Servia den Kopf. Aber war es ein Wunder, dass Ginevra allein schon bei dem Gedanken, dass ihr Gemahl bald zurückkehren würde, ganz aus dem Häuschen war? Er war so oft fort, und für andere Männer hatte das Mädchen keine Augen. Oh, Männer kriegen konnte man genug. In rauen Mengen waren sie zu haben. Nein, es mangelte beileibe nicht an Männern. Von Bediensteten, die gelegentlich zu Besuch kamen, hatte Servia gehört, dass deren Herrinnen einem Häppchen von diesem und einem Bissen von jenem Mann nicht gerade abgeneigt waren. Natürlich geschah so etwas nur, wenn ihre Ehemänner gerade unterwegs waren. Und natürlich werteten sie diese Seitensprünge nicht als Untreue. Männer waren eben Männer – sie konnten der Versuchung, die Frauen auf sich aufmerksam zu machen, nun mal nicht widerstehen; und gelegentlich hatte eine Frau einen Mann doch bitter nötig. Und wenn die Männer wiederholt deutlich zeigten, dass sie sich gerne ausnutzen ließen, warum also nicht? Es diente doch beiden Seiten – sorgte sozusagen für ein ständiges Bäumchen-wechsle-dich. Schließlich und endlich war doch der heimkehrende Mann der wahre Nutznießer der heimlichen Abenteuer seiner Gemahlin. Somit war das Ganze in gewisser Weise – zugegebenermaßen nicht in einer Weise, die für die Ohren des Priesters bestimmt war, vielmehr in einer ganz besonderen Weise – als Dienst einer treuen und ergebenen Gemahlin an ihrem Mann zu betrachten. Was, sinnierte Servia düster, taten denn die Männer auf ihren Reisen anderes? Bestimmt vögelten und hurten sie herum, was das Zeug hielt. Und so wie ihre Diener sich damit brüsteten und darüber lachten, konnte man davon ausgehen, dass sie es für selbstverständlich, ja sogar für richtig hielten. In solchen Augenblicken, wenn die Männer grob wurden, wenn ihnen der Speichel im Mund zusammenlief und ihre Augen begierig nach den Frauen schielten, um zu sehen, wie sie ihre Geschichten aufnahmen, dankte Servia Gott dafür, dass ihre Herrin nicht zu denen gehörte, die sich Seitensprünge erlaubten. Unerträglich der Gedanke, dass in einer miesen Spelunke irgendwelche Männer ihre Abenteuer in Ginevras Bett zum Besten gaben. Doch ihre alten Ohren würden solche Schmach Gott sei Dank nie ertragen müssen. Ginevra war rein wie frischer Schnee.

»Was macht sie denn in diesen langen, langen Monaten, wenn ihr Mann unterwegs ist?« Sollten die Hausmädchen anderer Familien ruhig fragen, Servia würde es ihnen schon erzählen. Was sie tat? Nun, zunächst hatte sie ihre Schießkünste zur Vollkommenheit ausgebildet. Ob Pfeil, Kugel oder Stein, sie schoss mit meisterhafter Treffsicherheit. Und ihr Falke Enrico war auch kein Kinderspielzeug; er war ein todbringender Jäger. Und das Beste daran: Ginevra hatte ihn selbst abgerichtet. Sie ganz allein.

»Und wer hat *sie* abgerichtet?«, folgte unter Gekicher die nächste Frage. Ordinäres Pack. Doch Servias Herrin war klug genug gewesen, dem vorzubeugen. Ihr Lehrer war der alte Maestro Barbini – gebrechlich und hoch geachtet ob seiner langjährigen hingebungsvollen Ehelosigkeit im Dienste der Kirche, die ihn hatte vergessen lassen, wozu – außer zum Pinkeln – sein Apparat, dieses schmutzige Ding, sonst noch gut sein konnte. Schmutzig nicht etwa in körperlicher Hinsicht, das nicht – Servia kannte Maestro Barbini als äußerst reinlichen Menschen –, sondern eher in moralischem Sinne.

Na, dann sei sie ja selbst ein halber Mann, meinten die anderen Hausmädchen. Keinerlei Bettgeschichten und dann diese unschickliche Vorliebe fürs Schießen und Jagen – die hatte ganz offensichtlich mit Männern nichts am Hut. Servia lächelte tiefgründig; auch in diesem Punkt konnte sie ihnen eine Abfuhr erteilen.

»Meine Herrin«, brüstete sie sich, »kann es mit den besten Näherinnen aufnehmen. Und seht nur, wie zierlich sie ihre Stiche setzt – fein wie Blütenstaub. Und habt ihr die Blumen gesehen, die sie aufs Leinen zaubert? Jede blüht so frisch und fröhlich und lebendig wie die Blumen in ihrem Garten.« Sie wünschten weitere Beweise ihrer weiblichen Fähigkeiten? Nun – ihre meisterhafte Kochkunst, die vorbildliche Führung ihres Hauses, ihre wunderbare Singstimme, ihre geistige Wachheit. Und natürlich das Bestreben, ihrem Gemahl so viel Freude zu bereiten, dass dieser in all diesen Monaten und Tagen im Ausland sich nie auch nur nach einer anderen Frau umdrehte. Woher sie das denn wissen wolle? Also, so kurzsichtig und harthörig war sie nun noch nicht, dass sie nicht bemerkt hatte, wie Rinaldo jeweils verstummte, wenn die anderen Diener sich über die Kapriolen ihrer Herren ausließen. Und dabei sein Gesicht derart verzog, dass man hätte meinen können, er schäme sich, anstatt stolz darauf zu sein. Sie wusste genau – Bernabò war Ginevra treu. Rinaldos Schweigen sprach es laut und deutlich aus.

Und da stand er nun und foppte Fabia; wie ein Hündchen hopste sie vor ihm hoch, um den Brief zu schnappen, den er, für sie unerreichbar, in der Hand hielt.

»Deine Herrin«, wehrte er ab, »ich muss ihn deiner Herrin aushändigen.«

»Meine Herrin ist auch deine Herrin«, wehrte sich Fabia. »Sonst ist dein Herr auch nicht mein Herr.«

»Ist er auch nicht!«, lachte Rinaldo, und Fabia bedeckte züchtig ihr Gesicht, als Ginevra in Rinaldos Lachen mit einfiel und er sich zur Begrüßung tief verbeugte. Servia war zufrieden. Zumindest schien der junge Mann noch Manieren zu haben – auch wenn die Anstandsregeln in Vergessenheit geraten waren, sich geändert hatten oder was auch immer.

»Gib mir den Brief.« Ginevra streckte die Hand aus.

Während sie las, blieb es still. Ja, sie konnte lesen und schreiben wie ein Geistlicher, addieren und subtrahieren wie ein Kaufmann. Ginevra blickte auf, drehte sich noch im selben Atemzug um und war schon auf der Treppe, als sie rief: »Servia, Fabia, helft mir, meine Reise vorzubereiten. Bernabò ist in unserem Landhaus, nur zwanzig Meilen von hier. Ich muss zu ihm, so schnell ich kann. Mein armer Schatz wartet.«

»Sie kann doch tatsächlich hellsehen«, bemerkte Servia trocken, und in ihrer Stimme lag das Lächeln, das sich ihre Lippen abgewöhnt hatten. Dieses hübsche Kind trug jedem ein Lächeln ins Herz.

Sie packten. Wie immer ging Ginevra wohlüberlegt und gezielt vor, wie immer sang sie bei der Arbeit. Sie sang eine Hymne des Lobs und des Danks, und als diese zu Ende war, trällerte sie Liebeslieder aus den Romanen, die sie gelesen hatte, und schließlich hüpfte sie, lustige ländliche Tanzweisen zwitschernd, durchs Zimmer und forderte Fabia zum Mitsingen auf.

Bald stand das Gepäck bereit, und während Ginevra ein Bad nahm und Fabia ihr beim Ankleiden half, packte Servia Verpflegung für die Reise ein und legte noch einige von Bernabòs süßen und herzhaften Lieblingsspeisen aus der Vorratskammer dazu, die Ginevra in der entsprechenden Jahreszeit ihm zuliebe zubereitet und eingemacht hatte. Schließlich nahm Ginevra von Servia und Fabia Abschied. Die Kutsche stand bereit, doch der Kutscher ließ sich nicht blicken.

»Heute werde ich Euch fahren, Herrin«, sagte Rinaldo mit einer tiefen Verbeugung.

»Aber Rinaldo«, lachte Ginevra, »bist du seit Neuestem Kutscher?«

»Ein Mann muss lernen, für seinen Herrn alles Mögliche zu sein«, erwiderte er, und Ginevra meinte, sich verhört zu haben, denn Rinaldos Antwort hatte einen schroffen Unterton, den sie noch nie vernommen hatte. Gewöhnlich war Rinaldo zuvorkommend und freundlich, und sie konnte gut verstehen, warum ihr Gemahl ihn so gerne um sich hatte.

»Vielleicht«, dachte sie, »ist der arme Rinaldo müde. Die lange Reise von Paris, der Zwanzig-Meilen-Ritt mit der Nachricht nach Genua, jetzt die zwanzig Meilen zurück. Er hat allen Grund, müde zu sein.«

Unvermittelt stieg sie wieder aus. »Sattle meine Stute und bring ein frisches Pferd für Rinaldo«, befahl sie dem wartenden Stallburschen. »Zu Pferd bewältigen wir die Strecke schneller.«

Sie wandte sich an Rinaldo. »Ich hoffe, du hast noch ausreichend Kraft für einen zügigen Ritt«, sagte sie. »Ich will so bald wie möglich zwanzig Meilen weg von Genua sein.«

Rinaldo nickte, und Ginevra spürte, dass seine Schroffheit noch nicht verflogen war. Zu Pferd würden sie in jedem Fall schneller im Landhaus sein, tröstete sie sich, und einmal angekommen, würde Rinaldo ihr den Entschluss danken, und sie würde Bernabò überreden, ihm ein paar Tage Erholung zu gönnen.

Dennoch wurde es ein recht langer Ritt. Sie waren bereits eine ganze Weile in der Dunkelheit unterwegs, als sie an eine einsame Stelle kamen. Ringsum standen hohe Bäume, am Boden wucherte dichtes Gestrüpp. Die Pferde wieherten und scheuten, als Ginevra, in der Hoffnung, schnell hindurch und auf die andere Seite zu gelangen, vorwärtsdrängte. Aber was war das? Es gab gar keine andere Seite. Geschickt verhielt sie ihr Pferd. Es war eine dicht bewachsene, mörderische Schlucht, die gleich hinter den wild wuchernden Pflanzen in einen bodenlosen Abgrund mündete. Und in der Ferne heulten die Wölfe und machten die Pferde scheu und störrisch.

Ginevra riss ihre Stute herum – und was sah sie? Ein stählernes Funkeln – Rinaldo zückte einen Dolch. Doch sicher nicht gegen sie? Nein, bestimmt hielt der treue Rinaldo das Messer bereit für den Fall, dass sie von Tieren angegriffen würden. An Orten wie diesem hier wimmelte es von vierbeinigen und zweibeinigen Ungeheuern verschiedenster Art. Aaaahuuu! Aaaahuuu! Sie erschauerte, als das Geheul der Wölfe lauter wurde, näher kam.

»Was für ein guter Kerl!«, dachte sie fröstelnd. »Der gute Rinaldo. Kein Wunder, dass Bernabò ihn gerne um sich hat.«

Doch da spürte sie plötzlich Rinaldos Atem. Stoßweise. Keuchend.

»Rinaldo, was –?«

»Ich muss Euch töten«, knurrte Rinaldo mit angstverzerrter Stimme.

»Aber – warum?«

Sie packte sein Handgelenk, als er mit dem Dolch auf sie eindrang.

»Ich muss Euch töten«, wiederholte er, und noch einmal »Ich muss Euch töten«, als wäre der Befehl ein Gebet, das es zu wiederholen galt.

»Habe ich dir je etwas getan, Rinaldo?«, fragte Ginevra, und in ihrer Stimme lag ein Ton, der den Diener in ihm zum Gehorsam rief und innehalten ließ.

»Nein, Herrin«, antwortete er.

»Warum willst du mich dann töten?«

»Weil es mir befohlen wurde.«

Ginevra rang nach Luft. »Befohlen? Von wem?«

Der Mann senkte den Kopf; sein Handgelenk erlahmte vom stählernen Druck ihrer Hand.

»Wer hat dir befohlen, mich umzubringen?« Sie ließ nicht

locker, und als keine Antwort kam, fügte sie hinzu: »Niemand also. Es geht dir wohl ums Geld?«

»Nein«, murmelte er mit unsicherer Stimme. »Euer Gemahl verlangt Euren Tod.«

Wie das Heulen der Wölfe gellte und hallte die Stille in ihrem Kopf. Nein, die Geräusche ringsum, die trügerischen Schatten der Dunkelheit mussten Rinaldos Worte verdreht haben. Oder der Mann log.

»Nein!«, schrie sie, um die widerstreitenden Stimmen in ihrem Kopf zu übertönen. »Sag mir, warum du mich töten willst!«

»Weil mein Herr, Euer Gemahl, mich angewiesen hat, Euch umzubringen. Warum er Euren Tod wünscht, vermag ich nicht zu sagen. Es ziemt sich nicht für einen Diener zu fragen, warum sein Herr etwas befiehlt. Darüber nachzudenken ist nicht meine Aufgabe.«

Und plötzlich hatte er sie am Arm gepackt. »Befehlt Eure Seele Gott!«, herrschte er sie, nun wieder schroff und unerbittlich, an. »Mein Herr hat mir eingeschärft, Euch keine Gnade zu gewähren.«

»Halt ein«, befahl Ginevra. »Fürchtest du nicht Gott und das Leben nach dem Tod? Meinst du etwa, dein Herr könnte deine Seele vor dem Fegefeuer bewahren?«

Rinaldo sank in sich zusammen.

»Ich habe einen Vorschlag«, fuhr sie fort, ohne Rinaldos Antwort abzuwarten. »Ich gebe dir eines meiner Kleider. Tränke es in Blut und bring es deinem Herrn. Sag ihm, du hättest mich getötet und den Wölfen zum Fraß vorgeworfen.«

Der Mann öffnete den Mund, doch Ginevra ließ ihn nicht zu Wort kommen und sprach hastig weiter. »Gib mir deine Kleidung – ich nehme ein Schiff und verlasse Italien auf Nimmerwiedersehen, sodass Bernabò nie erfahren wird, dass du mich hast laufen lassen. Befolge meinen Plan, und es wird dir nichts geschehen. Hier ist etwas Gold und mein Pferd. Gott sei dir gnädig.«

Ginevra sprach mit einer Kraft und Bestimmtheit, der sich kein Diener entziehen konnte. Überdies hegte Rinaldo nichts als Bewunderung und Dankbarkeit für Ginevra. Er suchte in seinen Satteltaschen und fand ein altes Wams und eine Kapuze und gab ihr diese. Dann nahm er das Pferd und ritt davon.

Aaaahuuu! Aaaahuuu! Aaaahuuu! Das Geheul der Wölfe verfolgte Ginevra, als sie, dem Tod nur knapp entronnen und noch immer zitternd, sich auf ihren Weg machte. Wie sehr wünschte sie, Rinaldo hätte sich nicht so leicht umstimmen lassen; das hätte darauf hingewiesen, dass er selbst und nicht Bernabò sie hatte töten wollen. Verzweifelt suchte sie nach einem anderen einleuchtenden Beweggrund. »Das Geld«, sagte sie sich, »das Geld hat er angenommen – bestimmt hatte er es von vornherein nur darauf abgesehen.« Was er von Bernabò erzählt hatte – alles nur Lüge, um sich selbst zu schützen. Nein, dachte sie mutlos und ließ ihren Kopf an einem grob gehauenen Pfahl ruhen, sie hatte ja den gehetzten Gesichtsausdruck, die Angst in Rinaldos Augen gesehen. Er hatte auf Befehl gehandelt, nicht aus eigenem Antrieb.

Sie ließ ihre Hand über die raue Oberfläche des Pfahls gleiten und folgte der Bewegung mit den Augen. Am oberen Ende hing ein Schild, das auf eine Herberge hinwies. Für Ginevra aber war das Schild zugleich ein Zeichen – das Zeichen, sich und ihr Schicksal selbst in die Hand zu nehmen. Ein glückliches Schicksal hatte sie hierhergeführt, und in ihrer blinden Angst hatte sie nicht einmal bemerkt, dass sie in Sicherheit war.

Sie betrat den Gasthof und verlangte ein Zimmer. Die Frau des Wirts war eine gute Seele und lieh ihr bereitwillig Nadel und Faden. In der Nacht schneiderte sich Ginevra eine neue Garderobe: Sie änderte das alte Wams, sodass es saß wie angegossen, trennte ihr langes Gewand auf und nähte daraus eine Bundhose.

Dann schnitt sie sich das Haar kurz, schlüpfte in ihre neuen Gewänder und ging zur Tür, um sich mit Proviant für die Reise zu versorgen. Sie schob den schweren, eisernen Riegel zurück und trat hinaus – ein neuer Mensch.

Bei ihrem Streifzug durch das Dorf schien niemand zu bemerken, dass Ginevra eine Frau war. »Ciao, Ginevra«, dachte sie. »Auf Nimmerwiedersehen. Ich hatte ein gutes Leben in deiner Gestalt. Aber jetzt bin ich noch einmal geboren. Und dieses Mal lebe ich nur für mich!«

Am nächsten Morgen, nachdem sie gut geschlafen hatte, sann sie auf ihrem Weg zur Küste darüber nach, wie ihr voriges Leben geendet und ihr jetziges begonnen hatte.

»In gewisser Weise wird es keine Lüge sein, wenn Rinaldo Bernabò erzählt, er habe Ginevra getötet. Bernabòs Frau ist tot. Die treue Ginevra, die zu Hause sitzt und wartet – wartet, um ihren Gemahl zu erfreuen –, dieses Heimchen Ginevra ist tot. Doch ihre Geschicklichkeit, ihre Fähigkeiten und Erfahrungen – das alles wird mir noch von großem Nutzen sein.«

Als sie so darüber nachdachte, erkannte sie, dass Ginevra nie eine andere Wahl gehabt hatte, als entweder eine gute Gemahlin zu sein oder eben nicht. Alles in allem aber hatte ihre Tugend ihr nichts eingebracht. In diesem neuen Leben hingegen hatte sie viele Möglichkeiten. Ihr Schicksal lag in ihrer Hand; beinahe alles stand ihr offen – alles, mit einer Ausnahme: dem Leben an der Seite eines Mannes.

»Das Erste, das ich frei wählen kann«, lachte sie, »ist mein Geschlecht. Ich werde ein Mann sein, damit niemand ahnt, wer ich eigentlich bin. Ginevra ist die Gemahlin eines berühmten Kaufmanns, dessen Teilhaber weit herumkommen. Meinen Namen kann ich mir selbst aussuchen – ab heute heiße ich Sicurano da Finale.«

Sicurano da Finale tauchte eine Woche später an der Küste auf: ein junger Mann mit kurz geschorenem Haar und selbstsicherem Gehabe. Er stellte Fragen – so viele Fragen, dass einige der Kapitäne ungeduldig, andere argwöhnisch wurden. Doch die meisten beantworteten seine Fragen. Allen war klar, dass sie keinen gewöhnlichen Schiffsjungen vor sich hatten. Der war kein Schuhwichser und kein Kloputzer, der war, so viel stand fest, ein junger Bursche aus gutem Haus, der genau wissen wollte, was für Passagiere das Schiff mitnahm, welche Fracht es befördern, welche Häfen es voraussichtlich anlaufen würde und welche Arbeit für jemanden mit seinen Fähigkeiten und seiner Ausbildung zu haben sei. Und gebildet war er, darin stimmten die Kapitäne auch überein, sie wussten nur nicht, worin genau seine Ausbildung bestand. Sie wagten aber nicht, Sicurano danach zu fragen, denn allein durch seine Art und sein Benehmen weckte er in ihnen den Wunsch, ihm zu gefallen. Sie stillten seinen Wissensdurst und nahmen an sich selbst das unerklärliche Verlangen wahr, von ihm Zustimmung oder Lob zu ernten. Er aber entzog sich ihnen, als müsse er ihre Antworten erst sorgfältig gegeneinander abwägen, ehe er einem von ihnen das Vorrecht gewährte, ihn einzustellen.

»Großartig«, bemerkte ein alter Seebär, als er hörte, wie die Kapitäne ihre Eindrücke von dem jungen Mann austauschten. »Der Junge ist auf euch angewiesen. Ihr aber benehmt euch, als könnte er euch einen Gefallen erweisen.«

»Hast du ihn schon mal reden gehört?«, fragte einer mit ehrfürchtiger Stimme.

»Weißt du eigentlich, dass er in Buchhaltung dem klügsten Kaufmann nicht nachsteht?«

»Und lesen und schreiben kann er auch, sogar kochen.«

»Und behauptet noch dazu, ein erfahrener Hausdiener zu sein; den größten Männern will er aufgewartet haben.«

»Na dann«, brummte der alte Seebär, »gebt ihm eine Arbeit, die seinen Fähigkeiten entspricht. Von der Seefahrerei versteht er offensichtlich nichts. Sonst würde er um jeden Preis an Bord wollen und die erstbeste Arbeit annehmen. So ein aufgeblasener junger Spund! Was will der überhaupt hier? Ihr lasst euch von ihm behandeln wie kleine Kajütenjungen, die sich nicht trauen, den Mund aufzumachen. Und so was nennt sich tüchtige Seeleute! Ihr solltet euch schämen!«

»Was ich suche«, sagte Ginevra, als die Kapitäne sie am nächsten Tag umringten und mit bangen Fragen überhäuften, »ist das Schiff, das Italiens Küsten am weitesten hinter sich lässt. Und einen Kapitän, der mich mitnimmt auf seine Reisen ins Landesinnere und für den ich vielleicht hier und da ein Geschäft abwickeln darf. Und der jederzeit bereit ist, seinen Weg ohne mich fortzusetzen, wenn das Glück mir winkt.«

Ein wuchtiger Mann trat vor, ein Katalane namens Encararch. Er hatte in Finale angelegt, um seine Schiffe mit Fracht zu bestücken und einen Abstecher nach Alba zu machen, ehe er erneut in See stach, fernen Gestaden und den sagenhaften Schätzen der Sultane muslimischer Reiche entgegen.

»Meine Flotte segelt nach Nordafrika«, sagte er, »und wenn Signor Sicurano da Finale mir zeigt, dass er geschäftstüchtig ist und mir eher Geld einbringt als welches in den Sand setzt, lasse ich ihn gerne ab und an ein Geschäft für mich abwickeln. Was die Möglichkeit anbelangt, im Ausland zu bleiben – im Verlauf meiner dreißig oder mehr Jahre auf See war ich schon mit vielen Männern unterwegs, aber ich bin noch keinem begegnet, der unentbehrlich gewesen wäre. Insbesondere dann nicht, wenn er oder sonst wer für seine Entlassung etwas für mich springen lässt. Und noch etwas habe ich gelernt: Beginnt einer, sich nach einer anderen Arbeit umzusehen, so ist er zu nichts mehr zu gebrauchen, weil er nicht bei der Sache ist.«

»Eine letzte Bedingung«, verkündete Sicurano, »und Ihr sollt mein Herr sein. Ich werde Euch nach besten Kräften dienen – als Schreiber oder Buchhalter, als Diener oder Gefährte, als Koch oder Jäger, mir ist alles recht. Solltet Ihr jedoch Eure Frau vermissen, oder die jungen Kerle, mit denen Ihr Euch in den Seitengassen vergnügt, wenn niemand zusieht – dann müsst Ihr Euch einen anderen suchen. Solches Treiben gehört nicht zu meiner Arbeit, und ich will nichts damit zu tun haben. Ich stelle diese Bedingung in aller Öffentlichkeit, damit Ihr Euer Wort später nicht zurücknehmen könnt, ohne Euch vor diesen anständigen Leuten deswegen verantworten zu müssen.«

Der kräftige Encararch lief purpurrot an. »Was, du unverschämter kleiner …«, doch er verstummte angesichts von Sicuranos warnendem Blick. Wenn er auf die Bedingung dieses jungen Mannes nicht einging, ließ er sich nicht nur die einmalige Gelegenheit entgehen, für den Lohn nur eines Dieners die Annehmlichkeiten vieler Diener zu genießen, sondern er stellte sich darüber hinaus vor seinen Kameraden bloß. Denn obwohl sie auf See alle denselben Neigungen frönten, bekannten sie sich nur selten dazu. Also unterdrückte der Mann seine Wut, lachte stattdessen und nahm vor versammelter Runde die Bedingungen des jungen Mannes an. Der Handel wurde besiegelt, und am nächsten Tag stachen sie in See, dem afrikanischen Kontinent entgegen, genauer gesagt einem Land namens Ägypten, in dem die alte Stadt Alexandria lag.

Unterwegs leistete Sicurano Encararch gute Dienste. Er erwies sich als besonders wertvoll beim Abrichten junger Falken, mittels derer sich Encararch eine Audienz beim Sultan von Ägypten zu verschaffen hoffte. Wilde Jungfalken waren schon von großem Wert; von Sicurano gezähmt und abgerichtet, waren sie aber geradezu unbezahlbar! Allein dieser Dienst Sicuranos würde sich als so gewinnbringend erweisen, dass er seine Anstellung, Kost und

Logis um ein Vielfaches einbringen würde. Kein Wunder also, dass Encararch daran gelegen war, in Begleitung seines jungen Gehilfen vor den Sultan zu treten. Schließlich war es Sicurano, der die Tiere zum Fliegen und Sitzen, zum Greifen und Apportieren bringen, der den Sultan und seine Leute in der Falknerkunst unterweisen würde. Und der junge Mann, der seinen Fähigkeiten nach ein Jäger, seiner Haltung und seinem Benehmen nach ein Edelmann, seiner Weisheit und Belesenheit nach ein Gelehrter war, gefiel dem Sultan so sehr, dass er Encararch darum bat, Sicurano bei ihm zu lassen. Trotz allem, was der Katalane versprochen hatte, als er den jungen Mann einstellte, fiel es ihm nun schwer, ihn seines Weges ziehen zu lassen.

»Willst du wirklich in diesem fremden Land bleiben?«, suchte er Sicurano zu entmutigen. »Fern der Heimat? Gott allein weiß, wann sich je wieder die Gelegenheit ergibt, zurückzukehren, wenn es dir hier nicht mehr gefällt!«

»Was fremd ist oder fern, kommt auf den Standpunkt an«, erwiderte Sicurano. »Die Heimat birgt zu viele Erinnerungen, als dass ich je zurückzukehren wünschte. Nein. Mir gefällt es in Alexandria. Ich empfinde es nicht als ›fern‹, jedenfalls so lange nicht, wie ich hier bin und eine Zukunft habe.«

»Eine recht ungewisse, dessen sei versichert«, grollte der Katalane. »Sultane sind furchtbar launisch. Heute lieben sie dich so sehr, dass sie dir Ländereien schenken und Titel verleihen, morgen lassen sie dir mit glühenden Schürhaken die Augen ausstechen. Und wenn du das Pech hast zu entkommen, verlängerst du so nur deine Qualen. Es wird keinen Stein geben, unter dem du dich verstecken könntest. Sie werden dich jagen, bis sie dich haben – und dann heißt es zurück zu den Schürhaken und zurück in den Kerker. Nein, du wärst gut beraten, bei mir zu bleiben. Wer weiß, wann wieder ein europäisches Schiff hier anlegen wird?«

»Eher, als Ihr denkt«, entgegnete Sicurano zuversichtlich. »Wie ich höre, gibt es in Akko bald eine Handelsmesse. Von überall her werden Leute kommen – Sarazenen und Christen –, und wenn ich merke, dass Alexandria mir nicht gefällt, werde ich mit einem von ihnen nach Europa zurückkehren, niemals jedoch an Italiens Küste.«

Schließlich erkannte Encararch, dass er Sicurano nicht davon abbringen konnte, in Ägypten zu bleiben; er stach in See und ließ den Jungen beim Sultan, der ihn, weil er die Talente des jungen Burschen zu schätzen wusste, in immer höhere Stellungen beförderte.

Kurze Zeit später suchte der Sultan einen Mann, der sich um die Vorbereitung der Handelsmesse in Akko kümmern sollte. Sicurano, der sich Bernabòs Verhalten noch immer nicht erklären konnte und zutiefst verletzt war, wollte diese Aufgabe gerne übernehmen. Italienische Kaufleute waren ja unerschrockene Reisende, die keine Gelegenheit ausließen, in fremden Ländern Handel zu treiben und ihren Reichtum zu mehren. Vielleicht würde Sicurano unter den Besuchern in Akko einen Kaufmann finden, der das dunkle Rätsel, das ihn noch immer so sehr quälte, etwas erhellen könnte. Was hatte in Bernabò einen solchen Hass geschürt, dass er Ginevras Tod befahl?

»Ich verstehe mich ein bisschen auf das Tauschen und Verkaufen«, sagte Sicurano zum Sultan, als die Vorbereitungen zur großen Handelsmesse beginnen sollten. »Wenn Eure Majestät es wünscht, könnte ich vielleicht bei der Planung behilflich sein.«

Der Sultan beschloss auf der Stelle, Sicurano das höchste Amt anzuvertrauen.

»Ich ernenne dich zum Statthalter von Akko«, sagte er wohlgelaunt. »Wenn du gleichzeitig Kommandant der Garde bist, unterstehen die Kaufleute deinem Schutz. Dann fühlen sie sich sicher und tragen – so es Gottes Wille ist – Geschichten vom

Frieden, dem Überfluss und der Gastfreundschaft meines Reiches in die Welt. Du beherrschst die Sprache meines Landes schon gut; ich bin überzeugt, du wirst einen guten Botschafter abgeben.«

So geschah es, dass Sicurano da Finale zur Handelsmesse nach Akko reiste. Unter den Kaufleuten, die aus aller Welt gekommen waren, entdeckte sie viele Italiener – aus Pisa und Genua, Sizilien und Venedig; Bernabò jedoch war nicht unter ihnen. Halb erleichtert, halb enttäuscht hielt Sicurano dennoch weiterhin mit der gebotenen Vorsicht nach ihm Ausschau und suchte regelmäßig die Stände der italienischen Kaufleute auf. Eines Tages fiel ihr Blick zufällig auf einen Gürtel, eine Handtasche und einige Schmuckstücke. Sie hielt ihr Pferd an, stieg ab und nahm die Gegenstände aus nächster Nähe in Augenschein.

»Ja«, dachte sie bei sich, »ich habe mich nicht getäuscht. Das sind tatsächlich meine Sachen.«

Sicurano setzte eine unbefangene Miene auf und wandte sich an einen Verkäufer. »Was sollen diese Gegenstände kosten?«, fragte sie. »Und von wem habt Ihr sie erworben?«

»Ich gehe und rufe meinen Herrn, Euer Ehren«, stammelte der Verkäufer. Die Anwesenheit des Kommandanten der Garde brachte ihn aus der Fassung. »Wenn Euer Ehren bitte einen Augenblick hier warten wollen …«

Umgehend erschien ein reich gekleideter junger Mann im Laden. »Willkommen, willkommen«, strahlte er. Es schien ihm zu schmeicheln, dass der Kommandant der Sultansgarde an seinem Stand etwas zu kaufen begehrte. »Ich bin Ambrogiuolo da Piacenza, Euer Besuch ist mir eine große Ehre. Habt Ihr von meinem bescheidenen Angebot bereits etwas Bestimmtes ins Auge gefasst?«

»Dies hier.« Sicurano zeigte sanft auf den Gürtel und die Tasche.

»Oh«, lachte Ambrogiuolo auf, »die sind unverkäuflich. Aber

wenn Ihr sie ins Herz geschlossen habt, könnt Ihr sie umsonst haben.«

»Er weiß, dass ich eine Frau bin«, erschrak Sicurano, als sie den Kaufmann anzüglich grinsen sah. Angst schnürte ihr die Kehle zu. Aber sie reckte die Schultern und sagte ruhig: »Es amüsiert Euch wohl, dass ein Soldat etwas kaufen will, das den Frauen vorbehalten ist.«

Ambrogiuolo lachte laut auf. »Oh, nein, mein Herr, bestimmt nicht. Ich lache bei der Erinnerung daran, wie diese Gegenstände in meinen Besitz gelangten.«

»Nämlich?«, fragte Sicurano, die deutlich spürte, dass dieser Venezianer im Begriff war, ihr den Schlüssel zu dem rätselhaften Befehl für den Mord an Ginevra zuzuspielen. »Natürlich nur«, fügte sie listig hinzu, »wenn es nicht allzu vertraulich ist.«

»Es ist ganz und gar kein Geheimnis«, lachte Ambrogiuolo. »Die Helden dieser Geschichte sind längst in Vergessenheit geraten. Wisst, diese Gegenstände wurden mir von einer Genueser Dame als Geschenk überreicht. Ihr Name war Ginevra, sie war die Frau eines Kaufmanns namens Bernabò Lomellino. Lomellino und ich verbrachten einmal auf einer Reise viel Zeit miteinander, und ich wettete mit ihm, dass es mir gelingen würde, in seiner Abwesenheit seine Frau zu verführen.«

»Und – habt Ihr die Wette gewonnen?«, fragte Sicurano gebannt.

»Aber natürlich«, brüstete sich Ambrogiuolo. »Wie ich sehe, hat der Herr Kommandant sich bislang nicht viel Zeit genommen für die Frauen – kein Wunder, dass er bei seinem zarten Alter bereits solch ein hohes Amt bekleidet. Wie sonst, glaubt Ihr, wäre ich denn zu den Sachen aus dem persönlichen Besitz der Dame gekommen? Geradezu aufgezwungen hat sie sie mir, mich angefleht, sie immer bei mir zu tragen, damit ich sie nie vergessen würde. Und da liegen sie nun.«

»Erschlichene Trophäen«, murmelte Sicurano. Ginevras Untergang lag offen vor ihren Augen. Bernabòs unbarmherziger Befehl, Rinaldos Mordversuch. Nun wusste sie wenigstens, warum Bernabò ihren Tod verlangt hatte. Aber was immer dieser Mann ihm auch erzählt haben mochte – er hätte sie anhören sollen, ehe er sie verdammte.

»Und ich nehme an, Ihr habt es Lomellino erzählt«, erkundigte sie sich. »Habt ihm erzählt, dass Ihr ihm Hörner aufgesetzt habt?«

»Ja, natürlich. Und er zahlte mir die Wahnsinnssumme von fünftausend Goldflorin. Als ich eine Weile später in der Nähe von Genua herumreiste, hieß es, er habe seine Frau umbringen lassen. Er schien kein Hehl daraus zu machen, und kurz darauf hatte er sich selbst zugrunde gerichtet.«

Ambrogiuolo schüttelte sich vor Lachen über Lomellinos Verschrobenheit und wischte sich Tränen aus den Augen.

»Sein Bauch wackelt, wenn er lacht«, stellte Sicurano kühl fest. »Ob er wohl je Bedauern empfindet für die Menschen, die er zugrunde gerichtet hat?«

Sie war völlig benommen. Ihr Kopf schien unfähig, irgendeinen Gedanken zu fassen – bis auf den einen: Dieser Mann durfte nicht ungeschoren davonkommen. Er sollte an seinem eigenen Leib erfahren, was es bedeutete, wenn einem jemand das Leben zerstört. Was es bedeutete, wenn einem nichts bleibt als das nackte Leben. Wie die Angst einen erniedrigt und zur Verzweiflung treibt, wie die Qual einen zerfrisst.

»Damit«, sagte sie sich, »beginnt meine eigentliche Prüfung. Ich muss mich dazu durchringen, einige Zeit in der Gesellschaft dieses widerwärtigen Mannes zu verbringen. Ich werde mir seine Lügengeschichten anhören und erfahren, wie er mir meine Ehre geraubt und meinen Tod heraufbeschworen hat.« Sie schluckte schwer. »Ich werde vorgeben, das Zusammensein mit ihm zu genießen, und ihn, wenn notwendig, dazu überreden, mich nach

Alexandria zu begleiten, bis ich genug weiß, um ihn aufhängen zu lassen.«

Wenn Sicurano sich etwas in den Kopf gesetzt hatte, verfehlte sie ihr Ziel nicht. So kam es, dass der schurkische Venezianer Ambrogiuolo zufrieden mit ihr nach Alexandria zurückkehrte. Und wie die große ägyptische Katze, die Rätsel aufgibt und über die Wüste wacht, wahrte Sicurano ihr Geheimnis und verfolgte unbeirrt ihr Ziel.

Sie lockte Ambrogiuolo, indem sie ihm unschätzbaren Reichtum versprach, sie stellte ihm Titel, Macht und vieles mehr in Aussicht. Und gelegentlich fragte sie nach Bernabò. Was eigentlich aus ihm geworden sei, wollte sie wissen. Ambrogiuolo war es nicht so wichtig gewesen, das herauszufinden. Fühlte er sich nicht vielleicht ein wenig schuldig? In dem Maße zumindest, um dem Mann bei einem Neuanfang behilflich zu sein? Immerhin war es sein Werk, Bernabòs Ehe zerstört und den Mann ins Verderben gestürzt zu haben. Mürbe gemacht, gab Ambrogiuolo schließlich zu, ja, Bernabòs Verderben könne vielleicht zu einem Teil ihm angelastet werden. Doch als er ihm die Wette angeboten habe, habe er schließlich nicht ahnen können, wie schwach der Mann sei. Andere Männer lebten doch auch mit den kleinen Sünden ihrer Gemahlinnen. Das lag nun mal in der Natur der Menschen, und solange die Frauen ihre eigenen Männer weiterhin begehrten und ihre Liebeleien unauffällig auslebten, waren doch wohl alle Beteiligten glücklich und zufrieden!

»Ich verstehe natürlich, dass es in Eurem Land nicht so ist«, fügte er hastig hinzu, als er Sicuranos fassungsloses Gesicht sah, »aber in Italien ist alles ganz anders.«

Sicurano ballte die Fäuste und biss die Zähne zusammen, um ihre Zunge im Zaum zu halten. Sie war ihrem Ziel zu nahe, um jetzt alles zu verderben. Und als sie sich ein wenig beruhigt hatte, meinte sie nachdenklich: »Ladet doch Lomellino nach

Alexandria ein! Ihr habt ja selbst gesehen, wie leicht man hier ein Vermögen machen kann. Ihr könntet ihm helfen, wieder auf die Beine zu kommen. Eine gute Tat wird immer belohnt.«

»Außerdem«, fügte sie listig hinzu, als sie Ambrogiuolos Zögern sah, »der Sultan ist von Großherzigkeit immer zutiefst beeindruckt, und seid versichert: Ich würde ihn wissen lassen, was Ihr da tut.«

Also sandte Ambrogiuolo mit Genueser Kaufleuten, die wie er ihren Aufenthalt verlängert hatten, um die Gewinne, die sie an der Messe erzielt hatten, noch zu vermehren, eine Einladung an Bernabò: Er solle sein Gast sein und ein Gast seines Gönners, des Statthalters von Akko und Kommandanten der Garde. Dieser würde ihm helfen, das verlorene Vermögen wieder zu erwirtschaften.

»Und nun«, erklärte Sicurano Ambrogiuolo, »werde ich Euch dem Sultan vorstellen. Ihr könnt ihm von Eurem Sieg über Ginevra berichten, und davon, dass Ihr heute Bernabò Lomellino nach Alexandria einladet, um ihn für seine Verluste zu entschädigen. Das beweist, dass Ihr doch großmütiger seid, als Ihr es Euch selbst zugesteht.«

Selbstgefällig erzählte Ambrogiuolo da Piacenza dem Sultan seine Geschichte mit so reichen Ausschmückungen, Verzierungen und Zusätzen, dass der ganze Hofstaat sich vor Lachen bog und der Sultan sich köstlich amüsierte. Alle waren sich einig: Eine Frau wie Ginevra habe den Tod verdient, Bernabò Lomellino jedoch sei Unrecht widerfahren. Daher sei es Ambrogiuolo hoch anzurechnen, dass er ihm nun helfen wolle, seinen Schmerz über Ginevras Untreue zu überwinden und wieder auf die Füße zu kommen.

Sicurano starb tausend kleine Tode, als sie diese Männer wie aus einem Mund sprechen hörte. Es war, als schlüge in allen dasselbe Herz. Nicht ein einziger stellte Ambrogiuolos Geschichte infrage. Keiner fragte, wie es denn sein könne, dass Bernabò sich zu einer so folgenreichen Fehleinschätzung seiner Frau habe hinreißen lassen. Schlimmer noch: Als Sicurano den Versuch unternahm, Fragen dieser Art zu stellen, wurde sie von den anderen ob ihrer Arglosigkeit ausgelacht und verspottet. Frauen, sagten sie, seien schwach und ließen sich leicht verführen, sei es nun in Europa oder Afrika oder Indien. Dies sei ja auch der Grund, weshalb sie von Religion, Gesetz und Sitte in Schach gehalten würden.

»Es ist doch überall dasselbe«, klagte Sicurano im Stillen, doch sie bewahrte ihre Ruhe. Bald würde Bernabò hier sein. Irgendwie würde sie aus Ambrogiuolo schon die Wahrheit herausquetschen; dann erhielte er den verdienten Lohn, und Ginevra würde in das Reich der Lebenden zurückkehren. Doch jeder Tag war wie eine Reise in das Herz eines Sandsturms, und wenn sie allein in ihrem Bett lag, lastete die Nacht auf ihr wie ein Berg, dessen Gewicht sie schier erstickte – bis Bernabò endlich kam.

Doch was für ein Bernabò! Ihr Herz blutete, als sie ihn sah – in grobes Tuch gekleidet. Seine Schultern waren gebeugt, sodass sich sein Hals wie bei einer schweren, alten Schildkröte daraus hervorschob; an dessen Ende hing kraftlos der Kopf. Er war ergraut. Keine Spur von dem hoch gewachsenen, stolzen Bernabò, von dem sie damals, vor seiner Reise nach Paris, Abschied genommen hatte. Sie hatte fest darauf vertraut, ihn bei seiner Rückkehr genauso aufrecht, liebevoll und vertrauensvoll zu erleben. Nein! Dies hier war nicht der Mann, von dem sie sich verabschiedet hatte; an seiner Stelle war ein anderer zurückgekehrt. Nicht Bernabò Lomellino, ihr Liebster, hatte ihren Tod befohlen. Es war dieser entstellte Mann gewesen, den sie nun vor sich sah und den der Schurke Ambrogiuolo erschaffen hatte, als Gegenpart zu seiner anderen Erfindung: dem Luder Ginevra, die ihn nicht schnell genug in ihr Bett hatte zerren können.

»O Bernabò, Bernabò! Hätte ich dich nach Paris ziehen lassen, wenn ich auch nur geahnt hätte, dass ich dich nie wiedersehe? Ich hätte dich mit meiner Liebe fesseln und bis zur nächsten Reise sicher und wohlbehalten in meinen Armen gefangen halten sollen!«

Sicurano wandte sich ab, blinzelnd hielt sie ihre Tränen zurück und warnte Ginevra, ja nicht in Erscheinung zu treten. Doch diese Ginevra war ebenso entschlossen wie sie – urplötzlich tauchte sie vor ihr auf und wollte teilhaben an dem Plan, den Sicurano ausgeheckt hatte, um ihre Ehre wiederherzustellen. Nein, Ginevra, nicht, bitte – noch nicht. Sonst ist alles verloren.

Noch am selben Tag ging Sicurano da Finale spornstreichs zum Sultan.

»Bernabò Lomellino ist angekommen«, sagte sie. »Er ist ein gebrochener Mann. Ich habe ihn bei einem Kaufmann untergebracht – einem rechtschaffenen Mann, der ihm zeigen wird, welche Möglichkeiten Euer Land einem Kaufmann bietet. Bitte lasst nun unverzüglich Ambrogiuolo und Bernabò zu Euch rufen und befehlt Ambrogiuolo unter Androhung der Todesstrafe, die wahre Geschichte von Ginevra zu erzählen.«

Der Sultan hob erstaunt die Augenbrauen. »Das ist ja alles schön und gut, mein Lieber«, bemerkte er, »aber was habe ich dabei zu erwarten? Ich dachte, Ambrogiuolo sei Euer Freund und sei nun dabei, das Unrecht zu sühnen, das er seinem Freund durch das Verführen seiner Frau zugefügt hat.«

»Das ist nicht die ganze Geschichte. Ich beschwöre Euch, Majestät, Ambrogiuolo zur Wahrheit zu zwingen«, erwiderte Sicurano. »Und ihn für sein Vergehen zu bestrafen.«

Der Sultan hob erstaunt die Brauen. »Und Ihr seid sicher, dass es dieses Vergehen überhaupt gibt?«

»Ich weiß es«, entgegnete Sicurano schlicht.

»Gut, dann bringt beide her«, schloss der Sultan, der spürte, dass sein Vertrauter einen Schmerz im Herzen trug, der das Gewicht und die Beschaffenheit von Felsgestein hatte. Einen Schmerz, der nur gelindert werden konnte, wenn man diesem Ambrogiuolo auf die Schliche kam.

Die beiden Männer erschienen vor dem Sultan und all seinen Höflingen.

»Dies«, verkündete der Sultan, »ist ein Gerichtshof. Wir sind hier versammelt, weil mein geliebter Statthalter mich gebeten hat, einen ungeklärten Fall ein für alle Mal zu lösen. Es ist dies ein alter Fall; er hat mit der uralten Dreiecksgeschichte zu tun – ein Mann, seine Frau und ihr Liebhaber, beziehungsweise seine Geliebte. Zwei Männer und eine Frau, zwei Frauen und ein Mann – was ist schlimmer? Nun, wir alle wissen, was schlimmer ist.

Der Mann hat, das geben wir alle zu, den Hang umherzuziehen. Ist er nicht zu Hause, so geht er auf die Jagd nach Frauen, das liegt in seiner Natur. Eine Frau hingegen taugt ohne ihre Tugend rein gar nichts. Sie ist niederer als ein Tier. Denn im Leib der Frau wird unsere Nachkommenschaft empfangen und geformt. Wie kann ein Mann die Gewissheit haben, dass die Frucht ihres Leibes von seinem Samen stammt, wenn er sich der Tugendhaftigkeit seiner Frau nicht sicher ist?

Mit diesen ernsten Gedanken wollen wir unseren Fall eröffnen. Bernabò Lomellino, wie wir wissen, habt Ihr Eure Gemahlin töten lassen. Wir wollen nun Euren Grund erfahren und darüber befinden, ob diese Hinrichtung gerechtfertigt war. Die hier Versammelten werden zuhören, ohne Eure Ausführungen zu unterbrechen, und Eure Worte sorgfältig und aufmerksam abwägen.«

Bernabò zuckte zusammen, als hätte ihn etwas getroffen. Sein Gesicht wurde aschfahl, und seine Brauen zogen sich so eng zusammen, dass sie eine Linie quer über seiner Stirn bildeten. »Ich hatte keine Ahnung«, stammelte er, »dass man mich durch Meere und Wüsten hierhergebracht hat, damit ich dem erhabenen Sultan meine elende und schmachvolle Geschichte erzähle. Sie plagt und peinigt mich aber ohnehin ohne Unterlass – was solls also, wenn ich sie ein weiteres Mal erzähle.«

Taumelnd, so, als schwäche ihn die allgemeine Aufmerksamkeit, trat Bernabò vor die Anwesenden; der Sultan hieß ihn, sich zu setzen. Bernabò dankte dem Sultan, wischte sich den Schweiß von der Stirn, fuhr sich mit den Fingern durch das struppige, vorzeitig ergraute Haar und hub mit stockender Stimme und zögernd zu erzählen an.

Bernabòs Geschichte

Wenn sich Kaufleute aus demselben Land in der Fremde begegnen, pflegen sie sich zu verabreden. Und so kam es, dass sich eines Abends in Paris einige wichtige italienische Geschäftsleute nach der Arbeit in einer Herberge trafen. Sie bestellten das beste Essen und die erlesensten Weine, sie erzählten von ihren Geschäften und tauschten Neuigkeiten aus, wer wo erfolgreich gewesen, wie viel Geld dabei gemacht worden war. Als die Nacht hereinbrach, waren sie einander nähergekommen und fühlten sich frei genug, von zu Hause zu erzählen: Aus welchem Teil Italiens sie stammten, wo sie wohnten, wie sehr sie sich nach ihren Familien sehnten; wann sie endlich aufhören würden, ständig unterwegs zu sein, und es sich leisten könnten, zu Hause zu bleiben und die Früchte ihrer Reisen und ihrer harten Arbeit zu genießen. Die meisten glaubten, sie würden so lange auf Reisen gehen, bis sie einen Sohn hätten, der alt genug wäre, das Geschäft zu übernehmen. Andere hatten Neffen oder auch vertrauenswürdige Angestellte, die in das Geschäft hineinwuchsen, und nun warteten sie nur noch darauf, bis sich bei diesen ausreichend Können und

Treuepflicht entwickelt hätten, sodass sie ihnen getrost die Verantwortung übertragen könnten. Aber es gab auch solche, die das Reisen nicht aufgeben wollten.

»Ich vermisse meine Frau, sie ist eine wunderbare Frau«, lachte der eine. »Aber die Freuden einer flüchtigen Liebschaft, das Vergnügen der Jagd, der Kitzel der Eroberung, wenn beide Seiten wissen, dass die Liaison vergänglich ist – dieses Vergnügen, so ohne irgendwelche Folgen, ist süß wie ein einmaliges Nippen an Nektar! Es bleibt zurück wie ein Luftschloss und hält dich am Leben – bis zum nächsten einzigartigen Erlebnis.«

»Ganz meine Meinung«, sinnierte ein anderer. »Ich gebe zu, ich liebe meine Frau und würde sie nie für eine andere verlassen. Schließlich ist sie die Mutter meiner Kinder, die Herrin meines Hauses. Aber die Jagd nach anderen Frauen aufgeben, das könnte ich nie, gerade wenn ich so lange von ihr getrennt bin. Übrigens glaube ich nicht, dass meine Frau das von mir erwartet.«

»Wollt ihr etwa alle behaupten, ihr erwartet von euren Frauen, dass sie euch treu bleiben«, fragte Bernabò erstaunt, »während ihr selbst es nicht seid?«

»Für meine Frau kann ich nicht sprechen«, lachte Sebastiani, »wohl aber für mich. Ich gebe unumwunden zu: Wenn mir ein Mädel über den Weg läuft, an dem ich Gefallen finde, schiebe ich die Liebe für meine Frau beiseite und genieße die Neue nach Kräften und nach Herzenslust.«

»Ich auch«, pflichteten ihm andere bei.

»Schließlich«, nahm Giuseppe den Gedankengang seines Freundes auf, »weiß ich doch ganz genau, dass meine Frau ebenfalls ihr Glück sucht, wenn ich fort bin – und so ist es nur eine Frage von ›tu, was man dir tut‹. Unter solchen Umständen ist alles erlaubt, oder etwa nicht? Wie der Esel in den Wald schreit, so schallt es wider. Wenn wir beisammen sind, sind wir einander treu, und es gibt nur eine Regel, die eingehalten werden muss:

Geliebte und Liebhaber niemals auch nur zu erwähnen, weder sie die deinen noch du die ihren, sonst gerät man in den Teufelskreis von Verdächtigungen und rasender Eifersucht.«

Die Mehrzahl der Anwesenden – drei von fünf Männern – gaben zu, regelmäßig Seitensprünge zu machen. Was noch schlimmer war: Sie billigten die Untreue ihrer Gemahlinnen und schienen sich nicht im Geringsten daran zu stoßen. Bernabò Lomellino konnte es nicht fassen.

»Und ihr habt nichts dagegen, dass eure Frauen sich für flüchtige Liebschaften hergeben?«, erkundigte er sich.

Giuseppe brach in schallendes Gelächter aus: »Würdest du es etwa vorziehen, wenn die Liebschaften ernst wären? – Also, ich nicht. Das wäre mir zu schmachvoll.«

»Frauen sind schwach, das wissen wir doch alle«, erklärte Sebastiani ernst. Es ärgerte ihn maßlos, dass Bernabò sich aufspielte, als habe er die Moral für sich gepachtet. »Männer sind lüsterne Tiere, sie brauchen etwas, um Dampf abzulassen. Es ist ein körperliches Bedürfnis. Also muss man auch den Frauen eine gelegentliche Schwäche zugestehen.«

»Ich billige weder das eine noch das andere«, widersetzte sich Bernabò. »Ehebruch ist eine Sünde – für jeden. Meine Frau ist rein wie Schnee, jungfräulich wie Quellwasser.«

»Und wahrscheinlich«, forderte ihn der Vierte in der Runde, Ambrogiuolo, der bis jetzt geschwiegen hatte, heraus, »ist sie hässlich.«

»Hässlich?« Die Frage zauberte ein Lächeln auf Bernabòs Lippen. »Sie ist die schönste Frau auf Erden. Sie ist, wie man so schön sagt, von Gottes eigener Hand geformt. Sie ist vollkommen.«

»Dumm?«, fragte Ambrogiuolo kampflustig. Doch seine Versuche, Bernabò aus der Fassung zu bringen, schienen ihr Ziel zu verfehlen. Bernabò war wie ein Trunkener, berauscht vom Wein der Erinnerung an seine Frau. Ein berauschender Trank – er gab ihm das Gefühl, unverletzlich, ja, allmächtig zu sein.

»Im Gegenteil. Sie ist gescheiter als die meisten Männer. Ich bin mit der wohl vorbildlichsten Ehefrau ganz Italiens gesegnet. Sie hat alle Tugenden, die sich für eine Dame geziemen. Dazu auch die eines Ritters oder Gutsherrn. Sie ist schön, recht jung, geschickt, kühn, und sie versteht sich besser als alle anderen Frauen aufs Sticken und andere Handarbeiten.«

»Dann bin ich überzeugt«, schloss Ambrogiuolo, »dass sie eingebildet und überheblich ist. Was bei ihrer Weisheit zur vollkommenen Zurückgezogenheit führen dürfte, damit sie ja nicht zu viel über sich verrät, denn damit gäbe sie Anlass zu Neid und Tratsch.«

»Ganz und gar nicht«, widersprach Bernabò, der Ginevra unbändig vermisste und wünschte, er könnte sie hier und jetzt in seine Arme schließen und von ihren rubinroten Lippen trinken. Und in gewisser Weise trank er wirklich, denn als er weitersprach, war seine Zunge leicht, sein Kopf benebelt. »Ginevra ist wohlerzogen, verschwiegen und einfühlsam, sie könnte an der Tafel jedes Königs aufwarten – geschickter als der beste Knappe, den man für Geld und gute Worte finden kann.«

Er hob sein Glas und starrte in die Luft; noch immer sprach er wie in Trance. »Sie kann ein Pferd zureiten, einen Falken abrichten, lesen, schreiben und besser Rechnungen erstellen als jeder Kaufmann. Und ich wette meinen Kopf: Eine aufrichtigere oder keuschere Frau als Ginevra gibt es nicht. Und wenn ich zehn Jahre von zu Hause fernbliebe, ja, gar den Rest meines Lebens, nie würde Ginevra an eine Liebelei mit einem anderen Mann auch nur denken.«

Ambrogiuolo lachte; ein lautes und hässliches Lachen. »Hat dir der Kaiser ein Vorzugsrecht gewährt, dass du solch eine Gemahlin hast?«

»Nein«, gab Bernabò zurück und wurde allmählich ärgerlich, »ich denke, mein Glück ist ein Geschenk Gottes.« Nun verfiel er wieder in einen träumerischen Tonfall: »Und wie du mir sicherlich beipflichten wirst, ist Gott ein weit mächtigerer Herrscher als der Kaiser.«

Ambrogiuolo wurde nachsichtig. »Ich hege keinen Zweifel, Bernabò, dass du glaubst, was du da erzählst. Doch ich fürchte, du warst bislang ein nachlässiger Beobachter des natürlichen Laufs der Dinge. Sonst würdest du kaum solch törichtes Zeug über deine Frau verbreiten. Ja, du hast so wenig Ahnung von dem Ganzen, dass du auf uns herabschaust, nur weil wir von unseren Frauen offen und ehrlich erzählen. Und da du behauptest, unsere Gemahlinnen könnten der deinen das Wasser nicht reichen, kann ich die Sache nicht auf sich beruhen lassen. Ich bin der festen Überzeugung, dass der Mann das edelste aller Geschöpfe ist; die Frau gehört auf den zweiten Platz. Deshalb wird der Mann auch auf der ganzen Welt für vollkommener gehalten als die Frau – und seine Werke beweisen es. Männer sind beständiger und standhafter, Frauen wechselhafter und wankelmütiger. Die Gründe dafür kenne ich – aber lassen wir das jetzt beiseite. Doch trotz all seiner größeren Standhaftigkeit kann ein Mann den Lockrufen einer schönen Frau, ihrer manchmal unbeabsichtigten Anziehungskraft nicht immer widerstehen. Und wenn das der Fall ist, muss der Mann den Bedürfnissen seines Körpers folgen und alles tun, was in seiner Macht steht, um sie dazu zu bewegen, ihm Vergnügen zu bereiten. Nicht nur einmal, sondern Tausende von Malen. Wie zum Teufel kannst du da glauben, eine Frau, die von Natur aus unbeständig und leicht zu beeindrucken ist, würde den stürmischen Angriffen eines fest entschlossenen Verführers widerstehen? Seinen Schmeicheleien, seinem Gejammer, seinen Geschenken, seinem Flehen? Bildest du dir wirklich ein, sie könnte sich all dem gegenüber behaupten? Willst du etwa bestreiten, dass deine Frau eine Frau ist, ein Geschöpf aus Fleisch und Blut wie all die anderen? Wenn sie es ist, muss sie dieselben Gelüste, dieselben körperlichen Bedürfnisse haben, die andere Frauen auch haben. Wieso sollte sie widerstehen können, wenn es den anderen nicht gelingt? Ganz gleich, wie ehrlich sie ist – du musst schon einräumen, dass es zumindest möglich ist, dass sie dasselbe tut wie alle anderen Frauen. Und es ist nicht recht von dir, dass du, ohne auch nur den geringsten Widerspruch zu dulden, solch anmaßende Behauptungen über sie aufstellst.«

Durch seine Rede war Ambrogiuolo etwas außer Atem geraten und griff nach seinem Wein. Er war rot und von seinem eigenen Überschwang erhitzt; die drei anderen waren in Schweigen verfallen. Doch Bernabò ließ sich von Ambrogiuolos leidenschaftlichem Einspruch nicht einschüchtern. Er wusste, was er wusste, und weder Besserwisserei noch Menschenverstand noch Einsichten in die »menschliche Natur« konnten seinen Glauben an das, was ohne Wenn und Aber wahr war, erschüttern. Ja, Ginevras Treue war eine Tatsache, genauso, wie es eine Tatsache war, dass er lebte, denn er atmete, und sein Herz schlug. Er war sich jeder seiner Behauptungen über Ginevra ebenso sicher, wie er wusste, dass er bluten würde, wenn er sich ins Fleisch schnitt.

»Ich bin Kaufmann, Ambrogiuolo, kein wortgewandter Redner oder gar ein Philosoph wie du. Daher gebe ich dir die Antwort eines Kaufmanns. Ich kann sehr wohl erkennen, dass das, was du sagst, auf eingebildete und dumme Frauen, die keinen Anstand besitzen, zutrifft. Doch gibt es auch kluge Frauen, die begreifen, dass solch ein Abenteuer der wichtigsten Beziehung im Leben großen Schaden zufügt. Und so können sie ihre Ehre besser behüten als die Männer, die sich gewöhnlich nicht die Zeit nehmen, über diese Fragen in derselben Weise nachzudenken – und zwar vor allem deshalb nicht, weil sie es nicht wirklich nötig haben. Meine Frau ist von dieser Art.«

»Zweifellos«, entgegnete Ambrogiuolo wild, »würden sich nur sehr wenige Frauen diesen Gelegenheitslieben hingeben, wenn ihnen mit jeder Verfehlung ein Horn auf der Stirn wüchse. Aber es wachsen ihnen keine Hörner, ja es gibt nicht einmal eine Spur oder einen Ansatz von Hörnern, durch die sie zur Enthaltsamkeit gezwungen würden. Schande und Unehre entstehen ihnen allein, wenn sie erwischt werden. Also tun die Frauen das, was sie tun wollen, im stillen Kämmerlein, heimlich; schließlich wären sie reichlich dumm, wenn sie sich ihre Gelegenheiten entgehen ließen. Ihr könnt sicher sein: Keusch ist einzig die Frau, die keine Angebote bekommt oder deren eigene Angebote ausgeschlagen werden. Und ich weiß, wovon ich rede: Ich habe mich dessen immer und immer wieder überzeugen können.«

Er hielt einen Augenblick inne und wurde noch röter als zuvor. Die anderen waren von der Demütigung noch immer benebelt und schwiegen. Bernabò trug ein müdes, überhebliches Lächeln zur Schau. Noch nie hatte er Ambrogiuolo so außer sich gesehen. Er beobachtete, wie dieser sich ein großes Glas Wein einschenkte und es in einem Zug leerte.

Ambrogiuolo schluckte schwer, dann sprach er unaufhaltsam weiter. Sein Gesicht war jetzt purpurrot angelaufen, mit dunklen Flecken auf den Wangen und über den Augenbrauen, die zuckten und sich wanden wie zum Wahnsinn gereizte Raupen.

»Und auf eines kannst du Gift nehmen«, donnerte er, »wenn ich die Gelegenheit hätte, mich an deine ach so heilige Frau Gemahlin heranzumachen, dann weiß ich genau: Ich würde bei ihr landen – ebenso wie bei jeder anderen auch.«

Bernabò spürte, wie in seinem Körper von den Zehenspitzen bis zum Kopf eine Flamme hochschlug. Er sprang auf und umklammerte die Tischkante. »Es wäre sinnlos, diesen Streit noch länger fortzuführen. Du hast deine Meinung gesagt, Ambrogiuolo, und ich die meine. Wir könnten bis in alle Ewigkeit so weitermachen, bis zum Umfallen – es würde nichts dabei herauskommen. Denn weder würdest du von deinen Ansichten abrücken noch ich von meinen. Aber da du behauptest, ein so vollendeter und unwiderstehlicher Verführer zu sein, gebe ich dir meinen Eid: Sollte es dir gelingen, meine Frau zu verführen, so werde ich mit meinem Leben dafür bezahlen. Sollte es dir jedoch nicht gelingen, fordere ich von dir nichts weiter als eintausend Gulden.«

»Ich weiß nicht, was ich mit deinem Kopf soll, wenn ich gewinne, Bernabò«, sagte Ambrogiuolo gedehnt. Das unerwartete Angebot kitzelte ihn. »Zahle mir lieber fünftausend Gulden, falls ich recht behalte – das dürfte noch immer weit unter dem liegen, was dein Kopf dir wert ist. Und obwohl du keine zeitliche Beschränkung genannt hast, werde ich unverzüglich nach Genua abreisen. Ich gebe dir mein Wort: In weniger als drei Monaten werde ich mich der Eroberung deiner Frau Gemahlin brüsten. Ich werde dir handfeste, unanfechtbare Beweise für meinen Sieg vorlegen. Meine einzige Bitte ist, dass du dich von Genua fernhältst und in deinen Briefen mit keinem Wort die Wette erwähnst!«

»Ich kenne meine Frau«, meinte Bernabò gelassen. »Die Wette gilt.«

Wie von Geisterhand zu neuem Leben erweckt, erwachten die anderen drei plötzlich aus ihrer Starre. »Ihr seid wahnsinnig!«, riefen sie wie aus einem Mund. »Diese Wette wird verheerende Folgen haben. Ihr habt beide über die Stränge geschlagen. Hört auf damit. Wir haben alle zu viel gegessen und getrunken, uns treibt die Sehnsucht nach unserem Zuhause und unseren Frauen …«

Doch weder Bernabò noch Ambrogiuolo waren von ihrem Entschluss abzubringen. Umgehend schrieben sie ihre Vereinbarung nieder und setzten in Anwesenheit der drei Zeugen, denen ganz und gar nicht wohl war in ihrer Haut, ihre Unterschrift darunter. Und am nächsten Tag brach Ambrogiuolo nach Genua auf.

Jetzt, vor dem Sultan und dessen Hofstaat, fing Bernabò an, unruhig auf seinem Stuhl hin und her zu rutschen. Sein Kopf sank tief auf seine Brust herab, er zitterte und bebte.

»Binnen dreier Monate kam Ambrogiuolo zurück. Er beschrieb meine Schlafkammer in allen Einzelheiten. Ich weigerte mich, das als Beweis anzunehmen. Er zeigte mir Kleidungsstücke von Ginevra. Auch diese ließ ich nicht als schlüssiges Beweismaterial gelten. Schließlich beschrieb er ein verborgenes Mal an einer intimen Körperstelle meiner Frau – eines, das außer mir niemand kennen konnte. Zweifel überschatteten mein Leben. Ich stürzte in einen Abgrund. Ich wusste nichts mehr – nicht ob ich atmete, nicht ob mein Herz schlug, nicht ob ich wirklich bluten würde, wenn ich mir ins Fleisch schnitt. Nichts in meinem Leben war mehr an seinem angestammten Platz. Ich gab Ambrogiuolo sein Geld. Fünftausend Gulden. Und es war mir völlig gleichgültig. Mir war alles gleichgültig, denn nichts schien mir mehr sicher.

Anstelle von Vertrauen gab es nun nichts als Zweifel. Lebte ich? War das Leben um mich herum nur eine Einbildung? Wer war Ginevra? Wer war ich? Wir hatten uns so lange einer im anderen gespiegelt, dass ich nun ohne diesen Spiegel, in dem ich mich selbst erkennen konnte, ohne das Spiegelbild, das mir zeigte, dass es mich wirklich gab, vollkommen hilflos war. Dunkelheit war alles, was mir blieb.

Wisst Ihr, wie es ist, wenn Leere Euch erfüllt, wenn sie von Euch Besitz ergreift und Euch bedrängt? Ich fühlte mich getrieben. Ich reiste nach Italien zurück, zurück zu Ginevra, um die Wahrheit herauszufinden. Doch in der Nähe von Genua verlor ich die Beherrschung. Dunkelheit umfing mich, Leere erfüllte mein Inneres. Welch verdrehte, abscheuliche Wahrheiten würden mir aus meinem Spiegel entgegenstarren? Allein die

Vorstellung, ihrer ansichtig zu werden – jetzt, da sie sich anscheinend doch hatte verführen lassen –, machte mich zum Tier. Ich konnte diese Gedanken, die mich um meinen Verstand brachten, nicht länger ertragen. Die einzige Möglichkeit weiterzuleben war, dieses verzerrte und verzerrende Spiegelbild, das mir entgegenstarrte, zu zertrümmern. Nur so konnte ich meiner Sinne wieder Herr werden. Ich beschloss, sie töten zu lassen.«

Als er zu Ende erzählt hatte, stand Bernabò taumelnd auf. Er wäre der Länge nach hingefallen, wären nicht einige Männer aufgesprungen und hätten ihn aufgefangen.

Der Sultan wandte sich an Sicurano, der kreidebleich, leblos wie eine Alabasterstatue, dastand. Und er sah den Kummer auf seinem Gesicht, so greifbar und offensichtlich, dass er seinen Blick abwandte; er wollte nicht in die innerste Welt dieses Mannes vordringen, der ihm plötzlich so fremd vorkam.

»Ich denke«, räusperte sich der Sultan, »wir sollten uns nun die Geschichte des Ambrogiuolo da Piacenza anhören.«

Ambrogiuolo sprang vor und verbeugte sich. »Aber Eure Majestät kennt doch meine Geschichte bereits.«

»Noch einmal!«, befahl der Sultan, und als ihm Sicuranos Worte wieder einfielen, fügte er hinzu: »Und diesmal ohne Schnörkel. Nur die Wahrheit, Ambrogiuolo, die reine – und vollständige – Wahrheit. Genau wie Bernabò.«

Ambrogiuolo blickte Hilfe suchend zu Sicurano; der aber wirkte unbarmherzig wie der Schatten des Todes. Aus dieser Ecke hatte er also keine Hilfe zu erwarten, das war ihm nun klar. »Ich habe so viel Geld verdient«, dachte Ambrogiuolo bei sich. »Ich kann es mir ohne Weiteres leisten, Bernabò die fünftausend Gulden zurückzuzahlen. Dann bleibt mir immer noch genug, um schnelles Geld zu machen, bevor ich nach Venedig zurückkehre. Natürlich wird der Verlust des vielen Goldes schmerzen – insbesondere jetzt, wo ich schon glaubte, die Sache sei längst vergeben und vergessen. Aber schließlich kann man sein Vermögen jederzeit und überall verlieren – warum also nicht hier und jetzt? Wenn der Sultan meine Lügen aufdeckt, verliere ich mein Leben. Und im Vergleich zu meinem Leben – was sind da schon fünftausend Gulden?«

»Nun, Eure Majestät«, hub er an, »ich habe heute zum ersten Mal begriffen, was meine Worte bei dem guten Bernabò Lomellino angerichtet haben. Ich gebe zu, dass alles, was er erzählt hat, der Wahrheit entspricht. Ich werde daher meine Seite der Geschichte ebenso aufrichtig darlegen, wie Bernabò dies getan hat.«

Ambrogiuolos Geschichte

Für den jungen Ambrogiuolo da Piacenza aus Venedig waren Bernabòs Lobreden auf die Gattin eine unglaubliche Prahlerei. Wofür hielt sich dieser Bernabò eigentlich, dass er sich hier aufspielte, als habe er allein die Moral gepachtet? Er, Ambrogiuolo, war in der Runde bei Weitem der Gebildetste und der mit der edelsten Abstammung, und wenn er auch nicht in das Lied der anderen, die eigene Frau herabzusetzen, mit eingefallen war, so wusste er doch sehr genau, dass auch seine Frau einem gelegentlichen Schluck verbotenen Weins nicht abgeneigt war. Selbst die erste Frau, die Mutter der Menschheit, hatte sich hingegeben, ein Verbot gebrochen und ihren Mann mit Erfolg zu Ungehorsam angestiftet. Das war der Anfang der Menschheitsgeschichte, niedergeschrieben im ersten Buch des Menschen. Die erste Frau wurde in Versuchung geführt, gegen die Regeln zu verstoßen, und es war ihr gelungen, den ersten Mann ebenfalls dazu zu verführen. Die Welt, die Geschichte der Menschheit, fußte auf dieser ersten Wahrheit. Versuchung war etwas, das von Anbeginn in der Schöpfung angelegt war – und da dies offenkundig so war, waren die Anfälligkeit der Frau für Versuchungen und ihre Begabung, den Mann zu verführen, ebenso offenkundig von jeher angelegt. Dennoch wagte es dieser Bernabò, gelassen zu behaupten, seine Frau habe diesen grundlegenden Wesenszug von der Mutter der Menschheit nicht geerbt und, darüber hinaus, keinerlei andere Schwäche!

Diese Behauptung war nicht nur eine Beleidigung ihrer eigenen Ehefrauen, es war auch eine Beleidigung für den Verstand eines jeden Mannes in dieser Runde. Bernabò beschrieb eine Frau, die es nicht geben konnte. Und er erwartete von ihnen, dass sie seiner Einbildungskraft glaubten!

Also, alles was recht war – Ambrogiuolo würde diesem überheblichen, anmaßenden Kerl ein für alle Mal eine Lehre erteilen. Dann müsste Bernabò von seinem Treppchen steigen und wäre gezwungen zuzugeben, dass er auf derselben Stufe stand wie alle anderen auch.

Und so kam es, dass sich Ambrogiuolo in Genua wiederfand, wo er versuchte, so viel wie möglich über Ginevra herauszufinden. Doch alles, was er in Erfahrung brachte, bestätigte in beunruhigendem Maße Bernabòs großmäulige Lobpreisungen. Aber wer weiß, tröstete sich Ambrogiuolo, vielleicht hatte der Kerl so lange mit der Treue seiner Frau geprahlt, bis ihm jedermann glaubte. Doch nein, jede und jeder in Ginevras Bekanntenkreis bestätigte ihren guten Ruf. Abgewiesene Verehrer beklagten ihre Tugendhaftigkeit, die anderen Damen erzählten voller Verärgerung und beinahe widerwillig, was Ginevra alles leistete. Desgleichen auch die Bediensteten, obwohl ja bekannt ist, welch messerscharfe, unbarmherzige Gehässigkeit Bedienstete an den Tag legen können, wenn sie sich ungehemmt über ihre Herrschaften auslassen.

Binnen einer Woche musste Ambrogiuolo sich eingestehen, dass er bei Ginevra auf Granit beißen würde. Er musste einen

Weg finden, seine Niederlage zu kaschieren. Er hatte zu viel behauptet, zu viel aufs Spiel gesetzt. Und er war kein guter Verlierer. Ob Spiel, Wette oder Geschäft – er musste seine Überlegenheit beweisen. Bernabò gegenüber zuzugeben, dass er sich, was die menschliche Natur anbelangt, geirrt habe, dass er von Ginevra abgewiesen worden sei – das hätte er nicht verkraftet. Lieber wäre er gestorben. Ambrogiuolo gab gerne zu, immer recht behalten zu müssen, dies sei eben seine große Schwäche. Zumindest aber in einem hatte er in dieser üblen Geschichte recht behalten. Dieses eine war seine Fähigkeit, Frauen in seinen Bann zu ziehen. Es dauerte nicht lange, da wurde Serafina, eine Freundin und Nachbarin Ginevras, Opfer seiner Verführungskünste.

»Ärgert es dich nicht maßlos, dass sie so – so überlegen ist?«, fragte Ambrogiuolo, nachdem sie ihre Lust gestillt hatten, und streichelte Serafinas Haar.

»Nur manchmal«, kicherte Serafina, »aber ich sage ihr immer, dass sie etwas verpasst. Sieh doch, was sie sich diesmal hat entgehen lassen.«

»Sie muss dich doch zur Weißglut treiben«, fuhr Ambrogiuolo fort, »mit ihrer Moral, mit ihren Leistungen, mit ihrer Schönheit?«

»Eigentlich nicht«, lachte Serafina. »Sie verurteilt niemanden, und ihre Schönheit stellt keine Bedrohung dar, weil sie außer ihrem eigenen keinen anderen Mann beachtet. So weiß ich, dass sie die Einzige ist, von der ich nichts zu befürchten habe, wenn ich die nächste Woche bei meiner Schwester verbringe.«

»Also, ich glaubs einfach nicht«, knurrte Ambrogiuolo. »Und ich werde es auch nicht glauben, bis ich es nicht mit eigenen Augen gesehen habe.«

»Und wie, wenn ich fragen darf, willst du das anstellen?«

»Ich habs!«, rief Ambrogiuolo, als sei ihm der Gedanke eben erst gekommen. »Du könntest mich in einer großen Truhe verstecken und Ginevra bitten, darauf aufzupassen, während du verreist bist. Wenn drei Tage hintereinander kein Mann ihr Schlafgemach betritt, weiß ich mit eindeutiger Sicherheit, dass sie eine untadelige Frau ist. Andernfalls werde ich nachweisen, dass ich von denen, die sie kennen, der Einzige bin, der die wahre Ginevra kennt.«

»Nein!«, rief Serafina. »Das wäre eine Gemeinheit. Ginevra ist meine Freundin.«

»Und wenn schon? Ich will ihr ja nichts Böses. Ich will doch nur mit eigenen Augen sehen, ob diese Frau tatsächlich diese Ausgeburt an Tugendhaftigkeit ist, für die sie alle halten.«

»Na ja«, kicherte Serafina, »vielleicht ist dein Vorschlag wirklich nicht so schlimm. Und wenn du in Ginevras Schlafzimmer bist, weiß ich dich wenigstens gut aufgehoben, dann kannst du deinen Charme nicht bei anderen Frauen spielen lassen.«

»Das stimmt natürlich«, räumte Ambrogiuolo ein. »Der Aufenthalt bei Ginevra wird mich bei guter Laune und in festen Händen halten, sodass ich gar nicht erst in Versuchung kommen werde, im Bett einer anderen Trost zu suchen.«

»Wollen wir eine Wette abschließen?«, schlug Serafina siegesgewiss vor. »Wenn du gewinnst, gebe ich dir, was du willst, und wenn ich gewinne, gibst du mir, was ich will.«

Ambrogiuolo schrie in vorgetäuschtem Widerstand auf und begrub seinen Kopf in Serafinas Schoß. »Du weißt, was ich will«, knurrte er dort. »Ich will dich, für eine ganze Nacht und für die zwei Tage, die dazugehören. Und in dieser ganzen Zeit darfst du nicht einmal Müdigkeit vorschützen oder dich sonst wie von mir abwenden.«

»Du bist ein ziemlich strenger Zuchtmeister – und großspurig obendrein«, schmollte Serafina. »Und was gibst du mir?«

»Alles außer mir selbst – denn alles, was an mir nicht mir gehört, gehört meiner Frau, so stehen die Dinge.«

Serafina schmollte immer noch. Ambrogiuolos Antwort kam ihr jedoch sehr gelegen.

»Nun denn«, sagte sie, »ich will einen Brillanten. Einen großen, glitzernden Brillanten. Nach der unsterblichen Treue eines Mannes ist das für eine Frau das Beste. Außerdem ist ein Brillant sowieso treuer als jeder Mann.«

So einigten sie sich, und Serafina erzählte Ginevra, sie habe vor, für drei Tage zu ihrer Schwester zu fahren, die in einer anderen Gegend wohnte.

»Könntest du mir einen Gefallen tun?«, bat sie stockend. »Mir war nicht klar, dass mein Mann noch nicht wieder zurück sein würde, wenn meine Schwester niederkommt. Jetzt stecke ich in einer Zwickmühle. Er hat mir eine Holztruhe dagelassen und mir ans Herz gelegt, sie in meinem Schlafzimmer aufzubewahren. Da ich nicht weiß, was darin ist und ob es eine Reise unbeschadet überstehen würde, kann ich sie nicht mitnehmen. Aber wenn ich sie hierlasse und irgendetwas schiefgeht, wird es mir übel ergehen.«

»Meinst du, bei mir wäre sie sicher?«, fragte Ginevra. »In meinem Schlafzimmer? Du kannst sie gerne bei mir unterstellen.«

Serafina wurde rot vor Freude, und vor ihrem inneren Auge sah sie schon einen großen Brillanten glitzern und funkeln. »Ach, Ginevra, du bist eine treue Freundin. Ich hätte nie gewagt, dich darum zu bitten, sie zu dir …«

»Ach, hör auf«, lachte Ginevra, »es macht doch überhaupt keine Umstände, eine verschlossene Truhe in meinem Schlafzimmer abzustellen. Selbst wenn ein Teufel darin wäre – in diesem Haus wird niemand deine Truhe anfassen.«

Gut, die Truhe wurde in Ginevras Schlafzimmer getragen und unter ein Fenster gestellt. Und Ambrogiuolo, der den Deckel mit einem Schloss versehen hatte, das auch von innen zu öffnen war, saß den ganzen Tag in der mit Luftlöchern versehenen Truhe und wartete die Nacht ab.

In der ersten Nacht öffnete Ambrogiuolo, nachdem das Dienstmädchen sich aus dem Schlafgemach zurückgezogen hatte und alles ruhig war, sachte von innen das Schloss. Am Fenster brannte eine Kerze, in deren Schein er erkennen konnte, dass Ginevra tief und fest schlief. Schnell stieg er aus der Truhe und reckte sich ausgiebig; er genoss es, sich strecken zu können. Er blickte sich sorgfältig und gezielt im Zimmer um und prägte sich jede Kleinigkeit ein. Er trat an jedes Bild heran und nahm es genau in Augenschein, bis er sich möglichst viele Einzelheiten gemerkt hatte, er achtete auf die Beschaffenheit des Fußbodens und betastete das Bettzeug, um dessen Qualität zu untersuchen. Er prüfte alle Gegenstände im Zimmer auf ihre Farbe und andere besondere Eigenschaften und hielt alles in Gedanken fest. Dann trat er ans Bett und beobachtete eindringlich die schlafende Ginevra – wie sie sich, den Arm um ein Kopfkissen geschlungen, eingekuschelt hatte; wie sie sich umdrehte und ihr langes Haar, das sich unter dem Kopfkissen verfangen hatte, wieder befreite; wie sie im Tiefschlaf von Zeit zu Zeit Gebetsverse murmelte. Als der Morgen graute, begann sie, sich zunehmend unruhig im Schlaf zu wälzen, und Ambrogiuolo, der Eindringling, kroch zurück in die drangvolle Enge seiner Truhe.

In der darauffolgenden Nacht prüfte er zunächst, wie gut er den Raum in Erinnerung behalten hatte. Dann warf er einen Blick in die Schränke, die Kisten und die Schubladen, untersuchte ihren Inhalt und nahm einige von Ginevras Sachen an sich – einen Gürtel, einen Ring, eine Handtasche und ein Kleid. Die übrige Nacht verbrachte Ambrogiuolo in einem gemütlichen Sessel, beobachtete Ginevra sorgfältig und prägte sich ihre Bewegungen und Eigenheiten im Schlaf ein – Gewohnheiten, die keiner außer ihrem Mann kennen konnte, nicht einmal sie selbst.

Als der Morgen graute, wurde Ginevra wieder unruhig, und Ambrogiuolo kroch in seine Truhe zurück, um die dritte Nacht abzuwarten.

In der dritten Nacht schlich er sich gleich an ihr Bett, hob das Leintuch hoch und starrte fasziniert auf ihren nackten Körper. Aus wars mit der zurückhaltenden Musterung, dem gelehrigen Einprägen von Einzelheiten, der Fähigkeit des Jägers, sich vorsichtig an die Beute heranzupirschen. Er war wie hypnotisiert. Er konnte den Blick nicht abwenden von ihrer Haut, die wie Alabaster schimmerte. Mit den Augen streichelte er sie von oben bis unten und wäre am liebsten zu ihr ins Bett gekrochen. Da bewegte sie sich, rückte ihren Kopf auf dem Kissen zurecht und hob einen Arm. Nun waren ihre wunderbaren Brüste zu sehen – wie köstliche kleine Kuchen mit Zuckerguss, verziert mit zierlichen Kirschenhälften. Unter der linken Brust war ein von goldenen Härchen gefasstes Muttermal eingebettet; in dem schwachen Licht der Morgendämmerung, das durch das Fenster einfiel, schimmerte es wie ein Klümpchen Gold.

»Geschafft!«, dachte er und hätte in seiner Aufregung am liebsten laut geschrien. »Ich habe die Wette gewonnen!«

Und obwohl er den Gedanken, auch nur eine einzige weitere Stunde in der Truhe verbringen zu müssen, kaum ertrug, kletterte er in sein Versteck zurück.

Am Mittag erschien Serafina. Sie plapperte aufgeregt mit Ginevra und war neugierig zu erfahren, ob der Schwindel wohl aufgeflogen sei. Als sie sicher war, dass ihr Geheimnis nicht gelüftet worden war, konnte sie es kaum erwarten, von Ginevra wegzukommen, und bestand darauf, diese umgehend von dem lästigen und sperrigen Gepäckstück zu befreien.

»Ich gab Serafina wie versprochen den Brillanten, wir feierten unseren Erfolg, und danach brach ich auf nach Paris, wo Bernabò mich bereits erwartete. Alles Übrige ist Euch bekannt.«

Der Hof war über den abscheulichen Betrug entsetzt. Dieser Ambrogiuolo besaß überhaupt kein Schamgefühl! Monatelang hatte er sich mit den angeblichen Treulosigkeiten einer unschuldigen Frau gebrüstet und seine Lügen weiterverbreitet, auch nachdem sie schon längst tot und wilden Tieren zum Fraß vorgeworfen worden war. Nicht einmal, nachdem er erfahren hatte, dass Bernabò infolge seines Betrugs alles verloren hatte, ließ er davon ab. Und indem er ihre persönlichen Sachen zur Schau stellte, sorgte er dafür, dass keiner der beiden zur Ruhe kam – weder der lebendige Leichnam noch die wahrhaftig Tote.

Als Ambrogiuolo die Wut in den Augen der Höflinge sah und die Anschuldigungen und Vorwürfe hörte, die sie ihm entgegenschleuderten, verneigte er sich tief, um seine Furcht zu verbergen und sich schnell etwas einfallen zu lassen. »Demut wird mir jetzt am besten zu Gesicht stehen«, beschloss er und sagte: »Ich habe Bernabò an diesen wunderbaren Ort holen lassen, weil ich mich für meine Taten schäme. Ich dachte, hier könnte ich mein Vergehen wiedergutmachen, ohne den Eindruck zu erwecken, ihm lediglich einen Gefallen zu tun. Er ist ein stolzer Mann und würde Almosen verweigern. Ich habe lange Zeit mit meiner Schmach und meiner Schuld gelebt, aber nachdem ich heute Bernabòs Bericht gehört habe, verachte ich mich mehr denn je. Bernabò, ich flehe dich an: Nimm die fünftausend Gulden, die ich dir unrechtmäßig abgenommen habe, und verzeih mir, was ich dir angetan habe.« Er warf sich demütig und beschämt zu Boden.

Bernabò hob den Kopf; er schien die Welt nicht mehr zu verstehen. »Ich begreife nicht, Ambrogiuolo – willst du damit etwa sagen, Ginevra sei unschuldig?«

»Ja, Bernabò. Ich habe mich eines schrecklichen Betrugs schuldig gemacht.«

»Das kann man wohl sagen«, sagte Bernabò. Er stand auf und stellte sich kerzengerade hin. »Du bist das niederste Geschöpf auf Gottes Erden. Du sollst nicht ungestraft davonkommen, und ich bin sicher, dem Sultan wird eine angemessene Strafe einfallen. Was mich betrifft – Ginevras Tod und die Schande, mit der du ihren Namen befleckt hast, lässt sich durch nichts auf der Welt wiedergutmachen.«

»Nimm das Geld, Bernabò. Lass mich dir wenigstens das Geld zurückzahlen.«

»Zum Teufel mit deinem Geld! Zum Teufel mit dir!«, brüllte Bernabò in seinem Schmerz. Seine Welt war plötzlich wieder in Ordnung – aber das Wichtigste fehlte.

Der Sultan sprach: »Solche Bosheit habe ich selten gesehen. Du hast das Leben zweier ehrenhafter Menschen zerstört, um deinen eigenen, leeren Stolz zu nähren. Und dann denkst du auch noch, mit Geld sei das alles wiedergutzumachen?!«

»Majestät, ich habe gegen kein einziges Gesetz verstoßen«, stammelte Ambrogiuolo. »In Italien wird Ehebruch nicht als Verbrechen geahndet. Und umgebracht habe ich auch niemanden. Mein einziges Vergehen bestand in der einen Lüge, mit der ich Bernabò sein Geld abnahm. Und nun flehe ich ihn an, das Geld von mir zurückzunehmen.«

»Du hast alle Gesetze der Menschheit gebrochen!«, donnerte der Sultan. »Und komm mir an meinem Hof ja nicht mit deinen italienischen Gesetzen! In diesem Land gelten die Gesetze Gottes, und jedes davon hast du gebrochen. Du hast Lügen erzählt – böse Lügen, Lügen, die Mord und Zerstörung gezeitigt haben.«

Der Sultan wandte sich an Sicurano, die ungewöhnlich still und zitternd neben ihm stand.

»Du musst mir helfen, Sicurano«, befahl der Sultan. »Du hast diesen Fall vor mein Gericht gebracht, stammst selbst auch aus Italien. Sag mir doch, was du darüber denkst.«

»Nun, mein Gebieter«, sagte Sicurano, bleich und zitternd, »Ihr seht ja selbst, wie glücklich sich Ginevra schätzen konnte – mit einem Geliebten, der ihr so zugetan war, dass er sie in aller Welt verleumdete für Taten, die sie nie begangen hatte, und mit einem Ehemann, der ihr so sehr vertraute, dass er die erste Unwahrheit, die er über sie erfuhr, für bare Münze nahm, und das, obwohl er seit je wusste, dass sie eher sterben als ihm Hörner aufsetzen würde. Und obgleich beide Männer fest behaupten, sie geliebt zu haben, hat keiner von beiden sie erkannt – obwohl sie vor ihnen steht. Mit Verlaub, Eure Majestät, werde ich Euch nun Ginevra vorstellen. Und ich hoffe, Eure Majestät wird den Betrüger strafen und dem Betrogenen vergeben.«

Nach diesen Worten warf Sicurano sich dem Sultan zu Füßen. »Eure Majestät, ich bin Ginevra, die dieser Lügner, Ambrogiuolo, so elendiglich verleumdet hat! Mein eigener Mann war es, der einen Diener ausschickte, mich zu töten. Und seit sechs Jahren wandere ich, fern von Italien, in Todesangst umher, als Mann verkleidet, um unerkannt zu bleiben.«

»Eure Stimme«, bemerkte der Sultan verwirrt, »Ihr habt ja eine ganz andere Stimme.«

Da riss sich Ginevra den Turban vom Kopf und legte ihn dem Sultan zu Füßen. »Ich bin Ginevra«, sagte sie, als ihr langes, goldenes Haar befreit herabfiel. »Ich bin eine Frau.« Sie griff nach dem Gürtel ihres Mantels und löste ihn. Das lange Gewand klebte an ihrem Körper und ließ ihre weiblichen Formen erkennen. »Ich bin eine Frau«, wiederholte sie.

Der Sultan hatte die Verwandlung mit Erstaunen wahrgenommen. Er hatte nie auch nur den leisesten Zweifel gehabt, dass Sicurano das war, was er zu sein schien: ein Mann – ein äußerst vielseitig begabter Mann.

Er hielt noch an sich, hoffte, die Wolken der Verwirrung würden sich verziehen, die strahlende Klarheit wieder zum

Vorschein kommen. Vielleicht war es ja nur ein Traum in den frühen Morgenstunden. Bestimmt würde er gleich aufwachen und erkennen, dass es nur ein seltsamer, sehr deutlicher Traum – beinahe eine Vision – gewesen war, und dann würde er den Fall Ambrogiuolo und Bernabò weiter erörtern. Als die Szene sich jedoch nach einigen Augenblicken weder veränderte noch in Luft auflöste und er bemerkte, dass er sich auf seinem Thron und nicht in seinem Bett befand, begriff er, dass alles Wirklichkeit war, wenngleich sich da vor seinen Augen einige fantastische und höchst wunderliche Dinge abspielten. Und während sein Geist noch damit zu kämpfen hatte, die Verwandlung eines Mannes – seines beinahe ständigen Begleiters obendrein! – in eine Frau aufzunehmen und zu verarbeiten, wurde ihm mit einem Mal klar, was für ein Prachtkerl dieser Sicurano war. Und dass dieser außergewöhnliche Mann in Wahrheit eine Frau war, bedeutete, dass die Frau geradezu zwiefach das Vorbild der Tugend verkörperte, die ihr jedermann bescheinigt hatte. Denn eine Frau zu sein und darüber hinaus besser als jeder Mann … doch halt, genug!

Nun kannte er die Tatsachen, so erstaunlich sie auch waren. Er pries den Mann … vielmehr diese Frau …, die fünf Jahre lang sein Begleiter, Berater und Kommandant seiner Leibwache gewesen war; ein Inbegriff guter Manieren und edler Gesinnung, von Können und Leistungsfähigkeit, von Bescheidenheit und Tugend. Kein Lob war hoch genug für diese Frau. Und ihm wollte kein einziger Mann einfallen, der sie verdient hätte. Doch er wusste: Sie liebte Bernabò, und wie die meisten Frauen hatte sie Verständnis für die Schwächen anderer und konnte ihnen verzeihen.

»Verlass den Hof«, befahl er augenzwinkernd, »und lass dich nur in Frauenkleidung wieder blicken. Ein angemessenes Gefolge soll Ginevra begleiten, und wenn sie zurückkehrt, werde ich sie ihrem Gemahl zuführen, dem sie längst verziehen hat.«

Ginevra verneigte sich, dankte dem Sultan und grüßte ihn zum letzten Mal als sein Statthalter und Freund Sicurano da Finale.

Bernabò warf sich ihr zu Füßen und flehte sie an, ihm zu verzeihen. Er könne nun erkennen, welch groben Fehler er begangen habe, aber er sei Gott unendlich dankbar, dass sie am Leben sei. Selbst wenn sie sich weigere, ihm zu verzeihen oder ihn wieder als Gemahl anzunehmen, würde er den Rest seines Lebens damit zubringen, Gott für ihr Wohlergehen zu danken. Doch Ginevra zog Bernabò empor und schloss ihn voller Mitgefühl in ihre Arme.

»Du bist mein Mann«, sagte sie schlicht, »und jetzt, wo ich die Umstände kenne, werde ich versuchen zu verstehen, weshalb du an meiner Treue gezweifelt hast.«

»Der Schurke Ambrogiuolo soll an einen Pfahl gebunden werden«, befahl der Sultan, »sein nacktes Fleisch soll mit Honig eingestrichen und auf den Hügeln der Stadt der Sonne ausgesetzt werden. Er soll dort bleiben, bis ihm das Fleisch von den Knochen fällt.«

Alle Anwesenden nickten beifällig, als der Sultan fortfuhr: »Und sein gesamter Besitz – hier und in Italien –, der sich auf insgesamt nicht weniger als zehntausend Dublonen belaufen dürfte, soll an Ginevra gehen. Ich hingegen werde ihr, als Zeichen meiner Wertschätzung und in liebevoller Erinnerung an meinen Freund Sicurano da Finale, Gold, Silber und wertvolle Edelsteine in mindestens der doppelten Höhe schenken.«

In dieser Nacht veranstaltete der Sultan zu Ehren der Wiedervermählung von Ginevra und Bernabò Lomellino ein rauschendes Fest.

»Das hier«, seufzte er bewegt, »ist das erste Mal, dass ich eine Hochzeit und eine Geburt zugleich feiere. Denn obwohl mein teurer Freund Sicurano uns verlassen hat, hat er uns die Frucht seines eigenen Körpers hinterlassen – Ginevra.«

Zum Abschied schenkte der Sultan Ginevra ein Schiff, damit sie mit ihrem Gemahl nach Genua zurückkehren konnte.

Und was wurde aus Ambrogiuolo? Oh, auf dem Fest wurde erzählt, der Honig auf seiner Haut habe Wespen, Bremsen und andere bösartige Insekten zu Tausenden angezogen, die ihm noch an demselben Tag das Blut aus seinen Adern gesaugt und das Fleisch von seinen Knochen gelöst hätten. Seine Überreste habe man – als Zeichen seiner Gemeinheit und allen Schurken zur Abschreckung – am Pfahl hängen lassen.

Rubine für einen Hund

Es war einmal ein Sultan, der war viel geliebt und hoch geschätzt. Als er jedoch seinen treuen alten Ratgeber, den Großwesir, ins Gefängnis warf, ohne jemandem einen Grund zu nennen, begannen sich die Leute über seine Vorstellungen von Anstand zu wundern. Gleichwohl räumten alle ein, dass Sultane manchmal eben launisch seien und dass der Wesir wohl etwas derart Beleidigendes getan haben musste, dass eine Wiederholung keinesfalls geduldet werden konnte. Also schaute jeder im ganzen Reich weg. Das heißt, jeder außer Samira, der Tochter des Wesirs. Sie weigerte sich, untätig in den Gemächern des prächtigen Anwesens ihres Vaters herumzusitzen, während er, dem sie all diesen Reichtum zu verdanken hatte, in einer feuchten Zelle schmachtete und in Ketten lag, die sich schmerzhaft um seine Glieder schlossen und seine Lippen versiegelten. Doch wie sehr sie sich auch bemühte, es wollte ihr nicht gelingen, ihren Vater zu bewegen, ihr etwas zu erzählen, und ohne die Gründe zu kennen, konnte sie nichts ausrichten.

»Du bist mein einziges Kind«, sagte der Wesir traurig, »und ich danke Gott für dich. Ich will nicht dein Leben und deine Gesundheit aufs Spiel setzen, indem ich dir davon erzähle. Hätte ich doch einen Sohn – er würde das Nötige tun, um meinen Namen reinzuwaschen. Wie aber soll ich eine Tochter damit beauftragen?«

Samira fühlte sich zurückgewiesen und nutzlos, als ihr Vater ihr Hilfsangebot rundheraus ablehnte. Sie schleppte sich nach

Hause in ihr Schloss zurück und weinte und verfluchte die Engstirnigkeit der Männer, die Frauen an Heim und Herd bannten und sie dann für unfähig erklärten, draußen in der Welt etwas zu leisten.

»Wenn ich meinen Vater besuche«, dachte sie bedrückt, »erinnere ich ihn nur daran, dass er keinen Sohn hat, während ich, seine armselige Tochter, als unfähig gelte und weiterhin tatenlos in Seide gehüllt und mit Gold und Silber behangen in seinem Haus herumsitzen soll, immer in Gefahr, als alleinstehende Frau seinen Ruf zu gefährden. Wenn es nach ihm ginge, müsste ich mich damit begnügen, ein untadeliges Leben zu führen, damit das Volk an der Tochter die edle Abstammung und den untadeligen Charakter des Vaters ersehen kann.«

Einige Tage später erhielt Samira eine Nachricht von ihrem Vater. Ging es ihr auch gut? Er selbst war dankbar für das Essen, das sie ihm hatte schicken lassen, und er wollte ihr einen Besuch nicht aufdrängen. Doch musste er unbedingt wissen, ob sie gesund und wohlauf war. Eine Nachricht genügte.

Samira hatte Sehnsucht danach, ihren Vater zu sehen – aber wie konnte sie? Ihre weibliche Gestalt, ihr langes Haar, ihre Gewänder waren ihm doch nur ein Gräuel. Sie zu sehen und das zu vermissen, was sie eindeutig nicht war – ein Sohn nämlich –, musste für ihn schier unerträglich sein. Sie stellte sich vor den Spiegel und starrte ihr Spiegelbild an – makellos und edel wie eine Fee, eine Peri, hochgewachsen, schlank und rank wie eine Zypresse, die Wangen rosig – vom Scheitel bis zur Sohle der Inbegriff von Schönheit. Dennoch hasste sie jede einzelne Faser ihres Körpers. In einem Anfall von Wut nahm sie einen kleinen Dolch zur Hand und begann, ihre Kleidung zu zerschlitzen. Dann betrachtete sie mit Genugtuung die Fetzen von Samt, Chiffon und bestickter Seide auf dem Fußboden. Als sie jedoch aufblickte, erntete sie von ihrem Spiegelbild weiteren Spott.

»Ich bin noch immer da«, höhnte es. *»Noch immer schön, noch immer weiblich. Was willst du jetzt tun, um mich zu leugnen?«*

Samira setzte die scharfe Klinge an ihrem Kopf an, und lange, seidene Haarsträhnen glitten leblos zu Boden. Einen Augenblick lang meinte sie im sanften Glanz ihres langen Haars eine Frau zu sehen – ihre Mutter. *»Du hast recht«,* schien sie zu sagen, *»ich heiße deinen Plan gut.«*

Leichten Herzens lief Samira nun ins Schlafgemach ihres Vaters und begann, in seiner Garderobe herumzustöbern. Sie suchte und wühlte unter den Brokat- und Samtkleidern, bis sie endlich ein kleines Bündel gestärkten rosa Musselins fand, das silbern schimmerte wie das Meer. Sie löste den Knoten, der es zusammenband, und da war es! Das Gewand, das ihr Vater trug, wenn er sich unter die Menschenmengen Konstantinopels mischte, um in Erfahrung zu bringen, was das Volk über seinen großen Sultan Azad Bakht dachte. Für ihn als Wesir war es nämlich ungemein nützlich zu wissen, ob die Leute zufrieden oder unzufrieden waren, was ihnen an ihrem Herrscher gefiel und worüber sie unglücklich waren, ob sie ihn für klug hielten oder wetterten, da habe sich wohl doch die eine oder andere Verrücktheit bei ihm eingeschlichen. Dann konnte der Wesir entsprechend handeln. Mit Raffinesse und diplomatischem Geschick bog er die Kritik zurecht und träufelte den Inhalt seiner Erkenntnisse dem Sultan ins Ohr, um einen besseren Regenten aus ihm zu machen; genauso hatte er es früher mit seinem Vater gehalten. Nein, unser ehrenwerter Wesir war alles andere als ein Tor – bis zu diesem letzten Mal. Was war nur geschehen? Denn er musste einen so großen Fehler begangen haben, dass er wohl nie mehr Gelegenheit bekäme, ihn auszubügeln. Jedenfalls nicht, wenn es nach Azad Bakht und dem Wesir ging. Doch Samira hatte ihre eigenen Vorstellungen.

Sorgfältig kleidete sie sich in den wallenden Mantel und die weiten Hosen, die ihr Vater trug, um unters Volk zu gehen. Sie waren aus eher schlichtem Material und nicht so reich bestickt; sie wirkten stumpfer, da der Stickfaden nicht aus Gold und Silber gewirkt war, sondern nur mit Pflanzenfarben eingefärbt. Mit dieser Kleidung würde sie sich kaum von einem gewöhnlichen Kaufmann oder Händler unterscheiden.

»Abgesehen vom Turban«, dachte sie, »ist alles recht ähnlich. Ich passe in diese Kleider genauso gut wie in meine eigenen. Nur der Turban liegt schwer auf meinem Kopf; so müssen wohl die Sorgen auf meinem Vater lasten und ihn beinah zu Boden drücken.«

So machte sich Samira auf den Weg zum Kerker.

»Eure Tochter hat mich gesandt«, sagte sie mit tiefer Stimme. »Ich bin ihr eingeschworener Bruder und daher Euer Sohn. Ich soll Euer Beistand sein und Euch aus diesem abscheulichen Ort befreien. Ich bitte Euch inständig, sagt mir, weshalb Sultan Azad Bakht Euch eingekerkert hat und wie Ihr es wieder gutmachen könnt.«

Der Wesir war überrascht. Er konnte sich einem Fremden nicht anvertrauen, nicht einmal, wenn dieser Fremde geschworen hatte, sein Beistand zu sein. Was, wenn er ein Spitzel des Sultans war und gar nicht Samiras Gesandter? Traurig schüttelte er sein Haupt. Samira hatte eine gute Wahl getroffen, und obwohl er diesen jungen Mann gar nicht kannte, empfand er eine väterliche Zuneigung für ihn.

»Du hast etwas an dir, was mein Vertrauen weckt, doch darf ich meinen Herrn nicht verraten«, sagte er bestimmt. »Er hat mir befohlen zu schweigen.«

»Vater!«, schrie Samira und nahm ihren Turban ab. »Erkennst du mich denn nicht? Ich bins, deine eigene Tochter! Bitte, lass mich dir helfen.«

Die Augen des alten Wesirs füllten sich mit Tränen. Tränen

der Trauer, Tränen der Liebe, Tränen des Stolzes. Und für eine Weile brachte er kein Wort heraus.

»Mein Kind«, sagte er schließlich, indem er sie an sich drückte, »du hast dein wundervolles Haar abgeschnitten, das Vermächtnis deiner Mutter! Und du hast es für mich geopfert. Das muss dir schier das Herz gebrochen haben.«

Samira nickte. »Ja, doch ich diene lieber den Lebenden als den Toten. Ich habe schon meine Mutter verloren, also will ich meinen Vater um jeden Preis retten. Bitte, Vater, sag mir, warum du hier eingekerkert worden bist.«

Der Wesir seufzte. Er war stolz auf den Mut seiner Tochter, und ihre Hingabe und Zielstrebigkeit überwältigten ihn.

»Also gut, dann hör mir zu«, hub er an. »Eines Tages besuchten einige Kaufleute aus Badachschan unseren Hof und brachten Geschenke für den Sultan. Darunter war ein wundervoller Rubin. Er schien die Tiefe eines Ozeans zu fassen, eines Ozeans bei Sonnenuntergang, wenn er rot erstrahlt, weil er das ganze Feuer der Sonne in sich aufgenommen hat. Und jedes Mal, wenn Azad Bakht ihn betrachtete, vergaß er darüber alles andere. Kein Zweifel, ein sehr seltener Edelstein. Jeder, der ihn erblickte, stand in seinem Bann.

Du weißt, wie es ist mit Herrschern – wie oft kommt ihnen die Fähigkeit abhanden, Wichtiges von Unwichtigem zu unterscheiden. Wie leicht lassen sie sich ablenken durch Spiele und Frauen und Schmuck. Dann ist es die Pflicht ihrer Diener, sie an die wichtigen Dinge zu erinnern. Und wir haben uns redlich bemüht – viele von uns haben sich bemüht, Azad Bakht darauf hinzuweisen, dass der Rubin ihn übermäßig ablenke – aber wollte er auf uns hören? Nein! Stattdessen begann er Verdacht zu hegen, wir hätten ein Auge auf den Rubin geworfen und wollten ihn für uns haben. Er bezichtigte uns sogar, wir seien eifersüchtig auf dieses leblose Stück Stein. Es war beinahe, wie wenn – Gott vergebe mir und streue mir Sand zwischen die Zähne, doch es muss gesagt sein! –, es war beinahe, als hätte Azad Bakht begonnen, diesen Stein anzubeten. Bald konnte er es ohne ihn nicht mehr aushalten. Er verließ Zusammenkünfte mit wichtigen Abgesandten, um einen kurzen Blick auf den Stein zu werfen. Er verursachte Verzögerungen bei Geschäften von größter Wichtigkeit, um vor Staatsgästen mit seinem Edelstein zu prahlen. So konnte es nicht ausbleiben, dass die Sache eines Tages zu weit ging.

Der König eines Nachbarlands stattete seinen Besuch ab, um Azad Bakht um Unterstützung in einem Krieg gegen einen anderen König zu ersuchen. Es handelte sich um einen privaten Zwist, und unter normalen Umständen hätte Azad Bakht niemals eingewilligt, da dieser andere König sich uns gegenüber nie etwas hatte zuschulden kommen lassen. Als Azad Bakht dem Besucher jedoch triumphierend den Rubin unter die Nase hielt und ihn in Tönen, die ehrfürchtig und überheblich zugleich waren, fragte: ›Nun sagt, habt Ihr solch ein Schmuckstück in Eurem Besitz?‹, erkannte der Besucher seine Gelegenheit und ergriff sie beim Schopf. Von dem Moment an sprachen sie über nichts anderes als die großartigen Edelsteine der Welt und dass dieser Rubin wohl zu den erlesensten von allen zählen musste. Noch ehe die Unterredung vorüber war, hatte sich der listige Gast Azad Bakhts Unterstützung für seine private Abrechnung gesichert – den Einsatz unserer Streitkräfte in seinem Krieg gegen einen König, der uns niemals etwas angetan hatte. Es war einfach zu viel verlangt, tatenlos danebenzustehen und sich damit abzufinden. Mit der Gewissheit, unseren jungen Herrn überlistet zu haben, zog der Gast von dannen. Für Azad Bakhts Ruf konnte die Sache verheerende Folgen haben.

Als ich in dieser Nacht auf die Straße hinausging, hatte die Geschichte bereits die Runde gemacht. Das Volk ist gewöhnlich gutmütig, Samira, nicht jedoch, wenn das eigene Leben und das Schicksal des geliebten Landes auf dem Spiel stehen. In dieser Nacht gab es viel Gerede, genug, um einem alten Diener wie mir die Scham in alle Knochen zu treiben. ›Jung mag er wohl sein, dieser Azad Bakht‹, sagten sie, ›aber wir hatten früher sogar Kinder als Herrscher, und sie brachten großen Ruhm über das Land.‹ Wie wenig Ahnung sie doch haben: Ein Kind auf dem Königsthron kann eher Ruhm erlangen als ein junger Mann, denn es ist noch nicht so überzeugt von sich, und seine Ohren sind offen für die Weisheiten alter Männer.

In dieser Nacht wusste ich, dass ich dem Sultan so unverblümt wie möglich sagen musste, welch einen schlechten Einfluss der Rubin auf ihn habe, dass er seine Leidenschaft im Zaum halten müsse, ansonsten würde er sich und seinem Reich entsetzlichen Schaden zufügen. In dieser Nacht, nachdem alle Höflinge gegangen waren und ich mit Azad Bakht in seinem Schlafgemach allein war, hatte ich Gelegenheit, mit ihm zu sprechen.

Ich gebe zu, ich war aufgeregt, doch der Wesir ist des Sultans Diener, der Sultan des Staates Diener, der Staat des Volkes Diener, und das Volk ist Gottes Diener. Du siehst also, ich stand am Ende einer langen Kette. Sanfte Worte und freundlicher Rat zeigten keinerlei Wirkung auf Azad Bakht, und ich weiß selbst nicht, was es war – teils wird es die Wut darüber gewesen sein, dass ich gehört hatte, wie das Volk über meinen Herrn herzog, teils die drohende Erniedrigung, wenn wir dem Besucher unsere Zusage wieder entzogen, teils der Ärger über mein eigenes vorhergegangenes Versagen –, jedenfalls fing mein Blut an zu kochen, und nichts bringt einen Menschen in größere Gefahr als die brodelnde Wut. Was immer es also war in dieser Nacht, es trieb mich dazu, in einer Weise zu handeln, die mir meine Strafe hier beschert hat.

Ich stand dicht neben Azad Bakht und sagte mit der festesten

Stimme, die ich aufbringen konnte: ›Hoheit, Schatten des Ewigen, Zuflucht der Welt, Empfänger der Weisheit des Allmächtigen, ich habe Euch etwas Wichtiges zu sagen, doch es wird Euer gnädiges Ohr hart treffen.‹

›Was ist es denn?‹, fragte Azad Bakht mürrisch, denn es war bereits spät in der Nacht. Er rieb den großen Rubin gegen seine Wange, dann streckte er den Arm aus und legte ihn in eine Nische direkt über seinem Bett. Mir fiel auf, dass die vorzüglich angefertigte Kalligrafie eines Koranverses entfernt worden war, um diesem elenden Stein Platz zu machen. Das stimmte mich sehr traurig.

›Ich will es Euch sagen‹, antwortete ich, ›wenn Ihr versprecht, mein Leben zu verschonen.‹

›Ja, ja‹, antwortete Azad Bakht ungeduldig, ›dein Leben ist dir sicher. Also, sprich schon.‹

Nun, du kannst dir vorstellen, wie ich mich fühlte. Der Sultan war gewiss nicht in der Stimmung, sich Vorwürfe anzuhören – noch dazu in der harten Form, in der ich beabsichtigte, sie vorzutragen –, doch ich hatte keine Wahl mehr, denn ich hatte mir meine Worte und meine Vorgehensweise bereits sorgfältig und endgültig zurechtgelegt.

›Nun, Hoheit‹, sagte ich und blickte dem Sultan mutig in die Augen, ›es handelt sich um den Rubin.‹

Azad Bakht griff instinktiv nach dem Stein, umklammerte ihn fest und drückte ihn, wie um ihn zu verteidigen, an seine Brust.

›Willst du dich etwa schon wieder über meinen wundervollen Rubin beklagen?‹

›Es schickt sich nicht für einen großen Sultan, wie Ihr es seid, einen Klunker so wichtig zu nehmen‹, fuhr ich fort.

›Einen *Klunker?*‹, brüllte der Sultan und hielt den Rubin hoch, damit ich ihn mir ansehen sollte. ›Sieh mal, wie er funkelt und sein Licht verbreitet. Er ist vollendet, er ist beinahe unnatürlich.

Niemand außer einem Dummkopf würde ihn je als *Klunker* bezeichnen! Solch einen Stein hat man noch nie und nirgendwo gesehen!‹

›Ihr irrt, Hoheit.‹ Ich bebte, als ich meine schroffe, schneidende Stimme hörte, doch es musste heraus: ›Denn mir sind Geschichten zu Ohren gekommen über einen Kaufmann aus Nischapur, der einen Hund besitzt, an dessen Halsband zwölf Rubine prangen – ein jeder so groß und vollendet wie dieser hier.‹

Azad Bakht rang nach Luft und griff nach seinem Hals. Entsetzt eilte ich ihm zu Hilfe. Ich dachte, er würde sogleich ersticken. Es war, als hätten meine Worte ihm den Atem geraubt. Er aber stieß mich von sich. Er rang nach Luft, riss den Mund auf und wurde gelb wie die köstlichen Quitten des Libanon. Doch mit einem Mal fand er die Fassung wieder.

›Du hast mich beleidigt, und das macht dich zum Verräter‹, sagte er in einer Stimme, die vollkommen ruhig und wahrhaft tödlich klang. Noch nie hatte ich meinen Sultan so kalt und furchterregend erlebt wie in jenem Augenblick. ›Verräter verdienen einen grausamen Tod. Du aber hast meiner Familie viele Jahre in Treue und Weisheit gedient, und ich habe dir mein Wort gegeben. Daher wirst du den Rest deines Lebens im Kerker der alten Festung schmachten.‹

›Hoheit‹, flüsterte ich und warf mich auf die Knie, ›Euer Wunsch ist mir Befehl. Aber wird meine Tochter verschont bleiben?‹

›Deine Tochter ist meine Schwester‹, sagte der Sultan zu mir. Diese Worte sprach er wie ein wahrer Monarch. ›Sie wird unter meinem Schutz stehen und darf, sollte sie dies zu ihrer eigenen Sicherheit wünschen, in meinem Palast wohnen. Sollte sie es jedoch vorziehen, weiterhin in deinem Haus zu wohnen, so sei ihr auch dies gestattet, und ich werde sie zu meiner Schutzbefohlenen erklären.‹

Dankbar stand ich auf und öffnete die Tür. Auf meinen eigenen Befehl hin geleitete mich die Garde des Sultans zum Gefängnis, wo ich mich heute befinde. Und wäre da nicht die Gnade meines Sultans gewesen, hätte meine Strafe grässlich sein können. Er hätte mir die Augen mit glühenden Schürhaken ausstechen lassen können, mich einigen hundert Peitschenhieben aussetzen, mir die Zunge abschneiden …«

Samira erschauerte und legte ihrem Vater die Hand auf die Lippen. »Vater, bitte«, flehte sie, »wir sollten uns jetzt nicht länger mit solchen Gräueln aufhalten.«

Der Wesir schüttelte den Kopf. »Es ist für uns beide wichtig anzuerkennen, was für ein Glück ich habe. Der Sultan war gnädig. Mein Körper ist unversehrt, obwohl ich zunehmend schwächer werde. Aber solange du mir jeden Tag wunderbares Essen schickst und ich an Leib und Seele gesund bin, ist das Leben in dieser Zelle kein Elend. Ich habe nicht mehr viele Jahre zu leben – ich kann sie etwas friedlicher gestalten, indem ich bete und bereue und meine Seele nähre.«

Samira stand auf und schritt eine Weile unruhig auf und ab. Sie wollte Mut schöpfen, um ihrem Vater die entscheidende Frage zu stellen. Sie spürte, wie er ihr erwartungsvoll mit seinem Blick folgte. Nein, ihr Vater hatte trotz Kerkerhaft noch nichts von seiner Spannkraft verloren.

»Vater«, sagte sie schließlich, »ich möchte deinen Segen.«

»Du hast ihn immerfort«, fiel ihr der schlaue Wesir ins Wort, noch ehe sie ihr eigentliches Anliegen vortragen konnte.

Samira war kurz davor, zu verzweifeln. Dann fing sie sich wieder und hub entschlossen von Neuem an. »Ich will nach Nischapur gehen und den Hund mit dem Rubinhalsband finden. Ich will deine Einwilligung und deinen Segen.«

»Weißt du eigentlich, was du da von mir verlangst?«, fragte der Wesir. »Die Stadt Nischapur ist weit, weit entfernt, in Chorasan.

Du musst Wüstengebiete durchqueren und gegen kämpferische Horden antreten, die von Gnade so wenig wissen wie von Palästen. Sie zu bezwingen könnte bestenfalls einer Armee gelingen.«

»Zwei Fremde haben bessere Aussichten auf Erfolg als eine Armee«, gab Samira zurück. »Eine Armee würde sie reizen. Eine Karawane würde sie auf unendlich größere Schätze hoffen lassen, als einer allein bei sich tragen könnte. Ein einzelner junger Mann hingegen, mit einem alten Begleiter, wird bei einem kriegerischen Stamm keinerlei Verdacht erwecken. Darüber hinaus wissen wir aus den Erzählungen der großen fahrenden Sänger, dass der Verstand schon so manche Schlacht gewonnen hat, noch ehe sie geschlagen wurde.«

»Ach Samira, Samira«, klagte der Wesir, »das Fehlen einer Mutter hat dir mehr geschadet, als ich je gedacht hätte. Du liest Bücher über die großen Schlachten und blickst tief in den *Spiegel der Prinzen*, und du gibst deinem Vater freche Antworten. Ich habe dich erzogen, also habe ich die Schuld wohl allein mir zuzuschreiben. Vielleicht wäre es doch klüger gewesen, dich in die Obhut meiner Schwester zu geben, dann brauchte ich heute nicht diese schwere Entscheidung zu treffen.«

»Vater, du gabst mir alles, was ich je begehrte. Du hast in mir die schöpferische Kraft und Entschlossenheit einer Frau genährt und ein Herz, das so mutig ist wie das einer Löwin. Im Bogenschießen und in der Fechtkunst war ich die Beste unter meinen Kampfgefährten. Aber die Leute denken eben, der Körper einer Frau sei zerbrechlich und verwundbar – so ist es nun einmal. Aus diesem Grund muss ich mich verkleiden. Ist es nicht wie ein Witz, dass ich mich als Mann kleiden muss, um meine gesamten Kräfte einer Frau entfalten zu können?«

Der Wesir blickte seine Tochter mit neuen Augen an. Er konnte dieser jungen Frau, dieser mutigen und klugen jungen Frau, nicht verbieten, ihren Weg zu gehen. Ein schwerer Seufzer erschütterte seine gebrechliche Gestalt. Er würde das Mädchen wahrscheinlich nie wiedersehen. Fleisch von seinem Fleisch, Frucht seiner Lenden, geliebtes Geschenk seiner verstorbenen Frau.

»Aber«, dachte er, »das größte Geschenk, das Eltern ihrem Kind geben können, ist die Billigung dessen, was es tun muss, um sich selbst zu erfüllen. Ach, wie schwierig dies doch ist. *Ja, und ich segne deine Bemühungen* – wie schwer es fällt, diese Worte auszusprechen. Doch ich muss es tun, denn Samira scheint sich die Sache reiflich überlegt zu haben, und ich will meiner Tochter nicht im Weg stehen.«

Der Wesir hob seine Hand und legte sie auf Samiras Kopf. »Geh mit meinem Segen«, sagte er. »Und vergiss niemals, wer du bist und weshalb du unterwegs bist.«

Samira umarmte ihren Vater. Tränen füllten ihre Augen, und sie verließ den Kerker mit dem Versprechen, all die Ratschläge, die er ihr über die Jahre erteilt hatte, zu beherzigen.

Wieder in ihrem Schloss angelangt, traf sie ihre Vorbereitungen für die Reise. Sie brauchte ein paar zusätzliche Kleidungsstücke zum Wechseln. Ein vertrauenswürdiger Diener wurde ausgeschickt, diese zu beschaffen. Sie brauchte Vorräte, Tauschwaren und Geschenke, um nomadische Räuber und andere Wegelagerer friedlich zu stimmen. Und Goldmünzen und Edelsteine, die sie in den gestärkten Saum ihres Mantels und anderer Kleidungsstücke einnähen ließ. Schließlich trat sie in Begleitung des treuen Dieners die Reise an.

Der Weg war lang und beschwerlich, und es gab Nächte, in denen sie eingebettet zwischen dem weiten Himmel und dem Wüstensand schliefen; Myriaden funkelnder Sterne hingen über ihnen, hell wie die Fackeln, die die reichsten Anwesen von Konstantinopel erleuchteten. Gelegentlich hörten sie das freundliche Bimmeln einer Kamelglocke; dann bat sie ein gastfreundlicher

Nomade aus ihrem sandigen Lager und führte sie zu sich nach Hause. Aber es gab auch die erholsameren Nächte in vornehmen wie bescheidenen Karawansereien, in Gästehäusern, die man entlang den Handelsrouten für Reisende errichtet hatte.

»Gott sei gepriesen«, sagten Samira und ihr Diener häufig zueinander. »Der Prophet hat seine Anhänger gut beraten, als er sie hieß, Unterkünfte für Reisende einzurichten. Sicher hatte er am eigenen Leib erfahren, wie anstrengend das Reisen in der Wüste ist, und deshalb die Wüstenbewohner die Gebote der Gastfreundschaft gelehrt.«

Schließlich gelangten sie nach Chorasan; sie reisten weiter und erreichten, nachdem sie mehrmals nach dem Weg gefragt hatten, die Stadt Nischapur, wo sie in einem bescheidenen, jedoch bequemen Gasthaus Quartier bezogen.

Gleich am ersten Tag beim Frühstück sprach Samira den Besitzer an. »In welchem Viertel haben die Juweliere in dieser Stadt ihre Geschäfte?«

»Das kommt darauf an«, entgegnete der Mann mürrisch. »Was ist denn Euer Begehr? Kaufen oder verkaufen?«

»Zunächst einmal will ich mich umsehen«, antwortete Samira keck. »Und wenn ich dann finde, dass Eure Nischapurer Waren etwas taugen, will ich vielleicht Tauschgeschäfte machen. Ein wenig kaufen, ein wenig verkaufen. Darin liegt doch das wahre Vergnügen am Geschäft.«

»Oh, diese Überheblichkeit der jungen Leute«, brummte der Gastwirt. »Ihr solltet nicht gar so stolz sein auf Euren Reichtum und Eure Jugend, die Farben solchen Gewands verblassen nur allzu früh. Was jedoch Eure vorlauten Bemerkungen anbelangt – bessere Juweliere als auf den Basaren bei uns in Nischapur werdet Ihr nirgendwo finden.«

»Ach ja?«, rief Samira aus und weidete sich am Ärger des Mannes. »Wollt Ihr etwa behaupten, Eure Juweliere hätten bessere

Edelsteine als die Juweliere von Bakdaschan, feineres Gold als die Inseln Arabiens, herrlichere Diamanten als Indien?«

»Das will ich wohl meinen«, bekräftigte der Gastwirt. »Unsere Juweliere werfen ihre Netze weit hinaus und holen ihre Schätze aus den tiefsten, verborgensten Winkeln ein. Ihr solltet einmal einen Blick auf die Karawanen werfen, wenn sie mit je zwanzig Wächtern vorn und hinten zurückkehren; die Pferde und Kamele brechen schier zusammen unter der Last ihrer Ladung.«

»Ich habe in meinem Leben schon ein paar Karawanen gesehen«, lachte Samira, »und ich habe kein Bedürfnis nach mehr. Aber ich will einen Spaziergang über Euren Markt machen, dann wird sich ja zeigen, ob Eure Prahlereien der Wahrheit entsprechen.«

Und mit dieser Bemerkung machte sie sich auf die Suche nach dem Kaufmann mit dem Hund. Den ganzen Tag strich sie durch die Straßen der Stadt, fragte und forschte unermüdlich, ohne jedoch fündig zu werden, bis sie schließlich am vierten Tag auf ein großes Geschäft stieß, wo so sagenhafte Schmuckstücke ausgestellt waren, dass sie von ihrer Schönheit völlig überwältigt wurde: fette Smaragde, funkelnd wie tiefe, grün glitzernde Teiche; Rubine wie dunkelrot leuchtende Rosen und zarter Hibiskus; Brillanten, so groß, dass sie wie Kuppeln aus weißem Licht strahlten; Saphire, die blauer waren als der klare Himmel nach einem Gewitter; Topase, die brannten wie Sonnenräder; Aquamarine, so klar wie die azurblaue See; Lapislazuli, goldgeädert und -gefleckt; Amethyste, Gagate, Türkise, Bernstein …

»Sultan Azad Bakht würde hier vollends verrückt werden«, dachte sie boshaft. »Er würde den ganzen Laden samt seinem Inhalt nach Konstantinopel verfrachten lassen.«

Sie schloss die Augen und legte ihre Finger auf die Lider, damit der grelle Schein der Steine sie nicht länger blendete. Als sie sie wieder öffnete, fiel ihr Blick auf ein flaches Bett, auf dem ein großer Hund schlief. Ein Diener glättete seine prächtigen langen Haare, während ein anderer ihm Luft zufächelte und die Fliegen verscheuchte. Etwas hinter den beiden stand ein dritter; er wachte darüber, dass die Futter- und Wassernäpfe des Hundes frisch und gefüllt waren. Und um seinen Hals trug dieses elegante, verhätschelte afghanische Windspiel ein breites, samtenes Halsband, das mit zwölf riesigen Rubinen besetzt war.

Sie hatte ihn gefunden! Den Retter ihres Vaters! Nun würde sie Azad Bakht beweisen, dass die Worte ihres Vaters die Wahrheit gewesen waren und nicht eine leere, aus der Luft gegriffene Beleidigung. Doch zuerst musste sie den Besitzer des Hundes fragen, weshalb er für seinen Hund ein Halsband aus Rubinen angefertigt hatte.

Unverzüglich stellte sich Samira dem Inhaber des Juweliergeschäfts, einem eleganten und liebenswürdigen jungen Mann, als durchreisender Kaufmann vor, worauf dieser sie einlud, mit ihm zu trinken und zu speisen.

»Nun bin ich aber neugierig«, meinte Samira, nachdem sie sich etwas miteinander bekannt gemacht hatten, »was es mit Eurem Hund auf sich hat. Weshalb trägt er ein Halsband aus Rubinen?«

»Dieser Hund heißt Wafadar, ›der Treue‹«, hub der Kaufmann aus Nischapur an. »Der beste Freund, den ein Mensch haben kann.«

Dann berichtete der Kaufmann Samira, wie ihm als Junge auf seinen Reisen sieben Missgeschicke widerfahren waren. Jedes Mal hatte Wafadar sich seiner angenommen oder ihm gar das Leben gerettet.

»Als ich krank und hungrig am Wegesrand lag, beschützte mich der Hund vor Mensch und Tier; als ich von Wegelagerern verfolgt wurde und meine Gefährten mich im Stich ließen, kämpfte er an meiner Seite. Als ich zweimal meinen Reichtum verlor und plötzlich keine Freunde mehr hatte auf dieser Welt, blieb Wafadar bei mir und suchte für sich und mich Nahrung, indem er Geflügel und Wild jagte. Als ich schließlich im Alter von sechsundzwanzig Jahren zu einem so umfassenden Vermögen kam, dass zehn Lebensspannen es nicht zu schmälern vermöchten, war mir dennoch nichts so wertvoll wie Wafadar.

Doch die Reisetage meines alten Freundes waren gezählt. Er war müde und hatte seine Ruhe verdient. Also beschloss ich, mich ein für alle Mal niederzulassen und meinem treuen alten Gefährten jeden denkbaren Luxus zu gönnen, und zwar so offen und auffällig, dass die Leute herkommen würden, um den Hund zu sehen und mich zu bitten, ihnen seine Geschichte zu erzählen. Das gäbe mir dann die Gelegenheit, seine Tugenden zu rühmen und ihm meine Ehrerbietung zu erweisen.«

Samira war von der Erzählung des Kaufmanns zu Tränen gerührt.

»Seine Geschichte ist weit über die Grenzen dieses Landes hinaus bekannt geworden«, sagte sie, nachdem sie sich wieder gefangen hatte. »Wafadars wegen schmachtet mein Vater, der Großwesir von Konstantinopel, im Kerker des Sultans Azad Bakht.«

Und Samira eröffnete dem Kaufmann, wer sie sei und warum sie als Mann verkleidet auf der Suche nach ihm hierhergekommen sei.

»Es tut mir leid, dass dein Vater leiden muss, weil er von Wafadar erzählt hat«, sagte der Kaufmann ruhig. »Und ich möchte ihm helfen, soweit es in meiner Macht steht.«

Der Hund war nun wach und hob seinen Kopf, dann kam er auf seine edlen Beine und schlenderte zu seinem Herrn herüber.

Sofort nahm der Kaufmann ein Stück feinstes Fleisch von seinem schmuckverzierten Teller und fütterte Wafadar damit. Der Hund schnappte sich den Leckerbissen und blickte seinen Besitzer liebevoll an; Samira sah, wie sich die Liebe in den Augen des

Kaufmanns widerspiegelte. Still beobachtete sie, wie der Kaufmann seinen Hund hätschelte und tätschelte und dieser seine lange, anmutige Schnauze auf dessen Knie legte.

»Ich möchte dir helfen«, sagte der Kaufmann, »weil ich deine Leistung bewundere. Du verbindest Weisheit und Mut mit einem guten Herzen und unbeirrbarer Hingabe. Ich wusste nicht, dass es Frauen wie dich gibt.«

»Vielleicht«, murmelte Samira, »weil man den Frauen nicht oft die Gelegenheit gibt, zu beweisen, was in ihnen steckt.«

Doch der Kaufmann war viel zu sehr mit seinem nächsten Gedanken beschäftigt, als dass er Samiras Bemerkung gehört hätte.

»Komm und sei mein Gast in meinem bescheidenen Haus«, bat er, »und lass uns den nächsten Schritt besprechen.« Er blickte Wafadar an. »Und du, alter Freund, wärest du bereit, um deines Herrn willen noch eine Reise zu machen?«

Wafadar leckte die Hand seines Herrn und erhob sich in einem plötzlichen Anflug von Verspieltheit.

»Er ist einverstanden«, lächelte der Kaufmann. »Er ist einverstanden, Samira nach Konstantinopel zu begleiten, um die Sache ihres Vaters zu vertreten. Du hast deinem Namen alle Ehre gemacht, Samira – eine wahre Freundin und Gefährtin bist du. In meinem Land schreiben die Dichter von einer kleinen weißen Taube namens Samira, die ihre Freundschaft bewies, indem sie in weite Fernen reiste, um einen Menschen zu belohnen, dem sie das Leben verdankte. Und du hast dasselbe getan.«

In dieser Nacht, in den Gemächern des Kaufmanns, verliebte sich Samira, und als der Kaufmann um ihre Hand anhielt, willigte sie ein: »Aber nur wenn du mit mir nach Konstantinopel kommst, um dort zu leben.«

Der Kaufmann war einverstanden, und am nächsten Tag traten sie die Rückreise an, die diesmal bequemer war, als Samira es je für möglich gehalten hätte.

Nach ihrer Rückkehr besuchte Samira als Erstes ihren Vater.

»Ich bin zurückgekehrt, Vater, und ich habe den Hund mit dem Halsband mit den zwölf Rubinen bei mir und den Mann, der ihn sein Eigen nennt. Was wird der Sultan wohl dazu sagen?«

Der alte Wesir fiel seiner Tochter um den Hals und weinte vor Dankbarkeit darüber, dass sie unversehrt nach Hause zurückgekehrt war.

»Als du fort warst, waren meine Tage Hölle und meine Nächte Höllenfeuer«, gestand er. »Ständig wurde ich von Vorstellungen geplagt, wie du von jedem Bösewicht angegriffen und von jedem erdenklichen Missgeschick heimgesucht wurdest. Ich war sicher, ich würde dich niemals wiedersehen. Selbst wenn du allein und ohne die Mittel zu meiner Befreiung zurückgekehrt wärest, hätte ich für den Rest meines Lebens jeden Augenblick eine Million Mal Gott dafür gedankt.«

»Schäm dich, Vater«, lachte Samira. »Du hast allzu wenig Vertrauen in deine Tochter.«

Dann ersuchte Samira um eine Audienz beim Sultan und bat um die Erlaubnis, einen Gefährten mitzubringen. Die Audienz wurde gewährt, und Samira und der Kaufmann erzählten Azad Bakht die ganze Geschichte. Der Kaufmann schilderte anschaulich, wie Samira als Mann verkleidet die Heimat verlassen hatte, um die Ehre ihres Vaters wiederherzustellen. Sie war den ganzen Weg von Konstantinopel nach Nischapur gereist, durch gefährliches Gebiet, hatte der Natur, Mensch und Tier die Stirn geboten, bis sie zu guter Letzt den Kaufmann und seinen Hund gefunden hatte. Schließlich erzählte der Kaufmann die Geschichte von der Treue des Hundes.

»Nun, Euer Hoheit, wir sind gekommen, um die Behauptung von Samiras Vater zu beweisen und um die Begnadigung des Großwesirs zu bitten.«

»Solch eine unglaubliche Geschichte habe ich noch nie

gehört!«, rief Azad Bakht aus. »Und ich danke Gott, dass mein Großwesir nicht zu größerem Schaden gekommen ist oder gar getötet wurde!«

Er befahl die sofortige Freilassung des Großwesirs und bat ihn in Gegenwart von dessen Familie und der wichtigsten Höflinge um Vergebung.

»Und all das«, schloss der Sultan, »hat eine hingebungsvolle Tochter erreicht.«

»Eine Tochter«, dachte Samira, als sie in dieser Nacht wieder in ihrer Kammer war und ihre Haut an die weichen Stoffe schmiegte, die parfümierte Luft ihres Zimmers einsog und sich in ihr seidenes Bettzeug kuschelte, »die sehr glücklich darüber ist, eine Frau zu sein, jetzt, wo sie gezeigt hat, wozu Frauen fähig sind.«

Die Ballade von Mary Ambree

In keiner Nacht würde Mary Ambree je wieder an Wein und Rosen denken, wenn das Blut der Sonne den Himmel rot färbte. Von diesem Abend an wusste sie: Eine klaffende Wunde zerriss die Brust des Himmels, und jeder, der das sah und wahrnahm, starb eine Art Tod und musste wiedergeboren werden. Und als sie auf ihren Schatz, den tapferen Wachtmeister, herabblickte, erkannte sie, dass seine Brust dieselbe klaffende Wunde aufwies. Großer Gott! Sie spiegelte sich im Himmel wider. Da wusste Mary: Die Zeit war gekommen.

»Wäre es wohl anders gewesen«, sinnierte sie abwesend, »wenn ich gewusst hätte, dass ich über die Leiche meines Liebsten würde gehen müssen, um das zu erreichen, wonach mein Herz sich sehnt?«

Und ihre Gedanken schweiften ab zu den Tagen der Kindheit, sie erinnerte sich an die süße Gewissheit, die sie verspürt hatte, als sie die Jungen beim Spielen beobachtete: Schon damals wusste sie, dass ihre eigenen Glieder kräftiger waren als die der Jungen, obschon ihre Bewegungen runder blieben, dass ihr Arm dasselbe Gewicht tragen konnte und ihr Rücken dieselbe Last – wenn nicht noch größere. Wie sie diesen Rock hasste, der sich wie ein dicker Strick, wie eine Schlange um ihre muskulösen Beine, ihre kräftigen Fesseln wand. Dieser Strick der Frauenrolle, den um sie zu schlingen ihre Eltern sich fest vorgenommen hatten.

»Och, Mary, lass das doch sein, Kind, das ist für Jungs, dieses Spiel, nicht für eine junge Frau.« »Ach, Marylein, Marylein, wo ist nur dein Verstand? Wenn du so weitermachst, kriegst du nie einen Mann.«

Doch warum sollte sie aufhören, wenn sie sich im Führen einer Waffe und in ihrer Treffsicherheit mit den besten Männern messen konnte? Seit ihrem zehnten Lebensjahr hatte sie mit ihren Fragen die Soldaten belagert, bis sie sie ihr Handwerk lehrten – und manchmal musste sie mit einem Kuss dafür bezahlen. Später wuchsen ihre Brüste, das Blut kam, und damit einher gingen weitere Rügen und Ermahnungen und die ständige Gesellschaft von Frauen. Sie musste mit ansehen, wie ihre Mutter zusammen mit ihren Gefährtinnen die Männer manipulierte und das Geld zusammenhielt; wie sie Rationen sammelte und Vorräte hortete. Gelegentlich zweigte sie gar den einen oder anderen Penny von dem ohnehin schon gestreckten Haushaltsgeld für den Sparstrumpf ab und legte dann, indem sie sich ihrem Mann gegenüber auf Unwissenheit und Dummheit berief, noch einen weiteren Penny dazu.

Sie sah auch, wie in jüngeren Frauen, sobald sie ihren Schatz vor den Altar geschleppt hatten, genau dieselben Listen wuchsen. Wie selbst die stärksten Frauen schwach wurden, um ihrem Ehemann Ritterlichkeit abzutrotzen! Wie es auch der Faulsten noch irgendwie gelang, fleißige Hingabe vorzutäuschen! Wie jede ihrem Mann und den Kindern Offenheit und Ehrlichkeit einbläute und ihnen diese abforderte und dabei nicht einmal die geringste Absicht hatte, sich selbst daran zu halten. Was übrigens deren gutes Glück war, denn das war Mary klar: Wo kämen sie hin ohne diese kleinen Täuschungen und Schmeicheleien. So gut wie die Frauen würde kein Mann mit einem Los, wie es ihnen oblag, zurechtkommen. In ihrem Innern waren sie weit robuster – umso unerträglicher, dabei in einem schwachen Körper mit unterentwickeltem Verstand zu stecken!

Mary hasste es, an die Schwächen der Frauen erinnert zu

werden, an deren Unterlegenheit, deren Anfälligkeit für das Böse. Und zwar von genau den Männern, die sich selbst tagaus, tagein von ihnen manipulieren ließen. Im Übrigen: Wenn diese pauschalen Vorurteile zutrafen, dann war Mary sowieso ein Mann in einem weiblichen Körper, denn es ließ sie herzlich kalt, wie man einen Haushalt führte oder Geld abzweigte, mit dem man dann Spitzen erstehen konnte. Sie wollte die Welt sehen! Sie wollte Ehre! Sie wollte Ruhm! England wurde von einer Königin regiert – Schottland auch. Das war ihr Beweis genug, dass sie trotz ihres Körpers erreichen konnte, wonach ihr Herz sich sehnte.

»Männer handeln, Weiber reden«, pflegte ihr Vater zu sagen, und die meisten Männer dachten genau wie er, wenn sie nach vollbrachtem Tagwerk in erschöpftes Schnarchen verfielen. »Kein Wunder, dass *diese* Arbeit im Morgengrauen beginnt und sie bei Sonnenuntergang davon noch lange nicht müde sind.«

Und Mary hörte nie, dass ihre Mutter und deren Schicksalsgenossinnen diese Nachrede richtigstellten. Heuchelei kam ihnen gut zupass. Findigkeit stand einer Frau nicht wohl zu Gesicht, sie musste getarnt werden. Eine einfache Frau, die hart arbeitete, fuhr weit besser. So gehörte es sich. Ach, die Maschen und Schliche und unergründlichen kleinen Taktiken der Frauen! Mary sah sie wohl, aber für sie war das nichts! Weder die Kräutertees der Witwe im Wald noch die Talismane des Wunderheilers auf dem Land. Gottes führende Hand und ein Leben in Aufrichtigkeit sollten ihre Wege lenken. Heuchelei und billige Finten als Mittel zum Erfolg – das war nicht ihre Welt. Die traurige Wahrheit war ja die: Die Frauen unternahmen wenig, um ihr Los auf anständigem Weg zu verbessern. Sie gaben sich mit kleinen Punktsiegen zufrieden, begnügten sich mit roten Schleifchen und Kinkerlitzchen und damit, zu einem günstigen Zeitpunkt ein wenig Bein zu zeigen oder einen ausladenden Busen zur Schau zu stellen. Ganz anders Mary: Sie strebte nach Ruhm, Sieg, dem wahrhaft Guten.

Am liebsten umwickelte sie ihre kleinen Brüste mit den Lappen, die zur Hausarbeit benutzt wurden, klemmte sich den Rock zwischen die Beine und posierte dann, Schultern breit, Brust raus, als hühnerbrüstiger Soldat. Hach, wie sie die flotten Uniformen der Soldaten liebte – und ihren schmucken Kopfputz!

Der Wachtmeister ließ sie den seinen aufsetzen.

Einen Mann wie ihn fand man unter Tausenden nicht. Ab und an lieh er ihr seine Reserveuniform – unter anderem natürlich auch, um ihr zu zeigen, dass er überhaupt eine besaß, denn das war eine Seltenheit. Er hatte sie einem Veteranen abgekauft, dem kaum noch Glieder geblieben waren, die der Bedeckung durch eine Uniform bedurft hätten. Und der Wachtmeister ließ sie sie anziehen – half ihr sogar beim Hineinschlüpfen: Ein Weilchen streichelte er ihren Körper, und während der übrigen Zeit beobachtete er sie, beobachtete jede ihrer Bewegungen, jede Handlung, so wie er in der Schlacht den Schatten des Feindes beobachtete, der sich auf der anderen Seite in den Büschen regte. Dann pflegte er sich vor sie hinzustellen – ein Spiegelbild, denn ihre Körper waren einander nun ähnlich –, und sie umarmten und küssten sich. Gewöhnlich entstand eine kleine Rauferei, in der einmal der Wachtmeister, ein andermal Mary die Oberhand gewann, bis sie schließlich, ineinander verschlungen, zu Boden fielen. Kaum lagen sie unten, rissen sie einander gegenseitig die Kleider vom Leib wie die Männer, die nach einer Schlacht zu Geiern werden und die Gefallenen aller Kostbarkeiten berauben und aller Schätze, denen nur die Liebe einen Wert verleiht. Das war es, was Mary am Krieg abstoßend fand.

»Aber nein«, meinte der Wachtmeister. »Es gibt eben noch eine andere Seite der Seele. Die will überleben um jeden Preis; sie tritt in Erscheinung, wenn du einen anderen Menschen töten musst. Und wenn du ihn anschaust, siehst du an seiner Stelle einen unchristlichen Teufel – ein Ungeheuer mit Hörnern, das dich töten wird, wenn du es nicht zuerst tötest.«

Seine Augen blitzten, seine Wangen röteten sich, und Mary konnte erkennen, dass auch er diesen Wesenszug hatte. Dann sank er mit einem Mal in sich zusammen. »Es dauert, bis diese verzweifelte Seele, die ganz auf das Überleben aus ist, ihren Griff wieder lockert. Aber das ist auch gut so, denn wenn es zu schnell ginge, würden manche von uns den Eifer verlieren, unter den Toten, Dämonen oder Freunden zu wühlen, zu finden, was wir finden können, um uns am Leben zu erhalten, wenn wir noch da draußen am Kämpfen sind. Denn die Toten brauchen diese Dinge nicht mehr, wohl aber die Lebenden.« Dann wurde sein Gesicht weich und sanft, und seine Augen füllten sich mit Tränen. »Und, Mary Ambree, die Toten geben gut und gerne.«

»Und ist jeder Soldat geschickter als ich?«, begehrte Mary zu wissen.

Der Wachtmeister brach in schallendes Gelächter aus – ein rohes, tiefes Lachen aus dem tiefsten Innern. »Schön wärs! Schön wärs, Mary Ambree! Leider ist es aber nicht so, denn Männer verkaufen ihre Söhne, wenn sie noch so jung sind, dass sie weniger Haare auf den Wangen haben als du. Das Leben eines Jungen gegen Geld, das nicht einmal ausreicht, um die übrige Familie durch den Winter zu bringen.«

Zärtlich streichelte er ihre flaumigen Wangen gegen den Strich. Oft liebkoste er mit der Zunge den Flaum ihrer Oberlippe. Ihren stämmigen, jungenhaften Körper liebte er heiß und innig, doch das feine Haar auf der Oberlippe war ihm ein besonderer Genuss. Und Mary, die sich nie einen Deut um eine zarte Haut und einen gepflegten Körper oder volle Brüste und Hüften geschert hatte wie die anderen Mädchen, lehnte sich zurück und genoss in vollen Zügen, dass der Wachtmeister sie genoss; ihr Körper wurde schwer und nachgiebig und gab sich seiner fürsorglichen Betreuung hin.

So geschah es denn, dass Mary den Wachtmeister, als er sich wieder einkleiden und seinem Glück in die nächste Schlacht folgen musste, dazu überredete, sie mitzunehmen. Sie würde sich um ihn kümmern, sie würde an seiner Seite kämpfen; wenn jeder andere sich nur um sich selbst kümmerte, würde sie ihn hegen und pflegen. Und die Armee bekäme zwei für den Sold von einem. Also begleitete Mary Ambree ihren Schatz, als er sich Alexander Farnese, dem Prinzen von Parma, in dessen Kampf gegen die Holländer anschloss. Dem Aussehen nach war sie nicht Soldat, nur die Frau eines Wachtmeisters, aber sie durfte die Welt der Männer miterleben und die Aufregung, das Abenteuer und die Herausforderung, nach denen sie sich so sehr gesehnt hatte. Am Ende eines jeden Tages freuten sie sich unbändig darüber, dass sie beide noch am Leben waren, und verzogen sich an einen ruhigen Ort, um einander von den Gefahren zu berichten, denen jeder von ihnen ausgesetzt gewesen war.

Nun lag er tot vor ihr, und mit ihm ein Teil von ihr. Doch vielleicht musste dieser Teil erst sterben, bevor der andere geboren werden konnte.

Langsam zog Mary ihre Bluse, ihr Unterhemd, ihren Rock aus und stand splitternackt unter dem freien Himmel, mutterseelenallein unter all den Toten.

»Nun stehe ich vor dir, mein Schatz«, sagte sie, »und habe nichts zu verbergen und auch nichts mehr zu vergeben außer meiner Hingabe.«

Sie stand eine Weile da und klammerte sich an ihre Nacktheit, nichts als Trauer und Tod erfüllten ihr Innerstes. Nichts war ihr geblieben. Gar nichts.

Dann bildete sich allmählich, aus dem Nichts, ein Entschluss. Er versetzte ihre Glieder in Bewegung, bestimmte ihr Handeln, und plötzlich wusste sie, was sie wollte. Ohne zu zögern, entkleidete sie ihren Liebhaber und betrachtete ein letztes Mal seinen geliebten, nackten Körper. Und seine Worte hallten in ihren Ohren nach: »Und, Mary Ambree, die Toten geben gut und gerne.«

Als sie sich für ihre neue Rolle einkleidete, spürte sie, wie heiße, schwere Tränen über ihre Wangen strömten; wie Bäche durchzogen sie die dicken Schichten von Ruß und Schmutz.

Sie kleidete sich in Büffelleder – den Stoff, der vor allen anderen von Tapferkeit kündete – und darüber einen Harnisch. Ihr Haupt krönte sie mit einem Schutzhelm, um die Hüften gürtete sie ein gewaltiges Schwert. Über ihre rechte Hand zog sie einen Stulpenhandschuh. Dann stellte sie sich, nun mit Schwert und Ziel gerüstet, das Schwert hoch gen Himmel erhoben, neben die Leiche des Wachtmeisters.

Mary Ambree war gestorben und neu erschaffen.

»Aufgepasst, Männer!«, rief sie.

Die Männer erkannten, dass die Stimme aus der Kleidung des Wachtmeisters kam. Doch obwohl diese Stimme tief und laut und klar aus Marys Brust ertönte, wussten sie wohl, dass es nicht der widerhallende Bass ihres Anführers war. Diejenigen, die ihn hatten fallen sehen, dachten, es müsse sein Geist sein, so sehr glich ihm Marys Gestalt. Dennoch scharten sie sich um sie. Es war, als machten die Kleider einen Mann aus ihr. Unwillkürlich fuhr ihre Hand über den Busen und bis hinunter zum Geschlecht, als erwartete sie, dass das eine geschwunden, das andere hingegen gewachsen sei.

»Ich bin Mary Ambree«, sagte der junge Mann. »Viele von euch kennen mich, denn ich habe an der Seite meines Liebsten gekämpft, der vom Feind erschlagen hier auf dem Schlachtfeld liegt. Ich bin mit euch gereist und habe Essbares aufgetrieben und viele von euch verpflegt, denn das ist die Aufgabe, die einer Frau zufällt – selbst wenn ihr Gesicht mit Schießpulver bedeckt ist wie das eure und sie gekämpft hat wie ihr, um ihr eigenes Leben und das Leben anderer zu retten. Eins kann ich euch nämlich sagen: Zwischen Schlachtfeld und Zuhause gibt es keine nennenswerten Unterschiede. Die Arbeit einer Frau scheint nichts zu zählen, wenn sie nebst ihren anderen Verrichtungen nicht Feuer facht, mit dem Kochlöffel hantiert und die hungrigen Mäuler stopft. Männer, Kinder – wo liegt der Unterschied, wenn es darum geht, ihre Gesichter und ihre Bäuche zu füllen? Aber ich schwöre bei dem Blut, das an diesem Schwert klebt, ich werde meinen Liebsten rächen und sein Werk zu Ende führen.«

Das Freudengeschrei, das nun losbrach, drang sicher bis zum Himmel.

»Dann schließe ich daraus, dass ihr mir folgen werdet?«

Das zustimmende Gebrüll verstärkte sich. Dreitausend Männer hatten gesehen, wie sie in vorderster Reihe gekämpft hatte. Dreitausend Männer waren entschlossen, ihr getreu zu folgen, wo immer sie sie hinführte, wenn einige von ihnen auch nur durch die Entschlossenheit und Begeisterung der anderen mitgerissen wurden. Und im Gegenzug gab Mary Ambree ihnen ein Versprechen.

»Diese Hand und dieses mein Leben werden euch befreien, wenn ihr untergeht oder durch den Feind in Gefahr geratet.«

Marys Tage als Köchin waren vorüber. Von da an rührte sie keinen Löffel und keine Speise mehr an – außer, um zu essen.

Die Trompeten schmetterten und die Trommeln wirbelten, doch das lauteste Geräusch von allen war das Donnern der Kanone, die hallend Marys Absicht kundtat. Und sie hielt ihr Versprechen. Für jeden ihrer Männer, der fiel, tötete Mary zwanzig Feinde. Ihr Körper war so stark, ihr Herz so grausam, dass sie sie allesamt übertraf. Während der Schlacht blickte ihr Trupp zu ihr herüber und schöpfte von ihr neue Kraft, denn noch nie hatten sie einen Kämpfer gesehen, der so wild, so entschlossen, so leidenschaftlich war wie Mary Ambree. Wo zum Teufel, fragten sie sich, ist das Frauenherz, das in ihr schlägt? Woher hätten sie wissen sollen, dass Marys Herz das eines Kriegers war und kein Geschlecht kannte – nur die Entschlossenheit zu siegen, von süßer Rache angespornt.

Manchmal sahen sie Tränen, reichlich und schnell flossen Tränen über Marys ständig rußverschmiertes Gesicht; trotzig furchte sie die Stirn, wenn sie herabhängende Haarsträhnen aus dem Gesicht strich und mit blutverschmiertem Ärmel über Nase und Augen fuhr, um den Rotz abzuwischen, die Tränen zu verbergen. Aber sie waren sich nie sicher – kamen diese Tränen von dem giftigen Rauch und Pulverdampf, oder waren es Tränen des Kummers? Nur wenn sie über einem ihrer Männer kniete, der im Sterben lag oder schon tot war, und ihm sagte, wie leid es ihr tat, dass sie ihren Schwur nicht habe halten und ihn nicht, wie versprochen, vor dem Tod habe bewahren können, wussten sie mit Gewissheit, dass sie weinte. Doch dann sprang sie, getrieben von ihrer Wut, auf die Füße und hieb, stärker und wilder denn je, mit derartiger Grausamkeit auf die Feinde ein, dass sogar ihren eigenen Männern angst und bange wurde. Vielleicht war es das, was selbst die übellaunigsten Männer bei der Stange hielt.

Wenn dergleichen geschah, schien Mary zu wachsen. Sie wurde größer und größer, höher und höher, ihr Schwert so lang und glänzend, dass sie von einer Aura umgeben war, die, da zweifelsohne gottgesandt, alle blendete, und der Feind konnte sie nicht durchdringen. Es gab Geschichten über Kriegerinnen aus frühester Zeit, so mächtig und scharfsinnig, dass die Menschen sie Göttinnen nannten – Morrigu, Minerva, Maebh –, und sie hatten nun ihre Mary.

Die Schlacht dauerte viele Tage lang. Die Verpflegung wurde knapp. Die Glieder erlahmten. Überall fielen Männer, von Kugeln zerfetzt, von Schwertern aufgeschlitzt. Unter solchen

Umständen werden die Männer zusehends schwermütig, denn in den Gesichtern der tödlich Verwundeten vermeinen sie, ihre eigenen zu sehen. Und in dem Maße, wie Mary zäher und leidenschaftlicher und größer wurde, verdoppelte sich ihr Hunger, denn er hatte seinen Ursprung sowohl im Bauch als auch im Herzen. Sie schien hier und da und überall zugleich zu sein, während ihre Männer langsamer und schwerfälliger wurden. Dann fand einer von ihnen, es sei nichts Schlimmes dabei, wenn er sich, Söldner, der er war, an die feindliche Seite verkaufte. Doch damit sie ihm auch glaubten, dass er es ehrlich mit ihnen meinte und dies nicht etwa eine Finte des gewieften und mutigen Hauptmanns aus England sei, um sich in ihre Ränge einzuschleusen, musste er ihnen einen eindeutigen Beweis bringen. Der Mann zermarterte sich stundenlang das Gehirn, bis ihm etwas einfiel – das Nächstliegende. Die ganze Zeit, seit er hier war, hatte es vor seiner Nase herumgestanden, ihn angesprungen, seinen Schädel zum Platzen gebracht. Er war der Kanonier. Er war für die Munition zuständig. Er würde das Pulver und die Kugeln weggeben, die Mary Ambree in ihrem Kampf unterstützten. Er würde sie dem Feind übergeben. Wenn sie dann sähen, wie schlecht die Engländer am nächsten Morgen kämpften, würde er zu ihnen hinüberschleichen und sich ihnen anschließen. Oh! Er wäre ein Held! Und was für einer. Und die Holländer würden ihm trauen und ihn in ihren Reihen willkommen heißen – denn wer wäre dumm genug, auch die allerletzten lächerlichen Reste Munition wegzugeben, die man auf der anderen Seite noch hat, wenn man plant, dort noch weiterzumachen? Und obwohl diese letzten Tage die schlimmsten waren, die die Holländer bislang erlebt hatten, wussten sie, dass Marys Vorräte und Munition zur Neige gingen.

Als Mary in dieser Nacht schlafen ging, war ihr Herz hin- und hergerissen – bald flatterte es vor Aufregung, die Festung von

Gent einzunehmen, bald war es bleischwer von der Gewissheit, dass dies für viele ihrer Leute den sicheren Tod bedeuten würde. Die dreitausend waren schon auf wenig mehr als zweitausend geschrumpft. Dennoch war sie ein mutiger Hauptmann, und der Tod konnte sie nicht schrecken – das gehörte zu den Wagnissen und Reizen des Krieges schließlich dazu; das Spiel um Leben und Tod, das dazu geführt hatte, dass sie alle anderen Spiele verächtlich als vorgegaukeltes Leben und Abenteuer abtat. Und sie, sie führte Tausende von Soldaten an, auch wenn sie zu Hunderten fielen, und beflügelte sie beständig mit Taten wahren Heldenmuts und vorbildlicher Tapferkeit. Sie lebte für den Kampf, für den süßen Duft des Sieges, für den Trost der Rache. Die Stadt Gent war von ihr und ihren Leuten belagert. Sie brauchte sie nur dazu zu bringen, noch einen weiteren Tag durchzuhalten, dann hätten sie es geschafft – ihr Ziel errungen.

Ihre Hochstimmung ließ sie kaum schlafen. Wenn sie doch nur ein wenig mehr Ahnung von Kriegsstrategien hätte, dachte sie bei sich. Denn irgendwie waren diese Taktiken ja den Schlichen und Kniffen der Frauen nicht unähnlich. Spiele, wie sie jäh erkannte, die gespielt wurden, um zu überleben – mit Menschenleben als Unterpfand. Mit einem Mal hatte der Extrapenny für rote Schleifchen oder ein Stück Spitze, das Umgarnen von Männern und das Eingeständnis von Unzulänglichkeit nichts Belangloses mehr an sich. Sie alle dienten dem Überleben, waren Zeichen für Erfolg, seltene Momente von Schönheit in der ansonsten öden und unerbittlichen Landschaft ihres Frauenlebens. Genauso wurde auch kämpfenden Männern beigebracht, Kriegslisten zu ersinnen und Winkelzüge zu planen und die Schlachtreihen anzuordnen. Doch Mary kannte nur die Leidenschaft zu gewinnen, die Furchtlosigkeit, jedem Feind gegenüberzutreten, und den Wagemut, selbst dem schwächsten ihrer Männer die Furcht auszutreiben.

Als sie mehrere Stunden wach gelegen hatte und an den Wachtmeister dachte und sich fragte, was er tun würde, wenn er noch am Leben wäre, wurde ihr klar, dass sie nun kein Auge mehr zutun würde. Also stand sie auf und unterhielt sich mit den Männern, die in jener Nacht Wache schoben; dann wollte sie die Vorräte überprüfen, einschätzen, wie viel Pulver sie noch hatten, wie viele Kugeln. Denn Mary wusste, morgen war der Tag der Entscheidung. Und sie quälte sich nicht im Geringsten mit Zweifeln, ob sie gewinnen würden, nur mit der Frage, wie sie es anstellen sollten. Mit diesen Gedanken im Kopf ging sie dahin, wo der Kanonier im Tiefschlaf lag. Der Geruch von Dreck, Pulver und männlicher Ausdünstung war durchdringend; Mary atmete tief durch den Mund, um den Gestank in ihren Nasenlöchern auf ein Mindestmaß zu beschränken.

Sie lugte in die Fässer. Leer! So viele von ihnen leer, und standen dennoch abgedeckt da, als seien sie bereit für die Schlacht! Auch die Kugeln waren verschwunden. War eigentlich der Kanonier darüber im Bilde? War er betäubt worden? Hatten die Holländer irgendwie …?

Aus heiterem Himmel kam die Antwort: Die hatten ihn gekauft! Ihr wichtigster Mann hatte sie verraten!

»Wie viele Leben für dein elendes Leben?«, brüllte sie in die Nacht. »Wie viele von diesen mutigen Männern, neben denen du schläfst, würden morgen niedergemetzelt auf dem Schlachtfeld liegen, wäre dein Betrug nicht aufgeflogen?«

Der Mann zitterte derart, dass er in die Hosen nässte. Die anderen um ihn herum wachten auf. Mary zog ihr Schwert.

»Du elender Verräter, du, ich schlag dich tot! Verkaufst ganz England, um deine Haut zu retten.«

»Nicht so schnell, Mary Ambree«, bat ein weiser alter Soldat. »Gib dem Kanonier Gelegenheit, sich zu erklären.«

Doch Mary wusste – der unfehlbare weibliche Instinkt, der

in ihr erwacht war, hatte sie geradewegs zur Wahrheit geführt –, dass der Kanonier ihr Pulver und ihre Gewehre verschachert hatte. Dennoch beugte sie sich der Hand des alten Mannes an ihrem Arm und forderte den Kanonier auf, sich zu verteidigen. Der war jedoch völlig aufgelöst, zitterte wie Espenlaub und murmelte nur in einem fort: »Verschone mich, Mary Ambree, verschone mich, verschone mich.«

»Dich verschonen, der du zweitausend Mann im Alleingang umbringen wolltest? Nie und nimmer!«

Und im Nu hatte sie ihr Schwert gezogen und hielt es nun hoch über dem zusammengekauerten Mann; einen Augenblick stand es lotrecht in der Luft, ehe es nach unten sauste und schnell und stählern Recht sprach. Den zusehenden Männern erschien Mary plötzlich wie eine Riesin. Sie schien größer denn je, und ihr Schwert gleißte und blitzte mit jedem Atemzug, den sie aus ihrem riesigen Körper stieß.

»Diesen für deine üblen Gedanken«, schrie sie und hieb ihm den Kopf ab. Er purzelte von seiner Schulter herab und lag neben seinen Füßen, mit weit aufgerissenem Mund.

»Den zweiten für dein böses Herz.« Und sie traf ihn mit voller Kraft in die Brust. Das Blut schoss nur so heraus. Blut, überall Blut.

»Und den letzten für den Bauch, der deinen Verrat ausgebrütet hat.« Und sie hieb derart heftig in seinen Bauch, dass sein Körper nun dreigeteilt dalag.

Dann drehte sie sich um und ging, ohne ein Wort zu sagen, aufs Schlachtfeld hinaus.

Vielleicht war es die Wut, die in ihr brannte. Die Verzweiflung, dass der Feind nun besaß, was eigentlich ihr und ihren Männern gehörte. Der Gedanke, dass er sich im Vorteil wähnte, denken könnte, dass ihre Männer dabei seien, sie zu verlassen. Dass die Holländer nun Bescheid wüssten: Ein Engländer wollte seine Landsleute verraten, während der Hauptmann in seiner improvisierten Bettstatt lag, locker und gelassen genug, um einem entscheidenden Tag wie dem morgigen entgegenzuschlafen, ohne seine Strategie noch einmal zu durchdenken. Vielleicht, dachte sie, wussten sie nun, dass England von einem jungen Mädchen angeführt wurde, und das war, was ihnen Anlass zu verächtlichem Hohn gab. Denn an dem Tag sah sie ein freches Grinsen auf den Gesichtern der Holländer, und sie tötete sie, um sie in eine Grimasse der Angst zu verwandeln. Vielleicht trugen all diese Dinge dazu bei, dass Mary Ambree in dieser Schlacht von ihren Männern das Äußerste forderte. Und vielleicht fochten sie deshalb mit solch geballter Kraft, dass sie sich durch die Reihen der Holländer bis ins Herz von Gent vorkämpften und die Festung schließlich eingenommen hatten.

»Gent ist unser!«, brüllte Mary, ihre Stimme war so rau vom Schreien und dem Rauch des Schießpulvers, dass sie sich anhörte wie alle anderen. »Gut gemacht, Männer. Jetzt könnt ihr ruhig schlafen. Morgen richten wir uns zur Verteidigung unserer Festung ein.«

Oh, wie sie feierten in dieser Nacht, mit Liedern und Schmaus und Jubel. Und Mary untersagte ihren Männern rein gar nichts, nur die Frauen sollten sie nicht gegen deren Willen nehmen. Nicht einmal die Holländerinnen. In diesem Punkt war sie unerbittlich.

Die holländischen Truppen verloren keine Zeit. Sie umzingelten die Festung, bedrängten sie von allen Seiten. Doch wenn Mary auch belagert wurde, so war es doch etwas völlig anderes, eine Festung zu verteidigen, als draußen auf dem freien Feld zu kämpfen, wo sie keine festen, schützenden Mauern, nur hastig errichtete Schutzwälle um sich hatte.

Und wie Mary kämpfte, um die Festung zu halten, und wie sie ihre Männer beflügelte, mit ihr zu kämpfen!

Außerhalb der Festung gingen bereits haufenweise Gerüchte über den englischen Hauptmann mit dem Spitznamen ›Courage‹ um. Dieser Hauptmann Courage, so die Holländer, sei ein gespenstischer junger Kerl – noch ganz jung, in der großen Kriegskunst weder ausgebildet noch bewandert, sondern, wie einige behaupteten, von Gottes eigener Hand geführt; anderen zufolge war es die Hand des Leibhaftigen, die ihn lenkte. Doch wo immer das Glück auch herrühren mochte – er war ein Held von der Art, der man in vielen alten Sagen begegnet. Einige erinnerten sich an Berichte über eine junge Maid, die vor ein- oder zweihundert Jahren in Orléans gelebt und mit ihrem eigenen König gekämpft hatte. Sie war als Hexe verbrannt worden. Ja, Geschichten über Mary Ambree gab es zuhauf, doch keiner ahnte, dass sie mehr als nur ein Körnchen Wahrheit enthielten. Und Mary genoss ihr Geheimnis in vollen Zügen. Sie war dabei, ihre Lebensaufgabe zu erfüllen. Sie wusste: Sie war der geborene Soldat, geboren, für England Ruhm zu erkämpfen, geboren zum Heldentum. Und es verging nicht ein Tag, an dem sie nicht ihrem Wachtmeister für seine Führung und seine Unterstützung dankte, und dafür, dass er ihr seine Uniform vermacht hatte, damit sie der Aufgabe, für die sie geboren war, gerecht werden konnte: für England zu kämpfen, und zwar – so jedenfalls dachten die Männer –, wie nur ein Mann zu kämpfen versteht.

Oft betrachtete sie ihren Körper. Die Soldatenuniform war mit ihrer Haut eins geworden, saß nun wie angegossen. Sie legte sie nie ab. Bei alledem gingen Mary jedoch seit der Eroberung der Festung all die weiblichen Schliche und Mogeleien und all die Strategien, die das Überleben sicherten, nicht aus dem Kopf.

Es dauerte nicht lange, da lancierten die Holländer, entschlossener als je zuvor, einen Angriff, um die Festung zurückzuerobern. Sie belagerten Mary Ambree und ihre Männer von allen Seiten. Sie schworen, die Mauern der Festung einzureißen. Wer immer dieser Hauptmann Courage war, wo immer er auch herkam, was immer ihn schützte – sie würden ihn besiegen, sie würden die Festung stürmen und ihn gefangen nehmen. Wie Mary zu Ohren kam, gab es schon Wetten und Preise, und auf ihren Kopf war eine Belohnung ausgesetzt. Sie war diejenige, gegen die die Holländer kämpfen wollten. Nicht allein die Truppe der tapferen Engländer wollten sie besiegen, sondern sie – Mary Ambree – Englands legendären Hauptmann. Ihre Männer boten an, einen Schutzring um sie zu bilden, rieten ihr, weiter hinten zu kämpfen und sich nicht zu zeigen. Doch die Kampflust, die in Mary steckte, ließ sich nicht verbergen. Diese Aura, die in Augenblicken des Ruhms aus ihr hervorbrach, umgab sie plötzlich ohne Unterlass, wie um den Feind zu verspotten, ihn zu quälen und herauszufordern. Als würde sie sagen: »Hier bin ich. Ihr bildet euch wohl ein, ihr könntet mich kriegen?! Abschaum! Geborene Verlierer!«

Mehr und mehr war sie von ihrer Unschlagbarkeit überzeugt, da zwei Seelen in ihrer Brust wohnten, Mann und Frau. Das machte sie innerlich so stark, ihren Geist so entschlossen, dass kein Mann dagegen ankam. Wie sie da auf den Zinnen stand und ebenso viele Beleidigungen wie Flüche auf die Holländer herabregnen ließ, sann sie darüber nach, wie sie die Stärke ihres Geschlechts einsetzen könnte. Als sie die Strategie gefunden hatte, trat sie an den Rand der Festungsmauer und rief eine unerhörte Herausforderung hinaus: »Schickt mir drei eurer besten Hauptleute. Ich will mich ihnen stellen.«

Wie die Holländer lachten – sie konnten gar nicht aufhören zu lachen, als sie die ranke Gestalt des sagenhaften englischen Hauptmanns sahen. Hauptmann Courage war ein Kind!

»Der hat ja noch nicht mal Flaum im Gesicht!«, feixte einer.

»Dazu die Stimme eines Jungvogels! Gerade erst im Stimmbruch, noch nicht mal in der Brust.«

»Wohl noch feucht hinter den Ohren, der Grünschnabel«, knurrte ein Dritter. »Dem sollten wir einen gehörigen Denkzettel verpassen.«

»Nicht so schnell«, lachte Nummer eins. »Du bist ein mit allen Wassern gewaschener Soldat, ein Hauptmann. Braucht es dich, um den kaltzumachen?«

»Und wie wird das aussehen«, warnte Nummer zwei, »wenn du und du und ich mit einer halben Portion wie ihm zurückkommen und es drei von uns gebraucht hat, ihn zu bezwingen?«

»Hört, hört«, spottete Nummer drei. »Hat dein Stolz dich etwa schon vergessen lassen, dass dieser Soldat, den wir hier als halbe Portion abtun, uns soeben die Festung abgenommen hat? Den Spitznamen ›Courage‹ hat er wohl verdient. Diese Siege waren hart erkämpft. Mit eigenen Augen habe ich gesehen, wie er in der Schlacht einen Mann zerstückelt hat, mit einem mächtigen Schrei, der dir so durch Mark und Bein ging, dass du erst mal eine Weile weder sehen noch hören noch denken konntest. Seine Grausamkeit ist ungeheuerlich – geradezu dämonisch. Und daraus bezieht er auch seine Kraft.«

Die anderen nickten beifällig, auch sie hätten schon von der Grausamkeit und der teuflischen Kraft des Jungen gehört. Diese Herausforderung dürfe keinesfalls auf die leichte Schulter genommen werden, und da er drei gefordert habe, wäre es für die eigenen Männer keine Schande, drei Freiwillige ziehen zu lassen. Sonst könnten die Leute ja noch behaupten, die Holländer hätten nicht einmal drei Männer unter ihnen, die das Herz und den Mut haben, sich dem schlauen und bösen Hauptmann Courage zu stellen.

Da Nummer drei sich an diesem Tag durchsetzte, gingen die Holländer also zu dritt zur Festung und forderten Einlass. Marys Männer ließen die drei Hauptleute ein und führten sie zu Mary Ambree. Mary stand in voller Größe da, rank und schlank und hoch aufgerichtet und über und über mit Rauch und Ruß bedeckt, aber nicht ganz so sehr wie in den Tagen vor der Eroberung der Festung. Denn wenn es eine Sache gab, die Mary in der Festung am meisten genoss, dann war es, sich zu waschen und zuzusehen, wie der Schmutz des Tages weggespült wurde. Doch langsam wurde das Wasser knapp, und es schien unwahrscheinlich, von irgendwo her mehr zu beschaffen, also hatte sie sich eingeschränkt; nun konnte sie nur halb so sauber werden, wie ihr lieb gewesen wäre. Da die Uniform mit ihrer Haut verschmolzen war, reinigte sie diese und sich übrigens in einem Aufwasch.

Die Hauptleute sahen Marys Gesicht. Durch den Staub und Ruß hindurch glühte es, und sie waren nun der festen Überzeugung, dass sie kein gewöhnlicher Mann war, und empfanden Erleichterung, dass sie zu dritt gekommen waren. Marys Männer standen grimmig und düster und mit stechendem Blick um sie herum.

Mary wusste sofort, dass sie diese drei Männer nicht schlagen konnte. Es waren erfahrene Kämpen – erstklassige Kämpfer, mutig, fähig, stark. Aber sie lachte innerlich; sie war sich sicher: Ihr Plan würde wunderbar funktionieren. Solche Gewissheit lässt Wagemutige, die zu einem Balanceakt auf des Messers Schneide ansetzen, die Gefahr, sich zu schneiden, und den Schmerz, wenn es geschieht, vergessen. Sie suchen den Kitzel, am Ende einen Dreh zu finden – schließlich kann man den Ausgang einer solchen Angelegenheit nie mit Sicherheit vorhersagen. Mary beschloss, ihren Plan unverzüglich in die Tat umzusetzen.

»Also, Männer: Für wen oder was haltet ihr mich eigentlich?«, fragte sie angriffslustig.

Die Männer zögerten. Von einer Absprache der Kampfregeln einmal abgesehen, hatten sie nicht erwartet, in ein Gespräch verwickelt zu werden.

Sie grummelten und brummelten und schnitten eine Weile lang Grimassen, schließlich ergriff, von den anderen gestupst, Nummer drei das Wort.

»Für einen Ritter aus England«, murmelte er, »und für einen Hauptmann.«

Mary warf ihren Kopf zurück und lachte.

»Und zwar einen, den wir gleich zu unserem Gefangenen machen und mitnehmen werden«, platzte Nummer zwei erbost heraus. Welche Antwort hatte dieser junge Spund denn erwartet?! Wenn der sich einbildete, Spielchen mit ihnen treiben zu können, würde er es bald bereuen. Er hatte mit ihnen gespielt wie ein Schakal mit lahmenden Tieren; doch für Schliche und Finten – Weiberkram – hatten sie keine Zeit, und als Soldaten auch keine Geduld.

Mary lachte erneut, diesmal mit unverhohlener höhnischer Verachtung.

»Wir sind hier, um zu kämpfen«, knurrte Nummer eins. »Würdet Ihr wohl freundlicherweise endlich die Kampfregeln festlegen?«

»Ihr habt tatsächlich vor, mit mir zu kämpfen?« Marys Augen zogen sich zu schmalen Schlitzen zusammen, ihre Stimme klang bedrohlich ruhig und finster.

Plötzlich fiel Nummer drei der grauenerregende Schrei auf dem Schlachtfeld ein, und er verspürte ein Zittern in den Knien.

»Auf Eure Einladung hin«, gab Nummer eins höhnisch zurück. »Sonst hätten wir Euch auf unsere eigene Art niedergemacht.«

»Wenn ich mich nicht irre«, sagte Mary, »winkt Euch und Euren Männer für meine Gefangennahme eine Belohnung?«

»Wir sind nicht hier, um Belohnungen einzustreichen«, fuhr Nummer drei Mary an. »Wir sind hier, um Eure Herausforderung anzunehmen. Fangen wir also an. Wir sind Kämpfer, keine Klatschtanten. Gerede und Kaffeeklatsch, das überlassen wir Holländer den Frauen. Doch wie es scheint, ziehen englische Soldaten Gerede vor.«

Von diesen Worten gereizt, stürmten Marys Männer auf die Holländer los: Raufereien, Schwertergeklirr. Da hob Mary die Hand. »Lasst die Holländer reden«, befahl sie streng, »schließlich sind sie unsere Gäste.«

Dann wandte sie sich erneut an die holländischen Hauptleute. »Ihr denkt also, ich sei ein Ritter, ein Peer und ein englischer Hauptmann?«

Wie auf Anweisung spuckten alle drei gleichzeitig verächtlich aus.

Mary ließ nicht locker: »Ja oder nein?«

Sie nickten.

»Das haben wir ja bereits gesagt«, räumte Nummer drei ein. »Also, wann beginnt der Kampf?«

»Betrachtet Ihr es als eine Ehre, gegen mich anzutreten?«

»Sonst wären wir ja wohl kaum hier«, meinten sie bissig und griffen nach ihren Schwertern.

»Kein Hauptmann von England, kein Ritter«, rief sie triumphierend und riss sich die Jacke vom Leib. »Da! Zwei Busen in einer Brust, demnach kein Ritter! Nur ein armes, schönes junges Mädchen: Mary Ambree.«

Es schmerzte wie Höllenfeuer, als sie sich ihre zweite Haut herunterriss, doch Mary Ambree lachte aus vollem Hals! Sie konnte gar nicht mehr aufhören zu lachen beim Anblick der Gesichter dieser tapferen holländischen Hauptleute, die nicht mehr wussten, wo ihnen der Kopf stand. Ihre Kinnladen waren heruntergeklappt, die Augen auf ihre sich übermütig hebenden und senkenden Brüste geheftet. Und sie verfolgte die Gedanken, die ihnen durch den Kopf schossen: »Was sollen wir jetzt bloß tun? … Was sollen wir unseren Männern erzählen? … Sollen wir zugeben, dass eine Frau uns geschlagen hat? … Dass wir unsere Zeit und unser Glück dem Kampf gegen ein Mädchen geopfert haben? … Sollen wir nun einzeln gegen sie antreten? Wo sie doch, wie sie behauptet, ein ›armes junges Mädchen‹ ist und nicht ein in der Kriegskunst versierter Edelmann? … Die Schmach wäre zu groß.«

Nummer eins und Nummer zwei stupsten Nummer drei, der, wie aus der Kanone geschossen, sofort mit seiner Frage herausplatzte: »Seid Ihr wirklich eine Frau, wie Ihr behauptet?«

»Eine Frau war also die Ursache, dass unsere Rüstung im Krieg so übel zugerichtet wurde?«, fügte Nummer eins hinzu.

»So etwas wie Euch haben wir in unserem ganzen Leben noch nicht erlebt!«

Mary lüftete ihren Hut und verneigte sich tief. Ihr Haar, nun frei und ungebunden, fiel über ihre Brüste herab, ihre Jacke baumelte wie eine leblose Hülle, als hätte sie sich soeben gehäutet. »Zu Euren Diensten, Gentlemen, und in gespannter Erwartung Eurer Entscheidung, ob wir noch ein wenig kämpfen oder nicht.«

Die drei Männer erbleichten.

»Wie gesagt«, murmelte Nummer drei, »Ihr seid ein Wunder! So etwas hat noch niemand je erlebt. Daher wollen wir Euch, Mary Ambree, lieber Ehre erweisen als gegen Euch antreten.«

Als sie fort waren – sie sputeten sich und brannten darauf, ihrem Blick zu entkommen! –, atmete Mary tief durch. Ihr Plan hatte funktioniert. Im Krieg war es manchmal ebenso nützlich, eine Frau zu sein wie ein Mann. Wie froh sie war, das nun erkannt zu haben.

Und Mary lachte – es war ein erleichtertes, kehliges weibliches Lachen. Und während sie lachte, sammelten sich alle Männer in der Festung um sie, und nachdem sie sich die ganze Geschichte von den Anwesenden hatten erzählen lassen, lachten auch sie.

Wenn zweitausend Mann lachen, klingt das ganz schön fröhlich, und die ganze Festung bebte von ihrer Heiterkeit.

In den darauffolgenden Tagen verbreitete sich die Kunde von Mary Ambrees Sieg. Kaum einer glaubte die Geschichte; die meisten vermuteten, die Verlierer hätten ihre Niederlage nicht verkraften können und daher diese Mär in die Welt gesetzt. Bis sie eines Tages Alexander Farnese zu Ohren kam, dem Prinzen von Parma, der diesen Feldzug begonnen hatte.

Nun, zunächst tat er das Gerücht, wie andere gebildete Männer, als das ab, wofür er es hielt – reine Märchengeschichten. Die Holländer waren im Begriff zu verlieren, also erfanden sie zu ihrer Entschuldigung eine Frau in Männerkleidung und drei Hauptmänner, die so tapfer waren, dass sie sich ihre Gelegenheit, sie zu bezwingen, entgehen ließen und ihr stattdessen Ehre erwiesen. Doch als er der Geschichte auf Schritt und Tritt begegnete, beschloss er, der Sache auf den Grund zu gehen. Und was musste er feststellen? Dass es gar kein Märchen war – sondern die Wahrheit!

Nun hatte dieser Prinz von Parma das geheime Verlangen, neben allen anderen Ländereien, die er sein Eigen nannte, auch England zu regieren.

»Wenn diese junge Mary Ambree nichts als ein armes Mädchen ist, wird ihr ein Heiratsantrag von mir bestimmt schmeicheln. Und da sie sich im Krieg durch die Eroberung der Festung von Gent auszeichnete, wird solch ein Antrag auch mir keinen Abbruch tun.«

Er sandte ihr einen über und über mit Gold bestickten und mit Edelsteinen besetzten Handschuh aus Leder, weich wie Seide, und dazu einen Brillantring, der auf einem Satinkissen funkelte und glitzerte, als sei darin ein gleißend helles Licht, gestohlen vom brennenden Dornbusch, aus dem Gott zu Moses gesprochen hatte.

Und der Gesandte, der Mary die Geschenke überbrachte, vermittelte ihr unverzüglich die Botschaft.

»Der Prinz von Groß-Parma hat von Eurem guten Ruf gehört«, hub er an, »und hegt den Wunsch, mit Englands Krone ein Bündnis zu schließen. Er bittet Euch daher, mit ihm Hochzeit zu halten.«

Mary erhob sich, stampfte mit dem Fuß auf und warf ihr Haar zurück. »Was? Für wen oder was haltet Ihr mich eigentlich!«, rief sie. »Auch wenn er ein Prinz ist und von hohen Würden – in meinem freien, freien England soll niemand je behaupten, ein Fremder habe Mary Ambree geheiratet!«

Und Mary versank in Gedanken an England, und in den darauffolgenden Tagen dachte sie lange darüber nach und beschloss, dorthin zurückzukehren; sie wollte wieder die Luft atmen, in der sie geboren war. Auf ihrem Rückweg dachte sie nicht einen Augenblick darüber nach, dass sie auf die Möglichkeit, dem Königshaus anzugehören, verzichtet hatte, denn nichts und niemand würde sie je den Wachtmeister vergessen lassen. Den einzigen Mann, den sie je hatte, den Einzigen, den sie jemals lieben würde. Zu Marys Lebzeiten würde wohl kaum ein zweiter Mann geboren, der damit leben konnte, dass einer Frau der Geist eines Kriegers innewohnte.

Und so beschloss Mary, künftig allein am Spinnrad zu sitzen und ihren Ruhm zu genießen. Und wie sie spann, und wie sie wob! Wenn es auch nicht gewöhnliches Tuch war, an dem sie wirkte, sondern der Stoff des Lebens. Sie spann Geschichten und wob Welten, knüpfte Teppiche aus Worten, die von Liebe und Krieg kündeten, von Niederlage und Sieg, von Eroberung und Entsagung sangen.

Denn das Geschichtenerfinden ist schließlich eine weibliche Kunst.

Die Maus, das Ding und der Zauberstab

Aber so sag doch, Mutter, warum bin ich anders als die anderen Jungen?«

»Inwiefern bist du anders als die anderen Jungen, Kind?«

»Sie haben ein Würstchen, Mutter, und zwar hier. Wie eine Maus.«

»Wie eine Maus?«

Die Mutter wiederholt die Worte des Kindes, teils, weil sie überrascht ist, teils, um Zeit zu gewinnen und nachzudenken. Soll sie es dem Kind sagen, soll sie es nicht sagen?

»Nun«, erklärt das Kind, »manchmal sitzt sie ganz still zusammengekauert, dann sieht man sie gar nicht, und manchmal wacht sie auf und fängt an zu spielen. Ich habe keine Maus.«

»Spielt es eine Rolle, dass du keine Maus hast?«

»Es macht mich anders.«

»Anders? Anders als wen?«

»Als die anderen Jungen. Die sagen, das kommt daher, dass ich ein Muslim bin.«

»Was hat deine Religion damit zu tun?«

»Also, die behaupten, dass die Muslime den Jungen die Maus gleich nach der Geburt abschnippeln. Deshalb nennen sie mich ›Schnippel‹.« Das Kind denkt einen Augenblick nach. »Eigentlich meinen sie Muslime überhaupt, wenn sie ›Schnippel‹ sagen. Aber ich bin der Einzige, den sie kennen, darum nennen sie mich so.«

»Die Maus wird nicht abgeschnippelt, wie du es nennst«, erklärt die Witwe ungehalten. »Man macht einen kleinen Schnitt und trennt die lose vorhängende Haut ab.«

»Warum?«

»Damit sie nicht mehr vorhängt und sich kein Schmutz darin sammelt.«

»Warum wird das bei den anderen Stämmen nicht gemacht?«

»Ich glaube, auch andere machen es. Es gibt zum Beispiel einen Stamm – weit weg von hier, ich glaube, sie heißen Jehudi –, dort ist es auch üblich. Menschen, die auf Sauberkeit bedacht sind, machen es. Weißt du nicht mehr? Der alte Ogedei hat doch einmal am Lagerfeuer Geschichten von einem Khan erzählt, der – es ist lange her – einen Stab in eine Schlange verwandeln konnte. Erinnerst du dich nicht mehr? Er wurde als Säugling in ein Körbchen gebettet, das zu Wasser gelassen wurde und in dem er einen Fluss hinabtrieb – vielleicht war es der Oxus, der weit entfernt am anderen Ende der Steppe dahinfließt. Er war es, der dann später, als erwachsener Mann, seinen Stamm lehrte, es so zu machen. Das war vor langer Zeit. Man nennt es ›Beschneidung‹. Er sagte, um der Reinlichkeit und der Männlichkeit und um der Gottesfürchtigkeit willen sei es gut, diesen Hautlappen zu entfernen.«

»Aber warum hast du meinen denn ganz abschneiden lassen?«

Die Witwe schimpft. Fragen, Fragen, nichts als Fragen! Wenn sie noch immer bei ihren Leuten von der Goldenen Horde in einem Zelt leben würde und nicht in diesem Dorf der Ungläubigen, dann wäre ihr Kind solchen Demütigungen nicht ausgesetzt. Dann allerdings gäbe es andere Schwierigkeiten – nämlich die, vor denen sie davongelaufen war, um auf dem immer selben Flecken Erde in einem Haus zu wohnen, das Bestand hatte, anstatt in den weißen, über hölzernen Stützgittern errichteten Zelten aus Filz. Das sesshafte Leben hatte seine Vorteile, insbesondere für eine alleinstehende Frau, und die Nachteile musste sie eben in Kauf nehmen. Auch wenn sie nicht bei der Goldenen Horde im Herzen der Steppe weilen kann, so lebt sie immerhin am Steppenrand, nahe genug, um die Feiertage mit ihren Angehörigen begehen zu können und sicherzustellen, dass ihr Kind mit dem Wissen um die Glaubensvorstellungen und Bräuche der Goldenen Horde heranwächst. Die Frauen der Goldenen Horde sticheln, sie sei eine Sesshafte geworden, sie aber entgegnet, dass die Khane selbst Städte gebaut haben und in Palästen wohnen. Sie weiß, dass die Angehörigen der Horde sich gerne über die Städter lustig machen – sie geben ihnen allerlei Spitznamen, die durchblicken lassen, dass sie sie für verweichlicht halten. Doch all das wiegt unvergleichlich leichter als ihre jüngste Sorge, die auf sie gewartet hat, seit sie Mutter geworden ist. Sie und ihr Kind würden künftig noch viel Leid ertragen müssen.

Sie betrachtet das Gesicht des Kindes. Es strahlt. Kinder wurden so spielend mit allem fertig. Eine Mutter konnte wohl eine Woche lang an etwas leiden, das ihr Kind durchmachte, während das Kind das Erlebnis im Nu überwand. Wutsch! Weggeblasen! Im Handumdrehen vorbei. Was war letztlich besser – die Widrigkeiten des Lebens als reine Kleinigkeiten abzutun, oder zuzulassen, dass sie einen zu Boden drückten? Ersteres mochte verlockender sein, doch Letzteres war der richtige Weg. Warum war der schwerere Weg immer der richtige, während der leichtere, der genussvollere Weg immer zu Sünde führte? Sie fragte sich oft, ob Kinder dazu da waren, einem das Leben leichter oder schwerer zu machen. Die Leute sagten, Kinder seien ein Segen. Doch die Leute sagten vieles, und sie konnte längst nicht alles glauben.

Sie betrachtet das leuchtende Gesicht des Kindes. Er? Sie? Bei Rahat vergisst sie es oft selbst. Rahat bedeutet »Leidenschaft«.

Welch eine Ironie! Sie hat ihm einen Namen gegeben, der für Mädchen und Jungen passt. Da, schon wieder: »Ihm« hat sie gesagt. Nun ja, eines ist sicher: Seit dem Tag ihrer Niederkunft läuft alles verkehrt, fließt der Fluss zur Quelle anstatt von ihr weg. Das Kind war als Mädchen zur Welt gekommen.

»Ein Mädchen ist für eine Witwe kein Zuckerschlecken«, erklärt sie mürrisch. »Wer wird mich ernähren, wenn ich alt bin? Wer wird mir bei der Arbeit draußen zur Hand gehen? Ich habe dich als Jungen aufgezogen, weil dir das mehr Freiheit geben wird. Sieh doch, du kannst mit den anderen Kindern draußen spielen, während die Töchter alle im Haus eingesperrt sind und nur hinausgehen dürfen, um Wasser zu schöpfen oder Feuerholz zu sammeln. Du hast keine Maus, weil du als Mädchen geboren worden bist.«

Sie schimpft und wettert über das schreckliche Los der Frauen, und Schnippel kann nicht leugnen, dass das meiste von dem, was sie sagt, stimmt: dass sich die Frauen abmühen und abrackern und sich den Rücken krumm arbeiten – tun sie dies nicht, prügeln ihnen die Männer den Rücken grün und blau. Wenn das Frausein allein aus Wasser holen, nie reiten dürfen, an allem Schuld sein besteht, wenn es bedeutet, am Ende verhutzelt, gebrochen und verbittert zu sein, dann ist sie recht froh, keine Frau zu sein.

Schnippel fühlt sich nun nicht mehr beraubt, weil sie keine Maus hat. Sie hat auch keine Ahnung, wozu die, außer zum Pinkeln, gut sein soll. Sie ist ihre eigene Vorrichtung gewohnt, mit der das viel bequemer in der Hocke geht. Wenn sie dabei steht, rinnt ihr das warme Nass die Schenkel hinunter und wird kalt, dann juckt es, und die Flecken, die es in ihrer Hose hinterlässt, verbreiten nach dem Eintrocknen einen grässlichen Gestank. Im Stehen ist die Maus schon gut. Sie lässt sich lang ziehen, und die Jungen halten sie so, dass sie in hohem Bogen spritzen können und selbst nichts abkriegen. Sollten die Jungen ruhig denken, ihre Maus sei nach der Geburt abgeschnitten worden.

»Und wenn du alt wirst und ich heirate, um dir die Arbeit abzunehmen, werde ich meiner Frau dasselbe sagen«, meint Schnippel zu ihrer Mutter.

»Wozu überhaupt heiraten«, murmelt die Witwe. Sie fürchtet schon lange die Schwierigkeiten, die Rahats Heranwachsen mit sich bringen wird. Denn die Flegeljahre kommen so plötzlich, wie sie gehen, deshalb ist sie immer wachsam, immer auf der Hut. »Was hat man schon von einer Ehe, außer Kinder? Unzufriedenheit, Schwierigkeiten, Verantwortung.«

Und schon legt die Mutter wieder los. Schnippel geht nach draußen spielen. Sie genießt die Spiele mit den anderen Jungen. Sie wetteifern, wer sich am längsten freihändig auf dem Pferd halten kann. Die Jungen, die gerade nicht reiten, beobachten die Mädchen vor den Baracken. Seit Neuestem interessieren sie sich für Mädchen: Sie träumen davon, sie zu berühren, sich mit ihnen hinzulegen, ihnen ihre Maus zu zeigen und sie dazu zu kriegen, diese zu streicheln. Schnippel findet diese Gespräche geschmacklos, doch sie schweigt dazu und versucht sich vorzustellen, wie es wohl ist, ein Mädchen zu sein. »Ob die jemals spielen?«, fragt sie sich. Ob sie je eine von ihnen sein könnte? Sie schüttelt den Kopf. Nein, niemals. Einigen wachsen Buckel – auf der Brust, nicht auf dem Rücken. Hässlich sehen die aus. Rahat erschaudert. Sie war nie dazu bestimmt, eine von ihnen zu sein. Deshalb hat ihre Mutter sie als Jungen aufgezogen. Deshalb bedeutet ihr Name ›Leidenschaft‹. Deshalb hat sie auch nicht diese Buckel auf der Brust. Sie geht nach Hause, tief in Gedanken über die Wülste und Buckel, die sie nicht hat – nicht zwischen den Beinen, nicht auf der Brust –, und da fällt ihr ein, dass auch ihre Mutter solche Buckel auf der Brust hat, allerdings sind diese nicht straff und spitz wie bei den Mädchen, sondern weich und schräg abfallend, wie ein Hügel, der in die Ebene ausläuft. Plötzlich geht ihr auf, dass sie als Baby wahrscheinlich daran genuckelt hat. Natürlich! Dazu sind sie da – um Babys zu füttern, nachdem man sie hat wachsen lassen. Sie erschaudert bei dem Gedanken, dass ein fremdes Wesen sich in ihr breitmachen und sich später wie eine Napfschnecke an ihrem Körper festsaugen könnte. Wie ein Schmarotzer. Oder ein Ghoul, ein Vampir, der ihr alle Flüssigkeit aus dem Leib saugt. Nein, dann schon lieber ein Mann sein, auch wenn sie keine Maus hat.

Wie grauer Nebel umgeben Rahat diese widerwärtigen Gedanken, und es wächst eine wilde Wut in ihr. Als sie plötzlich spürt, wie etwas Feuchtes und Weiches ihre Finger umklammert, reißt sie sich angeekelt los. Schließlich zwingt sie sich doch hinzusehen und erblickt ein kleines Mädchen. Wie alt sie wohl sein mag? Neun, zehn? So ein oder zwei Jahre jünger als sie selbst, schätzt sie.

»Warum hast du mich an der Hand gepackt?«, fragt sie fordernd.

»Ich habe mich verlaufen.«

Na, so was! Die redet ja fein und gewählt. Ihre Worte klingen nach Palästen, nicht nach der rauen Steppenlandschaft, in der Rahat lebt. Sogar ihre Kleidung spricht in diesem Flüsterton.

»Was machst du hier?«, fragt Rahat.

»Ich bin mit dem Gefolge meines Vaters hierhergekommen. Ich wurde von ihnen getrennt.«

»Soso, Gefolge?«, grinst Rahat. »Zu welcher Horde gehörst du denn?«

»Horde?« Das kleine Mädchen wirkt verwirrt.

»Horde. Du weißt schon, Stamm, Sippe. Zu welchem Volk gehörst du?«

»Ich gehöre zu keinem Volk«, antwortet das Mädchen verwundert. »Das Volk gehört mir. Mein Vater ist der Höchste.«

Rahat ist verwirrt. Ist das Mädchen eine von diesen Devs, von denen die Märchenerzähler berichten, eine Art Gottheit? Ihre Haut ist durchscheinend – als würden Schmutz und Staub es nicht wagen, sich darauf niederzulassen. Ihr Haar ist dunkel und glänzend braun, nicht stumpfgolden von Sonne und Staub.

»Nun, von so hoch oben wird er dich schon finden.«

Rahat beschließt, es sei sicherer, dem Bann dieses geheimnisvollen Wesens zu entkommen. Doch als sie weitergeht, bricht das zarte Geschöpf in Tränen aus.

»Warum weinst du denn?«, fragt Rahat verärgert und versucht zu erkennen, ob unter den Tränen des Mädchens nicht ein paar Edelsteine sind. Die Märchenerzähler behaupten nämlich, die Devs weinten kostbare Juwelen. »Es wird dunkel. Ich muss nach Hause. Ich habe noch zu tun.«

»Kann ich nicht mitkommen?«

Rahat ist verunsichert. »Tja, was soll ich sagen«, antwortet sie. »Wir sind ziemlich arm, weißt du. Vielleicht ist unser Essen für ein Geschöpf, wie du eins bist, nicht fein genug. Unser Haus ist zwar nicht übel, aber mit dir darin wird es recht schäbig wirken. Ich meine, meine Mutter hat vielleicht nicht genügend …«

»Bitte, bitte nimm mich mit«, bettelt das Mädchen. »Ich fürchte mich so allein. Und wenn die Männer meines Vaters mich finden, wirst du reichlich belohnt werden. Ich heiße Eschka. Das bedeutet ›liebevoll‹.«

»Und ich heiße Rahat, das bedeutet ›Leidenschaft‹. Aber meine Freunde nennen mich ›Schnippel‹, weil ich ein Muslim bin und –« Sie unterbricht sich mitten im Satz. Solche Dinge sollte ein Junge nicht mit einem Mädchen besprechen. Aber eigentlich ist sie ja gar kein Junge … Wieder hält sie inne. Sie fragt sich, ob die Mädchen überhaupt untereinander über solche Sachen sprechen. Eschka unterbricht sie mit der Antwort.

»Ich weiß, was ›Schnippel‹ bedeutet«, kichert sie. »So nennen die Ungläubigen uns Muslime. Wenn sie dich so nennen, bist du wirklich ein Muslim.«

Schnippel lacht. »Dann weißt du also Bescheid. Wird da, wo du lebst, auch über solche Sachen geredet?«

»Natürlich. Meine Dienerinnen reden ohne Unterlass über das Ding der Männer. Manchmal lassen die Wachposten sie ihr Ding sehen. Ich habe noch nie eines gesehen. Aber ich weiß alles darüber, wie es funktioniert und was es tut, wenn es erwacht und aufsteht.«

Rahat spielt die Gelassene; erleichtert sieht sie aus den Augenwinkeln, dass Eschka ihre Reaktion für Verlegenheit hält und deshalb ihrerseits richtig süß rot geworden ist. Sie hat von Eschka etwas über die Maus gelernt. Dies ist ein unerwarteter Gewinn, denn nun kann sie besser mithalten, wenn die anderen über ihre Maus reden, was sie zunehmend tun.

Die Witwe murmelt verdrossen, als sie die beiden kommen sieht. »Was bringst du denn damit?«, fragt sie mürrisch.

»Einen Gast, Mutter. Sie hat sich verlaufen und muss hierbleiben, bis die Männer ihres Vaters sie finden.«

»Wer würde sie nicht aufnehmen?«, erwidert die Witwe. Schließlich ist sie Muslimin, da gelten strenge Vorschriften für die Gastfreundschaft. Ihr Prophet hätte einem Gast seine einzige Dattel und seinen letzten Tropfen Milch oder Honig gegeben. Und was das Dach über dem Kopf betrifft: Nicht nur ist es Vorschrift, es mit jedem, der darum bittet, zu teilen, vielmehr muss man seinem Gast auch das Gefühl vermitteln, ihn aufzunehmen sei eine besondere Freude. Sie umarmt Eschka und lädt sie ein, sich zu ihnen an den Tisch zu setzen. Dabei stellt sie fest, dass sie das Mädchen nicht wegen irgendeiner Vorschrift willkommen heißt, sondern aus einer natürlichen Regung ihres Herzens heraus.

»Was für ein vornehmes, hübsches Mädchen du doch bist.«

Rahat sieht in den Augen ihrer Mutter eine Träne glitzern. »Warum weinst du, Mutter?«, will sie wissen.

»Nur so«, erwidert die Witwe und wischt sich das Nass von der Wange. »Es ist – ich habe einst eine Tochter geboren, aufgezogen aber einen Sohn. Tag für Tag vermisse ich meine Tochter und frage mich, was aus ihr geworden wäre, wenn ich sie hätte behalten können. Du bist ein wunderbarer Sohn, Rahat – ich würde dich nicht gegen hundert Töchter eintauschen wollen. Doch Eschka hat alte Erinnerungen in mir wachgerufen. Weißt du, die Frauen trifft ein hartes Los. Sie haben ein Herz aus Baumwollblüten, aber sie müssen es behandeln, als sei es aus Stahl. Aber nun hat Gott mir Eschka geschickt, damit ich mich für eine Weile an einer Tochter erfreuen kann.«

So wird Eschka gut aufgenommen, und auch sie scheint recht zufrieden. Rahat fühlt sich durch die Aufmerksamkeit Eschkas geschmeichelt. Sie spielt weniger mit den Jungen und verbringt viel Zeit mit Eschka. Vielleicht aber auch, weil sie zum ersten Mal ein Mädchen kennenlernt. Die Witwe beobachtet die beiden mit Adleraugen. Und sie raunt Rahat, die behauptet, Eschka bete sie an wie andere den Erlöser anbeten, dunkle Warnungen zu. Am liebsten hat die Witwe, wenn ihr Eschka bei der Hausarbeit zur Hand geht; denn dann weiß sie sie ganz gewiss gut aufgehoben. Eschka macht nicht viel Aufhebens um das einfache Leben, das sie nun führen muss, und hilft, wo immer sie kann. Rahat und ihre Mutter lernen, nicht nachzuhaken, wenn sie seltsam anmutende Dinge sagt wie »Vater wird sich freuen, dass ich die Volksbräuche kennengelernt habe« oder »Kumys habe ich noch nie getrunken«. Dabei kennt den Kumys doch jede Hordenfrau; jahrein, jahraus setzen sie ihn zur Gärung an: Erst melken sie die Stuten, dann schöpfen sie die Molke ab und schließlich lagern sie das Gebräu ein, damit es an den Festtagen trinkreif ist. Ein oder zwei Mal lässt Eschka anklingen, sie habe in ihrem früheren Leben nie arbeiten oder auch nur einen Schritt zu Fuß gehen müssen. Erledigt sie ihre Arbeit durch Zauberei? Kann sie etwa fliegen? Längst haben die Witwe und Rahat aufgehört, Fragen zu stellen.

Eschka und Rahat kommen einander täglich näher.

»Wirst du mit mir kommen und bei mir und meinem Vater leben?«, flüstert sie, während sie Rahats Wange streichelt.

Die Witwe hat mitgehört und schießt herbei. »Was redet ihr da – weggehen und woanders leben? Wollt ihr etwa eine alte Witwe allein lassen?«, fragt sie. Den Rest des Tages schwirrt sie ununterbrochen um Rahat herum; sie will unter vier Augen mit ihr sprechen.

»Wenn du so mit Eschka redest«, mahnt sie Rahat, als sie schließlich allein sind, »wird mir angst und bange. Du weißt, dass du eine Frau bist, sie aber weiß es nicht. Du musst ihr verbieten, sich so zu benehmen.«

»Was meinst du mit ›so‹, Mutter?«, fragt Rahat. Anders als die erfahrene Eschka hat sie von weiblichem Gebaren wenig Ahnung.

»Du darfst nicht zulassen, dass sie dich berührt«, befiehlt die Mutter. »Ihr seid beide Frauen. Wenn sie herausfindet, dass du sie betrogen hast, wird sie am Boden zerstört sein. Also: keine Berührungen mehr!«

»Mutter, ich liebe sie«, sagt Rahat schlicht. »Und sie sagt, sie liebt mich. Wir wollen heiraten.«

Die Witwe stößt einen Schrei aus, der das Blut in den Adern gefrieren lässt, und schlägt sich an den Kopf.

»Das darf nicht sein! Niemals! Niemals!«

»Beruhige dich, Mutter, bitte beruhige dich«, fleht Rahat, die die Bestürzung ihrer Mutter missversteht. »Ich verspreche dir: Ich gehe nicht weg, ich lasse dich nicht allein. Ich werde dich nie verlassen.«

Eschka kommt hinzu. Sie will wissen, was der Lärm zu bedeuten hat.

»Es ist schon gut«, wehrt die Witwe ab. »Dein Bruder«, erklärt sie betont und zeigt auf Rahat, »dein Bruder ist mein Ernährer. Seit seinem siebten Lebensjahr verdient er unser Brot. Ich kann nicht ohne ihn leben. Und du, du bist ihm eine wunderbare Schwester. Meine beiden Kinder – ihr seid wundervoll – ich bin wahrlich reich gesegnet.«

»Wenn du deine Braut als Schwester bezeichnest«, raunt sie Rahat später zu, »wird deine Ehe für ungültig erklärt. Verstehst du nun, welch starkes Band die Beziehung unter Geschwistern ist? Also denke nie, nie wieder daran, dieses Mädchen zu heiraten. Sie ist deine Schwester. Es wäre eine Sünde. Es war einmal eine Frau, Fatima, sie war die Gefährtin und Vertraute Turkinas, der Stiefmutter des Batu Khan. Der Khan erklärte sie zur Hexe, und nachdem man sie zu einem Geständnis gezwungen hatte, wurden ihre Geschlechtsöffnungen zugenäht, und man warf sie in den Fluss. Und weißt du, warum man ihr gerade diese Öffnungen zugenäht hat? Weil jeder weiß, dass Hexen Frauen lieben, so wie Männer ihre Frauen lieben. Daran kann man jede Hexe sofort erkennen. Lass dir das eine Warnung sein.«

Rahat und Eschka lachen zwar über die Befürchtungen der Witwe, alleingelassen zu werden, doch tief in ihrem Innern fühlt sich Rahat verunsichert. Die Tage verstreichen, und sie gibt sich Mühe, ihren Freunden nachzueifern und andere Mädchen zu umwerben. Aber sie kann es nicht. Sie liebt nur Eschka. Eschka weiß so viel mehr über den männlichen und den weiblichen Körper als sie selbst. Manchmal sehnt sie sich danach, ihr anzuvertrauen, dass auch sie ein Mädchen ist; dann könnte Eschka sie lehren, wie Mädchen empfinden, und ihr erklären, wie sich der männliche Körper verhält und was Männer empfinden und wollen – Eschka hat von all dem so viel in dem Palast ihres

Vaters aufgeschnappt. Und dann könnte sie ihrer eigenen Lust und den noch fremden, neuen Regungen nachspüren. Sie fühlt unerklärliche Gelüste, die dem Verlangen ähnlich sind, das die Jungen beschreiben.

»Wäre Eschka wirklich am Boden zerstört, wenn ich ihr sagte, dass ich sie angelogen habe und doch kein Junge bin?«, fragt sie sich. »Eigentlich ist es doch nur eine halbe Lüge, denn abgesehen davon, dass ich keine Maus habe, bin ich wirklich nicht anders als die anderen Jungen.«

Als jedoch Eschka eines Tages übermütig fragt, ob Rahat ihr sein Ding zeige, weigert sich Rahat entrüstet.

»Doch nicht jetzt«, redet sie sich heraus. »Erst wenn wir verheiratet sind.«

»Wie züchtig und sittsam«, schmollt Eschka.

Zum ersten Mal bereut Rahat, kein Ding zu haben. Verzweifelt läuft sie in die Steppe, starrt in den Himmel und denkt darüber nach, wie ihr Körper sie zum Gespött macht. Sie streicht über ihre Wangen: Sehnsüchtig wartet sie auf das Sprießen eines Bartes, das sich nun auf den Gesichtern all ihrer Freunde zeigt. Sie ist schon beinahe vierzehn und hat weder Bart noch Busen. Sie geht tief in sich und sieht die Seele eines jungen Mannes. Genauso sieht sie sich: als jungen Mann, der in einen Frauenkörper eingesperrt ist und sehnsüchtig darauf wartet, dass ein großer Hengst auftaucht, auf dessen Rücken er in die Freiheit fliegen kann.

Und, o Wunder, just in diesem Augenblick bewahrheitet sich, was ihre Mutter immer wieder anmahnt: »Wähle deine Wünsche bedacht, denn es kommt die Stunde, in der man sich etwas wünschen darf, der Augenblick, in dem man erhört wird. Und niemand weiß, wann diese Stunde kommen wird.« In gestrecktem Galopp kommt ein großes, schwarzes Pferd auf sie zu, flüstert ihr etwas ins Ohr, und ehe sein Reiter etwas bemerkt hat, prescht es davon und lässt eine höchst verwirrte Rahat zurück.

»Wenn die Zeit kommt, wähle mich als Belohnung.«

»Seltsam«, denkt sie. »Was das wohl bedeuten mag?«

Wenn sie sich nun schon einbildet, dass Pferde sprechen, wird es höchste Zeit, nach Hause zu gehen.

Wieder im Dorf, wird sie den Reiter gewahr. Er bringt eine Botschaft des Khans: Dessen Tochter sei verloren gegangen; wer etwas wisse, solle es dem Boten melden.

»Ich fürchte«, sagt die Witwe bedrückt, »unser schönes Leben zu dritt ist nun vorbei. Ich habe Eschka gefragt, und sie hat mir bestätigt, dass sie die Tochter des Khans ist. Bring sie zurück in den Palast, Rahat, und übergib sie ihrem Vater und ihrer Mutter.«

Die Witwe packt reichlich Verpflegung und Getränke für die Reise ein und verabschiedet sich zärtlich von Eschka. Sie blickt den beiden mit Tränen in den Augen nach, bis in der Ferne nur noch ein Staubwölkchen zu sehen ist, und wünscht, dass Rahat wohlbehalten zurückkehren wird.

Bis zur Hauptstadt des Khans ist es weit. Sie liegt jedoch nicht ganz so weit von ihrem Dorf entfernt, wie Rahat es sich immer vorgestellt hat. Als sie die Stadttore passieren, wird Eschka von den Wachposten erkannt. Umgehend wird ein Freudenfest veranstaltet: Riesige Kesseltrommeln ertönen und dröhnen dumpf wie der erste Herzschlag der Schöpfung. Die Stadtbewohner kommen mit Blumengeschenken, Speisen und Getränken aus ihren Häusern. Frauen trillern lang gezogene Jubelschreie, und der Khan höchstpersönlich reitet ihnen auf einem geschmeidigen, glänzend schwarzen Pferd entgegen, das eigenwillig seine Mähne schüttelt, mit dem Schweif schlägt und seinen Kopf zurückwirft wie eine Welle, die das Meer krönt. Es unterwirft sich keinem, folgt nur seinem eigenen Willen. Und das Pferd richtet seine großen, braunen Augen auf Rahat, die meint, es gebieterisch flüstern zu hören: *»Wähle mich, wenn der Khan dir eine Belohnung verspricht.«*

Nachdem der Khan seine Tochter in die Arme geschlossen und Rahat unzählige Male gedankt hat, dass sie Eschka wohlbehalten zurück in sein Reich gebracht hat, sagt er: »Ich bitte dich, mit uns in den Palast zu kommen und unserem Freudenfest beizuwohnen. Später, wenn du alle Herrlichkeiten der Stadt gesehen hast, darfst du dir etwas aussuchen. Ich werde dir nichts verweigern – nichts, außer meiner Krone, denn ich bin nur ihr vorübergehender Hüter, und es ist an Gott, nicht an mir, sie zu verschenken.«

So begleiten Rahat und Eschka den Khan in seinen Palast, wo Eschka sofort weggebracht wird, um ihre Mutter zu besuchen. Von dort aus wird sie in ihre Gemächer geschickt, wo sie massiert und mit Duftwässern und Ölen eingerieben und verwöhnt wird, ganz so, wie es sich für Prinzessinnen eben gehört. Rahat wandert, verwirrt von der ungewohnten Umgebung und überwältigt von dem Gefolge, das angewiesen ist, sie zu unterhalten, durch den Palast und durch die Stadt. Schließlich ist es Zeit für das Bankett, und alle finden sich wieder zusammen.

Rahat hat keine Gelegenheit, mit Eschka zu sprechen, doch sie sieht Eschka, und ihre Augen begegnen einander. Rahat fühlt sich gleich etwas besser. Der ganze Hof feiert. Der Khan und andere wichtige Männer halten Reden. Anlässlich der wohlbehaltenen Rückkehr von Prinzessin Eschka werden Geschenke ausgetauscht. Die Feier stimmt Rahat aber ein bisschen traurig. Sie weiß, dass die Feierlichkeiten bald enden werden und dass sie dann, mit Geschenken beladen, innerlich jedoch leer, in ihr Dorf und zu ihrer Mutter zurückkehren muss. Und Eschka wird sie nie wiedersehen.

»Wenn ich eine Frau wäre«, denkt sie betrübt, »könnte ich ihre Dienerin sein und ein Leben lang bei ihr bleiben. Doch ich habe nicht das Herz einer Frau. Und etwas anderes vorgeben hieße, die Wahrheit leugnen. Nein, ich muss den Preis für meine Überzeugung bezahlen.«

Sie erinnert sich der Worte ihrer Mutter und fragt sich, ob Turkinas Dienerin wohl ähnlich empfand, bevor sie gefoltert und als Hexe ertränkt wurde.

Und als sie Eschkas Gesicht betrachtet, das wie Tau schimmert und wie der Vollmond leuchtet, wird sie von Dunkelheit umfangen; sie weiß, dass sie Eschkas Leben bald verlassen wird.

»Und Eschka?«, fragt sie sich, »du schöne, lebenslustige Eschka mit deinem scharfen, wissenden Verstand und deiner ungestümen Art, wirst du dir die Erinnerung an den Hirtenjungen aus der Steppe bewahren und ab und an der Liebe gedenken, die du einst für ihn empfunden hast? Ach, wenn ich das nur wüsste.«

Doch Eschka ist weit weg, sie sitzt neben ihrer Mutter, der Gemahlin des Khans, am anderen Ende des langen Tischs. Sie strahlt und leuchtet und lächelt Rahat an. Sie ahnt nichts von ihren Sorgen, ähnlich wie der Mond, der unberührt bleibt vom Leid der Menschen, über die er seinen Glanz ergießt.

Der Khan erklärt das Fest für beendet. Er erhebt sich, um Rahat in aller Form zu danken.

»Wenn alle Männer der Steppe so sind wie Rahat«, verkündet der Khan, »dann brauchen wir unsere Feinde nicht zu fürchten und haben allen Grund, stolz zu sein. Doch ehe ich das Fest schließe, bitte ich dich, Rahat, Retter meiner Tochter, einen Wunsch zu äußern. Ich werde dir keinen verweigern.«

Rahat steht auf. »Eure Majestät, ich führe zwar ein sesshaftes Leben, doch bin ich die Kargheit der Steppe gewohnt. Seit ich in Eurem Khanat weile, sehe ich Wunder über Wunder, Dinge, die schöner sind, als ich sie mir je hätte ausmalen können – prächtiger als die Stoffe, Schätze und Reichtümer, von denen die alten Männer des Nachts am Lagerfeuer in ihren Märchen aus den Tagen erzählen, als die Horden der großen Khane die Länder im Westen bereisten und Menschen mit durchscheinender Haut begegneten. Sie behaupten, diese Menschen hätten Haare aus gesponnenem Gold und brennendem Feuer, ihre Augen hätten die Farbe des Himmels und des Waldes; sie sprächen fremde Sprachen und folgten seltsamen Bräuchen. Wir Jungen stritten häufig darüber, was von all dem der Märchenerzähler wohl frei erfunden habe. Nun aber weiß ich, dass es weit wunderbarere Dinge gibt, als sie der Mensch mit seiner Fantasie je auszumalen vermag. Und wenn ich meinen Leuten erzähle, was ich hier gesehen habe, werden auch sie sich fragen, was davon wahr ist und was meiner Fantasie entspringt. Zu wissen, dass alles wahr ist, ist mein höchster Lohn.«

Als Rahat innehält und ihre Tränen hinunterschluckt, bleibt alles still. Und in diese traurige Stille rauscht ein Flüsterton: *»Wähle mich!«*

Und noch ehe Rahat sich recht besonnen hat, brechen die Worte aus ihr hervor – wie ein glänzendes, schwarzes Pferd, das seine Mähne schüttelt und mit dem Schweif schlägt. »Für einen Mann der Steppe ist ein Pferd von großem Wert. Eure großzügigen Worte haben mir den Mut gegeben, Euch um das schwarze Pferd zu bitten, das Ihr heute Morgen geritten habt. Als es Euren Boten auf der Suche nach der Prinzessin zu uns trug, hat es sich leicht und behände in unserem rauen und tückischen Gelände bewegt. Ich bitte Euch um dieses Pferd.«

Schreckgelähmtes Schweigen erfüllt den Raum.

»Die schwarze Stute?«, wiederholt der Khan tonlos. »Du willst meine schwarze Stute?«

»Ja«, bestätigt Rahat unsicher; sie spürt, dass sie zu viel verlangt hat.

»Aber sie ist das beste Pferd der Welt. Sie ist so viel wert wie mein ganzes Reich«, erklärt der Khan, der in dem Bemühen, seinen Ärger zu verbergen, am ganzen Leib zittert. Schließlich fährt er fort: »Nun denn, wenn es unbedingt sein muss, sollst du sie haben. Und mit ihr sollst du die Hand meiner Tochter erhalten, denn ich liebe dieses Pferd ebenso sehr wie mein Kind. Zudem bin ich der Meinung, man sollte seiner Tochter einen Mann geben, der unter ihr steht, einem Mann hingegen eine Frau, die über ihm steht. Solche Verbindungen sichern Frieden und Eintracht im Volk.«

Rahats Herz macht einen Freudensprung. Sie wirft einen Blick über den Tisch, den Eschka lächelnd und mit einladenden Augen erwidert. Unfähig, ein Wort über die Lippen zu bringen, nickt Rahat zustimmend. Der liebevolle Blickwechsel ist auch dem Khan und seiner Gemahlin nicht entgangen; bald bricht die ganze Tischgesellschaft in Jubel aus. Der Hochzeitstag wird festgelegt, und bald darauf werden Rahat und Eschka unter großer Freude und in aller Pracht miteinander vermählt.

In ihrem mit Girlanden und Perlen geschmückten und mit Öl und Gewürzen parfümierten Hochzeitsgemach reden und scherzen Eschka und Rahat miteinander, sie necken und streicheln sich. Schließlich legen sie ihre Kleider ab, wobei sie einander im Halbdunkel der züngelnden Fackeln immer zärtlicher berühren; keiner von beiden entgeht auch nur ein Atemzug der anderen.

»Rahat, sei nicht so knausrig«, schmollt Eschka. »Zeig mir dein Ding. Jetzt sind wir verheiratet.«

»Ich habe kein Ding«, erwidert Rahat lachend. »Erinnerst du dich nicht, dass die anderen Jungen in meinem Dorf mich ›Schnippel‹ nannten?«

»Du hältst mich wohl für unwissend«, faucht Eschka. »Nun, das bin ich nicht. In einem Palast gibt es keine Geheimnisse. Auf hundert Frauen, die darauf brennen, ihre Geheimnisse jemandem anzuvertrauen, kommen weitere hundert, die darauf brennen, sie zu erfahren. Daher habe ich von diesen Dingen wahrscheinlich mehr Ahnung, als du sie je haben wirst.«

»Da hast du sicherlich recht«, erwidert Rahat ergeben, »denn du bist eine Prinzessin und ich bin nichts als ein Hirtenjunge.

Aber ich bin derjenige, den sie ›Schnippel‹ nennen – denn mir wurde es abgeschnippelt.«

»Na, gut«, fährt Eschka, die ihr kein Wort glaubt, fort, »dann gibt es wohl nur eine Möglichkeit zu prüfen, ob du wirklich so grausam beschnitten wurdest. Ich muss mir die Stelle ansehen.«

Sie nimmt eine Fackel aus dem Halter und bringt sie in Rahats Nähe, und im Nu kennt sie die Wahrheit.

Sie ringt nach Luft: »Du bist ja überhaupt kein Mann! Du bist eine Frau! Wie konntest du mich nur so täuschen?«

»Ich habe dich nicht getäuscht«, erwidert Rahat erschrocken. »Wirklich nicht. Ich bin ein Junge, in jeder erdenklichen Hinsicht. Ich habe nur keine Maus.«

»Du ekelst mich«, schreit Eschka auf. »All diese Monate hast du mich betrogen! Hast mit meinen Gefühlen gespielt! Ich hasse dich! Verschwinde aus meinem Gemach! Geh mir aus den Augen!«

»Eschka, bitte hör mich an, Eschka«, fleht die arme Rahat. »Lass mich dir erklären, was ich fühle.«

Doch Eschka stürmt aus dem Gemach und läuft zu ihrem Vater, und am nächsten Morgen befiehlt der Khan Rahat zu sich. Nach einer schlaflosen Nacht steht eine betrübte Rahat verzweifelt und erschöpft vor dem Khan. Bestimmt wird er sie schelten, vermutlich sogar töten. Es wird ihr ergehen wie Turkinas Freundin. Aber warum zerbricht sie sich überhaupt den Kopf? Sie will sowieso sterben, Hauptsache, sie wird nicht wie die arme Turkina mit zugenähten Öffnungen im Oxus ertränkt. Das Leben war verrückter, als sie es sich je hätte vorstellen können, sogar noch unglaublicher als die Geschichten der alten Männer am Lagerfeuer.

»Meine Mutter hat eine Tochter geboren«, denkt sie bei sich, »aber einen Sohn aufgezogen. Eine Frau heiratet eine Frau, und Stuten sprechen. Welch verkehrte Welt.«

Der Khan unterbricht ihre Gedanken. »Da du mir meine geliebte Stute weggenommen hast«, sagt er verärgert, »will ich, dass du mir ihren Bruder herbringst.«

Ohne lange nachzudenken, worauf sie sich eigentlich einlässt, stimmt Rahat zu und begibt sich zu der schwarzen Stute. »Meine Mutter hat eine Tochter geboren«, sagt sie zu der Stute, »aber einen Sohn aufgezogen. Eine Frau heiratet eine Frau, und Stuten sprechen.«

Die Stute wirft den Kopf zurück, lacht und scharrt belustigt mit den Hufen. »Ich kann nicht nur sprechen«, wiehert sie, »ich sehe auch in die Zukunft. Sag, was meinst du, warum ich in deine Geschichte eingetreten bin?«

»Welche Geschichte denn?«, stottert Rahat entgeistert.

»Deine natürlich, deine erstaunliche Geschichte«, erwidert die Stute. »Doch nun sag mir: Wie heißt das erste Kapitel? Was verlangt der Khan von dir?«

»Er will, dass ich deinen Bruder finde, und ich weiß nicht wo, und ich weiß nicht wie. Ich bin nichts als ein unwissender Hirtenjunge.«

»Aber ich, ich bin eine Zauberstute, und ich sage dir: Nimm dich in acht vor dem listigen Khan. Er hat dir diese Aufgabe gestellt, weil du sterben sollst und so niemand je erfährt, dass er dich getötet hat.«

»Ach«, seufzt Rahat, »mir solls recht sein, ich wär am liebsten tot.«

»Und wieso?«

»Weil Gott mich – einen Jungen – in den Körper eines Mädchens gesteckt hat und ich nicht länger in Gefangenschaft leben will.«

»Pah«, schnaubt die Stute, »du verzagst ja, noch ehe du die Aufgabe in Angriff genommen hast. Wie willst du je das Ende der Geschichte erfahren, wenn du nicht einmal zulässt, dass der

Große Märchenerzähler sie zu Ende erzählt? Wenn du bei dir zu Hause am Lagerfeuer sitzt und den Märchen lauschst, springst du ja auch nicht bei jeder Kleinigkeit auf und schreist, dass du dir das nicht weiter anhören kannst, weil du diesen oder jenen Teil der Geschichte nicht glauben kannst. Nein! Du gehst mit dem Märchenerzähler mit, wohin auch immer er dich führt, bis gemäß dem Großen Plan des Lebens am Ende zusammenkommt, was zusammengehört. Dann erst kannst du entscheiden, ob dir das Märchen gefallen hat oder nicht.«

Die Stute schickt Rahat zum Khan zurück; sie soll ihn um ein Fässchen alten Weines bitten.

»Nimm zwei«, sagt der Khan, da er denkt, zwei Fässchen alten Weines seien kein zu hoher Preis, um dieses abscheuliche Zerrbild seines Geschlechts loszuwerden – eine Frau, die sich einbildet, ein Mann zu sein. Allein bei dem Gedanken wird ihm schlecht.

»Eins reicht«, erwidert Rahat, hievt das Fässchen auf die Schulter und kehrt in den Stall zurück.

»Sattle mich, wir brechen sofort auf«, sagt die Stute. »Sattle mich und steig auf, dann trage ich dich zu meinem Bruder. Er ist ein Meereshengst und lebt am Aralsee. Dort müssen wir jetzt hin.«

»Ich brauche deinen Rücken nicht mit einem Sattel zu schinden!«, lacht Rahat und springt auf. »Ich bin ein Kind der Goldenen Horde. Sobald ich auf meinem Pferd sitze, sind wir eins. Und jetzt trag mich, so schnell du kannst, zu deinem Bruder.« Die Stute wirft den Kopf zurück und wiehert. »Bei meinem Kopf und meinen Augen, Kind der Goldenen Horde, ich trage dich durch alle Stationen bis ans Ende deiner Geschichte.«

Rahat ist von der Ausdrucksweise der Stute gerührt – bisher war ihre Mutter die Einzige, die so zu ihr gesprochen hat. *Bei meinem Kopf und meinen Augen:* Es sollte bedeuten, dass die Stute sie über alles andere stellt. Rahat selbst hat es immer zu Eschka gesagt, doch Eschka weiß nichts mehr von dem zu schätzen, was Rahat ihr geben kann. Sie hat sich mit ihrem Vater verbündet und schickt sie in den Tod.

»Mein Leben ist ein einziges Zerrbild«, denkt sie traurig. »Meine Mutter dachte, sie verbessere unser Leben, wenn sie mich als Mann kleide. Doch Gott scheint alle Frauen mit einem immerwährenden Fluch belegt zu haben – ob sie als Mann oder als Frau gekleidet sind, sie tragen die Last des Leidens. Nichts von all dem wäre mir geschehen, wäre ich nicht als Frau zur Welt gekommen.«

»Du wirst immer schwerer«, beklagt sich die Stute und wird langsamer. »Das liegt daran, dass du betrübt bist. Mach deinem Herzen Luft. Dann bist du leichter, und wir erreichen schneller unser Ziel. Denk immer daran: Ich bin in deine Geschichte eingetreten, um die Last zu lindern, die du auf dem Weg zur Erfüllung deiner Sehnsüchte auf deinen Schultern trägst.«

»Ich weiß, du treue Stute, ich weiß«, schluchzt Rahat. »Und ich werde mir alle Mühe geben.«

So fliegt die Stute schnell wie der Wind, über Wüsten und Wälder, über Land und Wasser, über Bäche und Berge, bis sie endlich an dem weiten Strand eines wilden, silbernen Meeres zur Landung ansetzt.

Rahat bibbert vor Kälte und zittert vor Angst, als die Stute landet und gemächlich am Strand entlangtrabt, bis sie schließlich an einem alten steinernen Springbrunnen stehen bleibt.

»Steig ab, Rahat«, sagt sie, »und zieh den Stopfen aus dem Abfluss. Wenn das Wasser abgelaufen ist, setzt du ihn wieder ein und füllst den Brunnen mit dem Wein aus deinem Fässchen. Mein Bruder, der Meereshengst, wird den Wein wittern und an Land kommen, um ihn zu trinken. Aber er ist Wein nicht gewohnt und wird rasch benommen. Nutze die Gelegenheit und fang ihn ein. Mein Bruder ist so flink wie ich, doch kräftiger.

Also halte dich gut an seiner Mähne fest, wenn er losgaloppiert, und sag, am Springbrunnen erwarte ihn seine Schwester.«

Rahat hört aufmerksam zu; sie kauert im Schatten des Springbrunnens und lauert auf den Meereshengst. Und da kommt er auch schon: prächtig wie das Meer, mit wirbelndem Schweif und glühenden Augen, übermütig und unberechenbar wie die sturmtobende See. Er wirft seinen Kopf zurück, schnaubt kräftig, wird dann ruhiger und trabt auf den Springbrunnen zu. Er taucht die Schnauze ein und leert den Brunnen bis auf den letzten Tropfen. Dann tritt er, leicht schwankend, einen Schritt zurück. In dem Moment schnellt Rahat vor und packt ihn an der Mähne.

Wie die Stute vorausgesagt hat, stürmt der große, weiße Hengst los, doch Rahat ist vorbereitet. Sie klammert sich gut an der Mähne fest und schreit ihm ihre Botschaft zu. »Ho! Ho! Warte! Ich habe eine Botschaft von deiner Schwester, der schwarzen Stute. Sie erwartet dich am Springbrunnen.«

Das Pferd fällt in Schritt. Seine Schwester trabt ihm entgegen. Die beiden begrüßen sich und unterhalten sich in ihrer Sprache. Die Stute erzählt ihrem Bruder Rahats traurige Geschichte und bittet ihn inständig, ihr zu helfen, damit ihre junge Herrin nicht den Richtblock besteigen muss. Nach einigem Hin und Her lässt sich der Hengst überreden, sie zu begleiten. Kaum ist er einverstanden, jagen sie ebenso schnell zurück, wie sie gekommen sind.

Wieder im Palast, bittet Rahat um eine Audienz beim Khan und übergibt ihm den weißen Hengst. Dann verabschiedet sie sich und kehrt in ihre Gemächer zurück, um ihre geliebte Eschka wiederzusehen.

»Warum bist du zurückgekommen?«, will Eschka wissen. »Bist du durch ein Wunder zum Mann geworden?«

Rahat senkt den Blick. »Nein, ich bin noch immer Rahat. So, wie du mich einst geliebt hast. Ich habe mich nicht verändert.«

Bei diesen Worten stürmt Eschka aus dem Gemach; sie

verflucht ihren Vater und schwört, nicht eher zu ruhen, als bis Rahat für ihren Betrug streng bestraft worden ist.

»Was du getan hast«, rügt sie, »ist Sünde in den Augen Gottes und der Menschheit.«

Als Eschka fort ist, weint Rahat. Ihre Glieder schmerzen und auch ihr Herz, doch ihr bleibt keine Zeit, sich auszuruhen, denn schon wieder befiehlt der Khan sie zu sich.

»Ich habe einen weiteren Auftrag für dich«, herrscht er sie an. »Seit drei Jahren bezahlen die Kobolde der Goldminen keine Abgaben. Treib die Gelder ein, und zwar bis morgen vor Einbruch der Nacht.«

Müde wankt Rahat zu ihrer Stute. »Wir müssen noch eine Reise machen«, sagt sie und erklärt ihr den neuen Auftrag. »Heute Nacht kannst du dich noch ausruhen, doch bei Morgengrauen brechen wir auf.«

»Ausruhen?«, schnaubt die Stute. »Ich brauche mich nicht auszuruhen. Wir machen uns sofort auf den Weg. Was sollen wir Zeit verschwenden?«

Also springt Rahat auf den Rücken der Stute, und los gehts, schnell wie der Wind, über Wüsten und Wälder, über Land und Wasser, über Bäche und Berge bis zu einem tiefen, verborgenen Tal, in dem die Kobolde wohnen. In ihrem Schlösschen sind die Kobolde nach einem langen Arbeitstag in den Minen gerade bei einem üppigen Mahl versammelt.

»Geh hinein«, befiehlt die Stute, »und sag ihnen, das Heer des Khans sei im Begriff, die Goldminen zu besetzen, weil sie ihren Zehnten nicht bezahlt hätten. Die Kobolde werden hinauslaufen, um ihre Minen zu verteidigen. Sobald du allein bist, nimmst du alles, was du an Kostbarem finden kannst, und kommst sofort wieder heraus. Ich warte hier.«

Rahat hat Angst, doch sie reckt die Schultern, hebt das Kinn und betritt mutig den Festsaal der Kobolde.

»Oh«, glucksen ein paar Kobolde zugleich, als sie eintritt. »Was kommt denn da für ein köstlicher Leckerbissen? Ich habe ihn zuerst gesehen, er gehört mir.«

»Nicht so gierig«, grinst ein anderer, während er von seinem Stuhl hinunterkrabbelt und flink auf Rahats Fuß klettert. »An dem ist genug für uns alle. Was für ein leckeres Stück Mensch.«

Alle scharen sich um Rahat. »Die Nieren für mich«, ruft einer schrill.

»Das Hirn für mich«, schreit ein anderer und will schon Rahats Kopf anknabbern.

»Das will ich dir nicht geraten haben!«, schreit Rahat, packt ihn und schleudert ihn zu Boden. »Ich bin verrückt, und du könntest dich anstecken.«

»Ich kriege die Leber und die Milz!«, fordert ein Dritter.

»Wie könnt ihr nur darüber nachdenken, womit ihr euch am besten die Bäuche vollschlagt?«, übertönt Rahat die Kobolde. »Hört ihr nicht das Heer des großen Khans da draußen, das eure Minen besetzt und euer Gold beschlagnahmt, weil ihr eure Abgaben nicht bezahlt?«

Dicht an dicht stürmen die Kobolde aus dem Saal, drängeln, stolpern, schubsen sich, bis Rahat im ganzen Saal allein ist. Eilig sieht sie sich um und entdeckt eine große Ledertasche auf einem Scheffel in der Ecke des Saals. Als sie die Tasche schließlich auf ihre Schulter hievt und nach draußen zu ihrer Stute eilt, ist sie schwer mit Gold beladen. Schreiend und fluchend jagen die Kobolde hinter Rahat her, doch diese springt mit einem Satz auf den Rücken ihrer Stute, im Nu hat die Nacht die beiden verschluckt, und sie reiten mit dem Wind um die Wette zurück zum Khan.

»Eure Majestät«, keucht Rahat, als sie in der Abenddämmerung anlangt, »hier ist genug Gold, um Eure Steuern für die letzten und die kommenden drei Jahre abzudecken. Mit Verlaub werde ich nun meine müden Glieder baden und mich eine Nacht lang richtig ausschlafen.«

Der Khan ist sprachlos.

»Du bist weder Mann noch Frau«, stottert er, »sondern der leibhaftige Teufel! Wie sonst hätte dir gelingen können, was einem ganzen Regiment nicht gelungen ist?«

»Ich bin kein Teufel«, begehrt Rahat erschrocken auf. »Ich bin ein treuer Muslim – und jetzt werde ich mich waschen und Gott für Seinen Beistand danken.«

Wieder in ihren Gemächern, die sie noch immer mit Eschka teilt, steigt Rahat in ein warmes Bad und beginnt, sich von den Anstrengungen der Reise zu erholen. Als sie danach, alle viere von sich gestreckt, auf dem Diwan im Vorzimmer liegt, spürt sie, dass sich ein Schatten über sie beugt. Erschrocken setzt sie sich auf. Es ist Eschka. Ihre Augen sprühen Funken, und ihre Stimme ist hart, als sie erneut fragt: »Warum bist du zurückgekommen? Bist du durch ein Wunder zum Mann geworden?«

»Nein, ich habe mich nicht verändert. Ich bin noch immer Rahat. So, wie du mich einst geliebt hast. Ich habe mich von dir ferngehalten, weil ich weiß, dass du mich hasst.«

Einen Moment lang macht es den Anschein, als würde Eschka weich. »Du gabst mir Versprechen, von denen du wusstest, dass du sie nie würdest halten können«, flüstert sie traurig. Dann kehrt ihre Wut zurück, und sie stürmt aus dem Gemach, verflucht ihren Vater und schwört, nicht eher zu ruhen, als bis Rahat für ihren Betrug bestraft wird.

»Was du getan hast«, schreit sie, »ist Sünde in den Augen Gottes und der Menschheit.«

Als sie fort ist, bricht Rahat in Tränen aus. Es ist wahr: Sie hat ihr Wort gegeben, Eschka ein guter und liebevoller Ehemann zu sein. Wie hätte sie wissen sollen, dass es Eschka so sehr stören würde, dass sie kein Ding hat? Nachdem sie dem Verlangen und den Freuden der Hochzeitsnacht so nahe gekommen war, erkennt sie dessen Sinn und Zweck. Sie erinnert sich: Als die Jungen zu Hause begannen, ihr Ding zum Einsatz zu bringen, nannten sie es Zauberstab, denn, wie sie sagten, es verwandle sie vom Jungen zum Mann.

»Und ich«, jammert sie, »ich habe keinen solchen Zauberstab, und daher wird aus mir nie ein Mann werden.« Sie legt sich wieder nieder und weint. »O Gott, erfüll doch den Wunsch des Khans und lass mich sterben.«

Sie blickt auf zu der kunstvoll bemalten Zimmerdecke – sie stellt das Himmelsgewölbe in allen Blautönen dar, die Kuppel des Weltenzelts getragen von der Mittelsäule des Polarsterns. Von dort schickt Gott Sein Leuchten und Seine Kraft herab. Rahat glaubt, die schwachen Strahlen des Abendlichts zu erkennen, die durch fein gearbeitete Öffnungen in der Decke auf sie herabfallen: die vollendete Abbildung der Natur durch ein Kunstwerk.

»Bevorzugst du die Männer, weil sie nach deinem Ebenbild erschaffen sind?«, wendet sie sich feierlich an ihren Schöpfer. »Wäre ich ein Mann, dann würden sowohl meine Mutter als auch meine Frau bekommen, was sie wollen. Ich bin unglücklich, nur weil ich eine Frau bin. Wenn es wirklich wahr ist, dass du all deine Geschöpfe, ob Mann oder Frau, Mensch oder Tier, Fisch oder Vogel, gleichermaßen liebst, dann gib mir ein Zeichen. Schenke mir den Körper eines Mannes.« Rahats Gebet, wenn man ihre Gedanken so nennen will, wird von dem Ruf des Khans unterbrochen.

»Ich habe eine dritte Aufgabe für dich«, sagt der Khan. »Bring mir den Rosenkranz der großen Menschenfresserin, die in dem Land hinter der Sonne betet. Wenn du bis Sonnenuntergang nicht zurück bist, lasse ich dir den Kopf abschlagen.«

Als Rahat sein Gemach verlässt, hört sie, wie der Khan Vorkehrungen für ihre Hinrichtung treffen lässt.

»Diese Probe wird er nicht lebend überstehen«, lacht sich der Khan ins Fäustchen. »Dann bin ich ihn endlich los.«

»Dies ist die letzte Aufgabe, die wir zusammen lösen, teure Freundin«, vertraut Rahat ihrer Stute an. »Danach werde ich dir nie mehr zur Last fallen.«

»Was redest du da?«, fragt die Stute ungehalten. »Welche Last? Welche Aufgabe?«

Rahat erklärt ihr, was der Khan diesmal verlangt, und wie immer versichert ihr die Stute, dass sie die Aufgabe lösen werde.

»Und tu mir den einen Gefallen«, sagt die Stute streng, »kein Wort mehr von ›Ende‹ oder ›Tod‹.«

»Bei deinem Kopf und deinen Augen, geliebte Verbündete«, verspricht Rahat. »Ich werde mir alle Mühe geben, bei guter Laune zu bleiben, obwohl du eines zugeben musst: Der, der das Schicksal der Menschen entwirft, hat mir ziemlich übel mitgespielt. Wer weiß besser als du, dass meine Mutter eine Tochter geboren, doch einen Sohn aufgezogen hat, dass eine Frau eine Frau geheiratet hat und dass Stuten sprechen. Weiß der Himmel, was ich noch aufzählen werde, wenn meine Geschichte zu Ende ist.«

Die Stute wirft ihren Kopf zurück und wiehert und tänzelt freudig, als sie davonfliegt, über Wüsten und Wälder, über Land und Wasser, über Bäche und Berge, und im Handumdrehen den Gipfel eines Berges erreicht. Rahat sitzt ab und sieht sich um. Am Rand eines beängstigend tiefen Abgrunds schläft unter einem überhängenden Felsen eine riesige Frau. »Das ist die Menschenfressermutter«, erklärt die Stute, »und da oben, über ihr, liegt der Rosenkranz – ihr kostbarster Schatz. Sie hat ihre eigenen Söhne gefressen, um ihn für sich allein zu haben, aber wenn du gut zuhörst und genau tust, was ich dir sage, kannst du ihn stehlen, ohne dein Leben zu gefährden: Sobald du ihre Dienerin mit einem Silbertablett, auf dem der Rosenkranz liegt, herauskommen siehst, weißt du, dass sie gleich aufwachen wird. Wenn sie dann die Hand nach dem Rosenkranz ausstreckt, schnappst du ihn dir und machst dich schleunigst aus dem Staub. Sie wird einen Augenblick brauchen, bis sie begriffen hat, wie ihr geschieht. Doch dann sitzt du schon auf meinem Rücken, und wir sind längst über alle Berge.«

Rahat ist guten Muts. Außer ihrem Leben hat sie nichts zu verlieren, und wenn sie Eschka kein Mann sein kann, will sie sowieso nicht länger leben. Doch sie hat der Stute versprochen, ihr Bestes zu geben, also verharrt sie neben dem Felsen, direkt hinter der schlafenden Menschenfresserin, während sich die Stute in den dunklen Spalten des Abgrunds versteckt hält. Lange muss Rahat geduldig warten. Da erscheint eine Dämonin; sie trägt das Silbertablett mit dem Rosenkranz, von dem die Stute gesprochen hat. Als sie sich der Menschenfresserin nähert, blinzelt diese, gähnt ausgiebig und streckt ihre Hand nach dem Rosenkranz aus. In demselben Augenblick schnellt Rahat vor, schnappt sich den Rosenkranz und läuft in Windeseile zum Abhang, wo die schwarze Stute auf sie wartet.

»Ich verfluche dich!«, kreischt die Menschenfresserin. »Verflucht sollst du sein, weil du mir meinen kostbarsten Schatz gestohlen hast. Bist du eine Frau, so werde zum Mann. Bist du aber ein Mann, so werde zur Frau!«

Rahat springt auf den Rücken der wartenden Stute, und wie immer reiten sie mit dem Wind um die Wette zum Palast des Khans.

Rahat verlagert ihren Sitz, rutscht hin und her – ist das etwa eine Maus, die sie da in der Hose spürt? Sie wagt es kaum zu glauben, dass sich der Fluch der Menschenfresserin erfüllt. Sie zippelt und zappelt, bis sie sich sicher ist: Sie hat ein Ding!

»Einen Zauberstab!«, wiehert die Stute, die ihre Gedanken liest. »Er wird dein Leben verändern!«

Diesmal betritt Rahat mit forschem Schritt das Gemach des Khans. Er grinst herausfordernd und macht die Schultern so breit, dass er mehr Raum in Anspruch nimmt als je zuvor.

Rahat überreicht dem Khan den Rosenkranz. Seine Stimme erklingt nun tief. Sie hatte sich in ihrer Tonhöhe verändert, genauso wie Rahat es bei seinen älteren Freunden zu Hause in der Steppe beobachtet hatte, als diese zu Männern wurden. Auch der Khan scheint die Veränderung wahrzunehmen; warum sonst würde er ihn so entgeistert anstarren?

»Nun, Majestät«, sagt Rahat, »ich ziehe mich zurück, meine Glieder sind müde, und meine Gemahlin wartet.«

Der Khan stottert und stammelt; Rahat macht sich eiligen Schrittes auf den Weg zu Eschka. Er genießt sein neues Auftreten, das Macht ausstrahlt.

»Wie seltsam«, denkt Rahat bei sich. »Solange ich noch eine Frau war, hat mir ein Sieg nie so viel bedeutet.«

In seinen Gemächern befiehlt er, dass ihm ein Bad eingelassen werde, und lässt Eschka ausrichten, sie solle sich für ihn bereit machen. Eine Zeit lang aalt er sich im warmen Wasser, steigt dann aus dem Bad und geht, in ein großes, weiches Leintuch gehüllt, stolz zu Eschka ins Schlafgemach. Herausfordernd stellt er sich vor sie hin. Eschka sitzt zusammengekauert auf ihrem Bett; sie weiß nicht, was sie diesmal zu erwarten hat. Noch nie war Rahat so bestimmend, so gebieterisch. Was wird jetzt geschehen?

»Warum bist du zurückgekommen?«, fragt sie zögernd. Die alte Überheblichkeit ist aus ihrer Stimme verschwunden. »Bist du durch ein Wunder zum Mann geworden?«

Rahat senkt den Blick. »Ich bin noch immer Rahat. Weißt du noch, wie sehr du mich einst geliebt hast?«

Eschka betrachtet ihn eingehend. Irgendwie klingt er anders – seine Stimme ist anders. Sein männliches Gebaren, die tiefe Tonlage und der Ausdruck in seiner Stimme – alles vermittelt eine Selbstsicherheit, die Rahat bislang nicht eigen war.

»Ich liebe dich noch immer, Eschka«, sagt er. »Vor Gott und einer Million Menschen hast du eingewilligt, mich zu heiraten. Alle haben gesehen und gehört, dass du dem Kadi nicht ein, nicht zwei, nein drei Mal gesagt hast, dass du mich, Rahat, zum Mann nimmst. Liebst du mich noch? Bist du bereit, das Versprechen, das du mir gegeben hast, einzulösen?«

Eschka springt auf und will aus dem Gemach stürzen; sie verflucht ihren Vater und schwört, nicht eher zu ruhen, als bis Rahat für ihren Betrug streng bestraft worden ist. Doch rasch stellt Rahat sich ihr in den Weg und packt sie am Arm. »Hiergeblieben!«, fordert er. »Ich muss dir etwas zeigen.«

Er lässt sein Leintuch fallen und steht nackt in seiner ganzen Pracht vor ihr.

Eschka schlägt die Hände vor den Mund. »Oh, Rahat! Ein Ding! Du hast ja doch ein Ding!«

»Einen Zauberstab, Eschka, einen Zauberstab!«, erwidert Rahat stolz. »Denn es wird dich von meiner Feindin in meine Frau verwandeln.«

Eschka kommt aus dem Staunen nicht heraus; in ihrem Überschwang lässt sie den nackten Rahat einfach stehen und läuft schnurstracks zu ihrem Vater. »Rahat ist doch ein Mann!«, ruft sie aus. »O Vater, ich bin ja so glücklich! Ich liebe ihn, er soll nicht sterben!«

Was bleibt noch zu berichten? Der Khan ist froh, dass er statt einer Hinrichtung eine Feier anordnen kann, und Eschka kehrt schnell in ihr Gemach zurück und wirft sich Rahat in die Arme.

Und unten im Stall schüttelt die schwarze Stute ihre Mähne, schlägt mit dem Schweif und tänzelt vergnügt.

Staubkorn Gottes

Wenn du hinausschaust, während die Dämmerung in den Morgen übergeht, dann ahnst du einen feinen, kaum wahrnehmbaren Schleier zwischen den beiden; er bricht das Licht, dämpft es ein wenig. Und wenn du deine Hand ausstreckst, um diesen Schleier wegzuziehen, dann ist sie, wenn du sie zurückziehst, feucht, allerdings nur selten; meistens jedoch umhüllt sie ein Mantel aus allerfeinstem Staub, so wenig fassbar wie die Fantasie.

Ich spüre, wie sich Gott in diesem Fantasiestaub verbirgt – in jedem Teilchen des Staubes, der in mächtigen, goldenen Wogen dahinwallt und sich zu weiten Dünen unter der Sonne formt – ohne Ende, ohne Ende – und weiter, tiefer hinein in die Bilder, die das Auge erzeugt, und darüber hinaus in das Reich der Fantasie. Die Wüste widersetzt sich dem Endlichen. Sie ruht im Mittelpunkt des Universums und küsst die Himmel. Du siehst sie, und du siehst sie nicht. Sie lockt, diese Wüste, doch hüte dich, ihr ohne Hingabe zu folgen, denn sie kann eine harte und schmerzhafte Strafe verhängen. Und wenn du ihr entkommst, klebt der Staub in Millionen von kleinen Körnchen in deinem Haar und in deiner Nase, unter deinen Augenlidern und Fingernägeln, in deinem Mund, deiner Kehle und all deinen Poren. Und ein Teil sinkt tief in dein Herz.

In meiner kleinen Zelle in Rom schaue ich an mir hinab: Mein Haar ist kurz geschnitten, meine Kleider sind geflickt und ausgebleicht, meine Bibel – mein einziges Buch – halte ich fest umklammert. Seit mehr als dreißig Jahren lebe und arbeite ich in Rom; doch es ist meine Weiblichkeit, der ich abschwor, die mich heute an den Ort erinnert, an dem ich sie zurückließ. Und mein Lebensweg schließt sich, er beginnt in Rom und endet in Rom, und dazwischen liegt Ägypten – weites, reiches, sanft anschwellendes Gold, wie der ebenmäßig gewölbte Leib einer Frau in guter Hoffnung. Noch immer spüre ich in meinen Fingern, wie seidig sich die Seiten meiner Bücher anfühlten, damals in der Bibliothek meines Vaters Philipp, Präfekt des Kaisers von Rom.

Heute erscheint es schier ausgeschlossen, dass ich je eine Tochter Roms war. Ich sehe mich wieder vor mir, so wie ich war, in jenen Tagen in Alexandria – gekleidet in die feinsten aller Stoffe, in einem Palast, von Büchern umgeben. Auch sie bedeckt Staub – zuweilen schimmernd, zuweilen hauchdünn –, doch habe ich nie eine Dienstmagd getadelt oder einen Sklaven dafür gescholten, dass sie ihn nicht weggewischt haben. Ich liebe die vielfachen Eigenschaften dieses Staubes: Jedes Körnchen besteht für sich, alle aber sind so fein, dass sie zu einem einzigen umhüllenden Mantel werden. Er ist rau und dennoch seidig glatt. Stundenlang könnte ich davon sprechen. Denn ich glaube, Gott ist in diesem Staub. Was sonst ist überall auf der Welt zu sehen, an jedem Ding und jeder Form? Er lässt sich nieder auf dem Wissen, das zwischen jenen Seiten bewahrt ist, und das ist für mich eine nie versiegende Quelle von Trost und Sicherheit. Denn dort in Alexandria sagte man mir, dass niemand meine Klugheit gutheißen würde, wäre ich nicht des Präfekten Philipp Tochter – Philipp, Herrscher von Ägypten, vom römischen Kaiser höchstpersönlich eingesetzt, oberster Richter, Born der Weisheit. Ich könne mich glücklich schätzen, so gebildet zu sein und über so viel Wissen zu verfügen – nie hätten sie eine Frau als »aufgeklärt« bezeichnet; nein, das wird selbst in Büchern tunlichst vermieden.

Ich war fünfzehn, als der Sohn des Konsuls, Aquilinus, um

meine Hand anhielt. Ich erinnere mich noch genau an diesen Tag. Vater war begeistert, Mutter entzückt, selbst meine Brüder Avitus und Sergius trugen eine Zufriedenheit zur Schau, die es mir umso schwerer machte, das Angebot auszuschlagen. Aber genau das tat ich. Ich habe immer getan, was ich tun musste. Das ist etwas Leichtes, Unfehlbares – eine Einheit zwischen Verstand und Geist, ein Hinnehmen, das sich dem äußeren Zwang nicht beugt.

»Warum weist du ihn ab?«, jammerte meine Mutter Claudia. »Was verlangst du mehr von einem Ehemann? Er hat Macht, Ansehen, gute Aussichten.«

»Aber welche Qualitäten besitzt er, Mutter?«, fragte ich. »Was genau spricht für ihn oder stellt ihn über alle anderen Männer?«

»Er ist von vornehmer Geburt«, erwiderte meine Mutter. »Das spricht für sich.«

»Ich suche mir meinen künftigen Ehemann nicht nach der Abstammung aus, Mutter«, schloss ich, traurig, es erklären zu müssen, niedergeschlagen, sie nicht glücklich machen zu können, »ich achte auf seinen Anstand und seinen Charakter.«

Meine Mutter wurde unruhig. In derselben Nacht hörte ich, wie sie meinen Vater schalt, weil er mir die Bibliothek frei zugänglich gemacht hatte, weil er mir Bildung hatte zuteilwerden lassen, sodass ich mir nun einbildete, über den Vorschriften der Gesellschaft und der Tradition zu stehen.

Die Leute meinen, aus einer klugen Frau könne keine gute Ehefrau werden. Und was ist eine Frau schon anderes, wenn sie keine gute Ehefrau ist, als eine bloße Laune der Natur? Die Leute nennen mich hübsch, und, offen gestanden, ich weiß, was sie meinen. Aber mein Wissen, meine Gabe zu Disput, Hypothese und Analyse, allein diese Fähigkeiten erzeugen zwischen mir und den Männern einen Schleier ähnlich dem zwischen Dämmerung und Morgen. Der zentrale Teil dieses Wortes, verbunden mit dem strahlenden Initial der aufgehenden Sonne – das ergibt »Sorge«.

»Sorge für deine Mitmenschen«? Ist das die Botschaft? Die Botschaft, die du, Gott, mir schickst? Denn ich glaube, dass Gott auch in den Fähigkeiten steckt, von denen ich eben sprach. Allezeit hauchdünn, allezeit immateriell, doch wie ist es möglich, Seine umhüllende, umfassende Gegenwart zu leugnen? Sie ist wie der Schoß meiner Mutter, die ich verloren und wiedergefunden habe.

Es ist der christliche Gott, der meiner Ahnung von dieser stillen, dunklen Gottheit am nächsten kommt und der mich überwältigt, obwohl er sich weigert, Form oder Gestalt anzunehmen.

In der Bibliothek gab es Bücher über jede erdenkliche Religion. Von ihrem Sitz blickten die mächtigen römischen Götter auf uns herab; unserer Familie, wie mein Vater täglich anmerkte, wohlgesonnen.

Doch sie spielen ihre Spielchen, diese Götter. Und der Vater der Götter hat ein lebhaftes Glied, das häufig die Formen, die er annimmt, bestimmt und sein Handeln lenkt. Ein Gott in Gestalt eines Mannes, mit den Hauptschwächen des Mannes. Ich räume ein, dass bei ihm selbst die unwürdigste Handlung immer eine tiefere Bedeutung, einen höheren Sinn hat; doch es fällt mir schwer, sein Tun zu billigen. Ich weiß: In jeder Kraft wirken verborgene Kräfte, in jedem Feuer versteckte Feuer, und die Luft, die uns umweht, birgt eine Absicht, die für uns unerkennbar bleibt. Dennoch: Wenn ich den Gottvater vergleiche mit jenem Menschensohn, der in seiner irdischen Gestalt – durch denselben Leib, dieselben Mühen und dieselben Verpflichtungen bedrängt und eingeengt wie die übrige Menschheit – ein untadeliges Leben führte, dessen einziger Fehler darin bestand, sämtliche Familienbande von sich zu weisen …

Dieser Mensch war Jesus von Nazareth, ein Jude. Gelehrte, die meinen Vater in seinem Palast aufsuchten, erzählten uns von diesem Mann. Er hatte scharenweise Anhänger, die sich ihm noch immer zuwandten, obwohl er schon seit über zweihundert Jahren tot war; er wurde zusammen mit zwei gewöhnlichen Verbrechern gekreuzigt. Die Gelehrten erzählten uns – verzweifelt, wie unter Zwang und um ihr Leben bangend –, er sei Gottes Sohn gewesen, und es gebe nur diesen einen Gott, und Er sei der Vater. Die Anhänger dieses Gottes, »Christen« werden sie genannt, kamen nicht zum Palast; von ihrer Existenz erfuhren wir durch die Gelehrten – die Geschichtsschreiber, Chronisten, Theologen und Philosophen –, Menschen, die das Los der Menschheit beobachten und aufzeichnen.

Ich habe diese Gläubigen getroffen: Ihre Augen betteln und ihre Herzen flehen, und sie bitten uns inständig, uns am Saum des Gewandes ihres Herrn Jesus Christus festzuklammern – nicht um ihretwillen, sondern um unserer selbst willen. Wenn wir unsere Stirn nur einen kurzen Augenblick an seinem Saum ruhen ließen, würden wir erlöst.

»Seht uns an«, rufen sie. »Wir sind der lebendige Beweis. Wir fürchten nichts mehr. Wir heißen Tod und Verfolgung willkommen. Sie erhöhen uns. Wir nehmen sie auf uns zur Erlösung der Menschheit.«

Wer sind diese Leute, aus welchem Holz sind sie, dass sie davon reden, die Sünden der Menschheit auf ihre Schultern zu laden? Das hat noch nie einer getan. Das kann keiner tun.

Kann einer es tun?

Es gibt Bücher, die von Männern verfasst wurden, die diesen Jesus kannten. Einige davon habe ich in der Bibliothek, es sind Lehren eines Mannes namens Paulus. Die Jünger – und auch Paulus – behaupten, Jesus sei der Messias, den die Juden prophezeit haben. Die Juden aber sagen, er sei es nicht. Ihr

Messias werde König sein, und nicht, wie Jesus, ein einfacher Zimmermann. Dem halten die Jünger entgegen, er sei König des Himmelreichs und der menschlichen Seelen, und er sei in menschlicher Gestalt erschienen, damit alle Menschen zu ihm kommen und seinem Weg folgen könnten. Das verlange weder Geld noch Ansehen, allein eine ergebene Seele und einen entschlossenen Geist.

Die bettelnden Augen und flehenden Herzen verfolgen mich, und die ewigen Zweifler, die diesen Mann einen Unruhestifter nennen und einen Scharlatan von einzigartigem Talent, der die einfältigen Massen mit Taschenspielertricks irreleitet, stoßen mich irgendwie ab. Auch ich spüre seinen formlosen Gott. Ich sehe Ihn in den Sandkörnern der Wüste – und ich weiß, dass die Unendlichkeit nur in solcher Formlosigkeit liegen kann, ebenso die Allgegenwärtigkeit, ohne die es keine Allwissenheit geben kann ... und das ist, was sie Ihm zuschreiben, diesem »einen und einzigen Gott«. Im Grunde gibt es nichts Gutes oder Furchtbares, das sie Ihm nicht zuschreiben. Den Allmächtigen nennen sie ihn, den Allgütigen und Allwissenden. Dann, im selben Atemzug, nennen sie ihn sowohl den Barmherzigen als auch den Obersten Richter, der für strenge Gerechtigkeit sorgt und die Sünder an einem Ort namens Hölle schmachten lässt. Und sie *wissen*, dass das, was sie sagen, wahr ist, sonst hätten sie nicht die Kühnheit, diese Dinge zu behaupten. Es liegt etwas Göttliches darin: Sehen und doch nicht sehen, glauben und doch nicht glauben, gestaltlos und doch geformt wie alle Dinge.

Ich musste es einfach erforschen.

»Protheus und Iacincthus, kommt mit«, gebot ich eines Tages meinen treuen Sklaven. »Wir müssen uns diese Jünger einmal in ihrer eigenen Umgebung ansehen.«

Die beiden Männer waren bereit, und so brachen wir auf, Herz und Geist für jede Begegnung offen. Protheus und Iacincthus hatten nicht weit von Alexandria ein Dorf entdeckt, in dem es eine große christliche Gemeinde gab; dorthin lenkten wir unsere Schritte. Unsere erste Erfahrung des Heiligen Geistes war das Singen. Ein getragener, sanfter Singsang, der aus dem Leib der Erde emporzuwachsen schien und sich zu einer gewaltigen Mauer erhob, die uns umgab. Meine Ohren konnten nicht ein einziges Wort entschlüsseln, und doch lief es mir kalt über den Rücken, ich war in tiefster Seele berührt und ergriffen. Dann, aus geringerer Entfernung, konnten wir auch die einzelnen Worte hören. Sie waren einfach: »Alle Götter sind nur Götzen, einzig ist der Eine, Er allein ist Gott.« Ich wandte mich an Iacincthus und Protheus.

»Ich habe die aristotelischen Kategorien, Platons Ideen und die Lehren des Sokrates studiert. Doch vernehmt die Botschaft, die die Christen singen. Sie widerspricht allem, was Dichter, Redner und Philosophen je geäußert haben. Die Gesetze der Gesellschaft machen mich zu eurer Herrin; nun bitte ich euch, mich im Einklang mit der Weisheit der Natur als eure Schwester in Christus anzunehmen, und wir werden gemeinsam seinem Weg folgen.«

Protheus und Iacincthus nickten zustimmend; sie hatten Tränen in den Augen. Freudig umarmten wir einander, um uns gleich darauf in die Umarmung der singenden Menge der Christen zu stürzen. Von diesem Tag an wurde das Leben im Palast zur leibhaftigen Hölle. Ich wusste, ich musste gehen.

Die Christen haben Häuser, die sie Nonnenklöster nennen. Ich habe diese Art von Leben kennengelernt – sogar in mehr als einem dieser Klöster –, bis mir klar wurde, dass ich nicht dafür geschaffen bin. Es gibt dort keine Gelegenheit, sich Wissen zu bewahren und neues anzueignen. Eine Äbtissin sagte mir, es sei meine außergewöhnliche Bildung, die mich in das Haus Gottes ziehe. Und damit hatte sie recht. Im selben Atemzug aber wollte sie mir einreden, dass ich mir diese Bildung nur angeeignet hätte, um sie Gott darzubringen – als Opfer sozusagen. Ich hätte sie Ihm zum Zeichen meiner Demut nicht nur als Geschenk zu überreichen, sondern vollständig auf sie zu verzichten; ihr wie dem Widder, den Abraham in jenem jüdischen Buch schlachtete, die Kehle durchzuschneiden und sie unter hässlichem, niederem Blöken ausbluten zu lassen. Stimmt, sie war mir das Teuerste; doch sie war ein Geschenk von Ihm – ich konnte sie nicht einfach wegwerfen, um sie durch Gottergebenheit ohne Sinn und Verstand und durch blinden Glauben zu ersetzen. In allen Fasern meines Seins waren bereits zu viele Augen geöffnet, als dass ich je wieder hätte blind sein können. Glaube, gab ich zurück, sei nicht immer blind, Gottergebenheit nicht notwendigerweise ohne Sinn und Verstand. Lernen, sagte ich, sei die Anwesenheit Gottes in mir. Die Äbtissin schnalzte missbilligend mit der Zunge und schüttelte den Kopf, sie empfahl demütige Hingabe und Geißelung. Und ihre Augen sagten mir, ich sei keine Frau mehr. Was für eine Anmaßung! Was für eine Geisteshaltung! Sicher sei der Teufel bereits in mich gefahren. In ihrem Kloster sei für mich jedenfalls kein Platz. Ich bereute es nicht, da ich sowieso nicht vorhatte, in ihr Kloster einzutreten und mit ihresgleichen zusammenzuleben.

Sack und Asche, Austreiben des Teufels mit der Peitsche.

Ich habe mich nie davor gedrückt, Buße zu tun. In der einen oder anderen Form übte ich mich täglich darin. Wie aber legt man Wissen ab? Ich konnte es mir nicht einfach aus dem Leib schneiden, wie diese übergetretenen Isis-Priester sich ihren Penis abhackten und sich die Augen ausstachen, weil ihr Herr Jesus Christus gesagt hatte: »Wenn dich aber dein rechtes Auge zur Sünde verführt, so reiß es aus und wirf es von dir.«

Gott erbarme dich, welch ein Zerrbild des Glaubens! Wie viel härter, Ehelosigkeit zu praktizieren, wenn der Penis unversehrt ist, wie ungleich schwerer, der Versuchung zu widerstehen, wenn da noch ein Anblick das Auge lockt.

Aber Gott, Gott, ich weiß, wie du bist, dieser Jude mit Namen Jesus beschreibt dich so, wie ich dich kenne, Seinem Weg muss ich folgen.

Es gab keine andere Wahl. Ich würde meinen Vater verlassen, mein Zuhause – und auch meine geliebte Bibliothek, meine Zufluchtsstätte, meine Welt und meinen Hort, um eine Zeit lang in einem Mönchskloster zu leben. In einer ehelosen Bruderschaft wäre ich bestens aufgehoben; zu dieser Überzeugung war ich durch gewissenhaftes Nachdenken über Enthaltsamkeit und über jene, die einen Penis haben, ohne ihn je zu benutzen, gelangt. Denn ich wollte lernen und von meinem Wissen Gebrauch machen, ich wollte meine Zeit damit verbringen, Gott zu dienen und einzig Ihn zu lieben.

So verließ ich am nächsten Morgen den Palast meines Vaters. Protheus und Iacincthus kamen mit mir. Wir beschlossen, im Kloster des heiligen Helenus um Aufnahme zu bitten. Helenus hatten wir einmal bei einer Auseinandersetzung mit einem Ungläubigen gesehen. Geduldig und klug begründete Helenus die Lehre Jesu, doch fiel seine Gelehrsamkeit auf taube Ohren. Schließlich hob er seinen Blick; in seinen Augen leuchteten die Lichtschleier von Myriaden von Sternen einer Nacht in der Sandwüste.

»Von großen Spektakeln halte ich nichts«, erklärte er, »aber manchmal sind sie nötig.« Und Helenus wies eine Gruppe von Leuten an, ein Feuer anzuzünden, das groß genug sein sollte, um einen Mann in sich aufzunehmen. Als es so weit war, sprach er zu dem Ungläubigen: »Ich werde als Erster durchs Feuer gehen. Komme ich unversehrt wieder heraus, so ist es durch die Gnade meines Herrn geschehen – dann musst du dich zu Ihm bekennen. Kommst hingegen du heil heraus, werde ich mich zu dem deinigen bekennen.«

Als Helenus in die Flammen trat, schnappte die Menge nach Luft – ein einziger, gewaltiger Seufzer des Glaubens, so tief und vereint, dass seine Kühle die Flammen bändigte. Wir konnten Helenus in den lodernden Flammen sehen: Sie leckten und umfingen ihn, streichelten und züngelten an ihm hoch. Er schien im Feuer zu feiern, es zu genießen; es war, als führe er eine Art rituellen Tanz auf, als wolle er sich von den Unreinheiten, die an seiner Gestalt hafteten, reinigen. Ein zweites Mal schnappte die Menge nach Luft, als er, von Glanz umstrahlt, hinaustrat und den Ungläubigen mit seinem Blick durchbohrte.

»Jetzt ist die Reihe an dir.«

»Das könnte dir so passen«, gab der Ungläubige zurück. »Du kannst noch lange warten, bis ich durchs Feuer gehe. Nur ein Wahnsinniger täte das.«

Er suchte fieberhaft einen Fluchtweg; als er keinen entdeckte, ließ er den Kopf hängen. Auf ein Handzeichen Helenus' hin teilte sich die Menge, und der Mann schlich beschämt von dannen.

»Lasset uns zum Herrn beten, dass er eines Tages zurückkommen und einer der unseren sein wird. Möge der Herr die Wunden seiner Scham heilen.«

Helenus' Worte beeindruckten mich noch tiefer als sein dramatischer Auftritt. Daher war es ganz natürlich, dass wir seine Abtei als unseren Zufluchtsort erkoren.

Ich schnitt mir die langen Locken ab und legte damit meine weibliche Erscheinung ab. Ich legte meine feinen Kleider beiseite und schlüpfte in das raue, grobe Tuch meiner Berufung; es scheuerte meine zarte Haut wund, bis sich neue, harte Haut gebildet hatte. Sie war rau und schwielig und passte insgesamt besser zu meiner Berufung. Als wir in Helenus' Abtei vorstellig wurden, machte mir meine wund gescheuerte Haut bewusst, dass ich, stellte ich mich als Mann vor, niemanden mutwillig täuschen wollte.

Die Brüder hießen Protheus, Iacincthus und mich willkommen und glaubten mir sofort, dass ich mein früheres Leben und Ansehen hinter mir gelassen hatte und, um zukünftig jeden Einfluss zu vermeiden, diese geheim halten wollte. Am Abend unserer Ankunft im Kloster rief Helenus mich in seine Kammer und betrachtete mich mit seinem strahlenden Blick.

»Ihr behauptet zu Recht, ein Mann zu sein«, sagte er. »Ihr tut etwas Mannhaftes.«

Mein Herz machte einen Satz, und ich öffnete den Mund, um zu sprechen, doch was ich sagen wollte, wird auch mir selbst immer verborgen bleiben. Helenus legte einen Finger an seine Lippen.

»Wir werden beten, *Bruder* Eugenius«, flüsterte er.

Nie wieder wurde mein Geschlecht auch nur andeutungsweise erwähnt.

Das Leben im Mönchskloster war beinahe so vollendet, wie ich es mir erträumt hatte. Ich lernte ungeheuer viel über das Leben und die Liebe und die menschliche Gemeinschaft. Und wenn auch jede Andacht – welche Gottheit auch immer verehrt wird – ähnliche Bewegtheit hervorruft, unmöglich lässt sich unser Gefühl erklären: Unsere Herzen schienen zum Bersten voll zu sein von der gewaltigen, explosiven Kraft Seiner Präsenz, die in uns kleinen, unbedeutenden Wesen freigesetzt wurde. Wir spürten, wie sie herausströmte, wie unsere Augen sie ausstrahlten – es war eine so tiefe, anhaltende Leidenschaft, dass sie meinen Mitbrüdern jeden Gedanken an fleischliche Gelüste austrieb; aber wir erfuhren auch von Mönchen, die nicht über die niederen Freuden des Fleisches erhaben waren.

Täglich schlugen wir uns die Schlechtheit und den Schatten

des Teufels aus dem Körper. Und wenn meine Kleidung einmal im Monat mit Blut besudelt war, stellte die Bruderschaft mich nicht zur Rede. Sie gingen davon aus, dass es Blut von den Wunden der Geißelung sei.

Die Täuschung warf den einzigen Schatten auf mein Glück. In meinem Innern war ich froh, dass Gott, der meinen Körper und mein Geschlecht besser kannte als ich, meine Weise zu leben billigte. Dennoch war ich des Betrugs schuldig. Ich hatte meinen Mitbrüdern nicht erzählt, dass ich eine Frau war. Aber mein neuer Glaube umfing mich, bis ich mit Haut und Haar darin aufgegangen war. Es gab für mich nur noch den Glauben und den Eifer, ihn zu verbreiten. Ich konnte nicht einfach alles aufs Spiel setzen, was für mich Bedeutung hatte. Noch nicht. Ich war nicht bereit dazu.

Und wie hätte ich bleiben und meinen Auftrag erfüllen können, wenn ich ihnen sagte, dass ich eine Frau war? Schon dieser alte Frauenfeind, der Römer Paulus, alias Saulus, hatte die Frauen auf alle Arten heruntergemacht.

Vergib mir, Herr, vergib mir meine Sünden, meine Schwäche, meine Arglist. O Herr, mein Gott, Vater Jesu, gib mir ein Zeichen. Ein Zeichen, o Herr, dass du mich nicht verurteilst! Es kann doch nicht sein, dass ein kleiner, bracher Bereich meines nichtigen Leibes meinen ganzen Eifer, meine Hingabe zu dir und Jesus, deinem Messias, zunichtemacht.

Ein Zeichen, o Herr, ein Zeichen.

Mein erstes Zeichen hatte ich, als meine Blutung nicht mehr kam. Vielleicht war ich in diesem Augenblick zu erfreut, zu eifrig und hatte zu schnell das Gefühl der Absolution. Doch Hochmut kommt immer vor dem Fall. Ich kasteite und erniedrigte mich vor Gott und rang mir meinen Dank so tief aus der Seele, dass ich vor Schwäche nicht mehr aufstehen konnte.

Die Schuld der Täuschung lastete noch immer schwer auf

meinem Herzen. Ob man etwas unterlässt oder es begeht – man macht sich schuldig, jedes Mal ist es eine neue Sünde. Also bat ich täglich um Vergebung. Dann, einige Jahre später, als ich älter war und im Klosterleben fester Fuß gefasst hatte, sandte Gott ein zweites Zeichen: Auf seinem Sterbebett ernannte Helenus mich zu seinem Nachfolger. Ich wurde zum Abt geweiht.

Ich wusste, dies war Gottes Art, mir zu sagen, dass Frauen wie Männer – ungeachtet der Form ihrer Genitalien – Gnade vor Seinen Augen finden, wenn sie eine Tat mit reinem Herzen, mit keuschem Geist vollbrachten. Von diesem Tag an fürchtete ich nicht mehr, nach meinem Tod von Ihm zurückgewiesen zu werden. Dennoch peinigte mich tief in meinem Herzen die Frage, was die Klosterbrüder empfänden, wenn sie wüssten, dass eine Frau an ihrer Spitze stand; denn ich liebte sie, jeden einzelnen von ihnen. Helenus hatte Bescheid gewusst, tröstete ich mich, und mich trotzdem erkoren. Ich erinnerte mich wieder an eine Nacht, in der wir am Kamin saßen und er uns von seinem letzten Besuch in Alexandria erzählte.

»Die einzige Tochter des römischen Präfekten Philipp ist verschwunden. Sie haben überall nach ihr gesucht. Sie haben bei Wahrsagern Rat gesucht, sich von Sehern und Weisen beraten lassen. Die Weisen sagen, sie sei ins Jenseits gegangen und zu einem Stern geworden. Philipp hat eine Statue von seiner Tochter meißeln lassen und Befehl erlassen, sie anzubeten.«

Als ich mich bekreuzigte, spürte ich Helenus' Blick. Er durchbohrte meine Seele und sah, dass ich zutiefst beschämt war. Er war zufrieden. Vielleicht fasste er damals seinen Beschluss.

Kurz nachdem ich zum Abt ernannt worden war, wurde ich nach Alexandria gerufen, um eine junge Frau aus einer reichen und vornehmen Familie zu behandeln. Diese Frau, Melancia, war an Viertagefieber erkrankt. Ich legte meine Hand auf ihre heiße

Stirn und salbte sie im Namen Jesu, des größten aller Heiler, mit einem fiebersenkenden Kräuteröl. Dann setzte ich mich an ihr Bett und betete, bis sie die Augen aufschlug. Das Fieber sei gewichen, sagte ich zu ihr, und es sei Zeit für mich zu gehen. Aber ehe ich ginge, würden wir gemeinsam Gott danken. Die Frau bedankte sich auch bei mir, überhäufte mich mit Fragen und flehte mich an, ihr von Leben und Wirken Jesu zu erzählen. Die Zeit, den Durst eines Geistes zu stillen, der nach diesem Wissen strebte, fand ich immer. Ich blieb und sprach zu ihr. Es war Teil der kostbaren Bürde meiner Berufung.

Als diese Frau mich einige Tage später wieder rufen ließ, war ich überrascht. Ihr Dienstmädchen sagte, das Fieber sei wieder aufgetreten. Ich spürte, dass da etwas nicht stimmte, und stellte sie zur Rede.

»Ich dachte, Ihr würdet nicht kommen«, flüsterte sie, »wenn ich sagte, dass ich Euch nur über unseren Herrn sprechen hören möchte. Also habe diese List ersonnen, um Euch hierherzulocken. Bitte lasst mich beichten und mein Herz erleichtern.«

Zuerst dachte ich, ich bildete mir nur ein, dass Melancia ihren Kopf während der Beichte ein wenig zu lange auf mein Knie legte, dass sie beim Entgegennehmen meines Segens ihre Lippen von meinem Ring den Finger entlang und gar bis zum Handgelenk gleiten ließ. Doch dann wurde ich gewahr, dass sie mich begehrte. Ich war entsetzt, begriff es jedoch als Prüfung. Woraufhin könnte mein Herrgott mich prüfen? Die Prüfung, beschloss ich, war für die Frau bestimmt, obwohl sie wohl zum Teil eine Prüfung meiner eigenen Hingabe hätte sein können, meines Mitgefühls für eine verlorene Seele, meiner Fähigkeit, jenes göttliche Netz auszuwerfen und sie vor dem Ertrinken zu bewahren.

Ich erinnerte sie an mein Gelübde der Ehelosigkeit. Sie warf sich in meine Arme und gestand ihre Leidenschaft. Ihre Sprache war anschaulich wie ein Gemälde und erfüllt von einem pulsierenden, wissenden Begehren, das ich abstoßend fand. Sie sprach wie in Trance, beschrieb, wie sie sich meine Glieder vorstellte und welche davon sie berühren wollte und wie. Sie würde mir solche Genüsse zeigen, versprach sie, solche Freuden, solches Entzücken, dass der Himmel dagegen verblassen würde und ich, der ich davon nicht mehr genug kriegte, die Flammen der Hölle bereitwillig ertrüge.

Eine Art Lähmung befiel mich. Das war die Prüfung. Endlich war sie da. Ich sah Helenus vor mir, in den Flammen, und wünschte mir nichts sehnlicher, als auch darin zu sein, um mich zu reinigen.

»Hilf mir, o Herr, mein Gott!«

Sollte ich ihr sagen, dass ich sie nicht lieben konnte, weil ich eine Frau war? Nein. Ich musste als Abt zu ihr sprechen, sie beruhigen, sie davon überzeugen, dass der Dienst an Gott größere Leidenschaft berge. Das andere wäre zu einfach.

Also legte ich meine Hand auf ihren Kopf, wie jeder andere Geistliche es getan hätte, voller Liebe und Mitgefühl und ohne einen Gedanken an meine Kutte und was deren Verlust für mich bedeuten würde. In jenem Augenblick kümmerte ich mich um nichts als um die Rettung ihrer Seele. Melancia, die ihren Kopf einen Moment lang auf meine Knie gelegt hatte, begann, schwer zu atmen, als bereite sich ihr Körper auf ein Schluchzen vor. Ich spürte ihren heißen, feuchten Atem, ihre Tränen sickerten durch meinen Mantel auf die Haut meiner Schenkel. Gut, gut ... Reue, dann der wunderbar von der Last befreite Leidensweg zur Erlösung. Schon gut – aber was ist das?!

Die Hand dieses unglückseligen Wesens sucht tastend nach meinen Beinen, meinem Körper. Ihre Lippen, geschickt wie die eines Tieres, machen sich an meiner Kleidung zu schaffen, zerren sie mir vom Leib! O Schmerz, ihre spitzen Zähne graben sich in mein Fleisch, und o Scham! Ich spüre Erregung – das befremdliche Ansprechen meiner Haut auf ihre zärtlichen Berührungen. Ich spüre, wie die Bereiche, denen ich längst entsagt hatte, feucht werden, unter Prickeln erwachen meine vergessenen weiblichen Zonen wieder zum Leben, o Gott! Was ist das? Ich schlucke schwer, kralle mich am Rand meines Stuhls fest. Versuchung. Das ist die Versuchung. Meine Haut, meine Haut, diese Verräterin, macht mit, saugt meine Muskeln bis zur Kraftlosigkeit aus.

»Mach, dass du verschwindest, Satan!«, brülle ich und schnelle empor. Hinter mir kippt der Stuhl um, vor mir liegt die Frau. Ich zittere und bibbere, als ich auf diese wahre Tochter Evas herabblicke. Kein Wunder, dass die Männer auf uns herabsehen und uns schmähen.

Diese Teufelin, sie blickt zu mir hoch, mit grün glitzernden Augen, eine dämonische Versuchung, auf mich konzentriert. »Ich weiß, dass du etwas empfindest«, sagen ihre Augen.

»Ich weiß, dass du etwas empfindest.« Sie spricht es aus und fixiert mich mit ihrem grünen Blick. Seltsam, dass ich dieses Grün bislang nicht wahrgenommen hatte; mein Geist war so erfüllt von dem Sand, dem Gold und dem Sonnenschein der Wüste, und in allem erblickte ich Gott.

Ihr Blick bedeutet mir nichts. Denn was ist Enthaltsamkeit ohne Versuchung anderes als Ehelosigkeit ohne Penis?

»Nichts«, sage ich, und sie lacht.

»Nichts?«, fragt sie herausfordernd und umfasst gierig meine Lenden, fährt mit ihrer Hand in meinen bebenden Schoß. »Dir werde ich zeigen, was ›nichts‹ ist!« Ihre Faust schließt sich – und umfasst nichts.

Meine Zeit ist um. Ich bin entlarvt.

Nein, sie zuckt zurück, ganz verblüfft.

»Beim Jupiter!«, entfährt es ihr. »Du bist ja gar kein Mann!« (Ich erstarre zur Statue.) »Du bist eine Statue. Du hast keine

Gefühle. Dein Glied ist so kraftlos, so lahm wie dein schlotterndes Gewand.« Dann, wie sie sich wieder gefangen hat, faucht sie: »Oder hat dir etwa der Mangel an Gelegenheiten in all den Jahren deines Mönchsdaseins die Männlichkeit geraubt?« Sie stemmt die Hände in die Hüften, geht herum und betrachtet mich von allen Seiten; verächtlicher Spott sprüht von ihrer Zunge, mit höhnenden Dolchstößen durchbohren mich ihre Augen. »Sieh dich an, es ist doch ein Jammer! So schön, so jung, so gelehrt, und dennoch verzichtest du auf die himmlischste Gabe, die Gott den Menschen geschenkt hat.«

Ich hielt es für das Beste, mich nicht auf sie einzulassen. Es war besser, ihren Spott und ihre Beleidigungen, die auch meine Glaubensbrüder trafen, zu ertragen.

Vor allem anderen war ich Christ – ein Mönch. Ich sollte wissen, dass höhnische Bemerkungen und Spott Wunden zufügten, in denen die Erlösung wohnte. Ich machte keine Anstalten, mich zu rechtfertigen, und konzentrierte mich darauf, mit all meinem Wissen zurückzuhalten und die Argumente zu unterdrücken, die mir ohne langes Nachdenken in den Sinn kamen. Ich hätte ihre Sticheleien im Nu unterbrechen und sie zum Schweigen bringen können. Nach so vielen Jahren fielen mir die Worte der Äbtissin wieder ein, und in aller Stille brachte ich meinem Gott mein Opfer dar.

»Um Deinetwillen, Herr, entsage ich der Macht und dem Schutz, die mein Wissen mir gibt.«

»Ich bin ein Mann Gottes«, sagte ich schließlich, »und ich habe Ehelosigkeit gelobt.«

Doch Melancia ging nicht darauf ein. Sie packte ihre Brüste, und ihre Lippen formten Küsse – um mich in Versuchung zu führen und mich zugleich zu verspotten. Doch alles, was ich verspürte, war Wut.

»Du heißt zu Recht Melancia«, brach es aus mir heraus,

obgleich ich mich hatte zügeln wollen. »Denn du bist erfüllt von Schwärze. Eine würdige Tochter des Fürsten der Finsternis. Eine Schande für dein Geschlecht bist du!«

Im Hinausgehen erkannte ich an ihrem Gesichtsausdruck, dass sie fieberhaft nachsann. Sie würde mich schneller anzeigen als ich sie. Es war nicht weiter überraschend für mich, dass Philipp, Präfekt von Ägypten und Statthalter Roms, mich ergreifen und einkerkern ließ, um mich den wilden Tieren zum Fraß vorzuwerfen.

Ich senkte meinen Kopf, als ich, von Zuschauern umgeben, in seinem Gerichtssaal stand. Wie es mich schmerzte, eine andere Frau in aller Öffentlichkeit bloßzustellen! Lieber hätte ich Melancias Leidenschaft mit ins Grab genommen – wenn sie mich nur gelassen hätte. Doch sie war entschlossen, einen öffentlichen Rachefeldzug zu führen, und nun trampelte ich hier auf einer Seite meines eigenen weiblichen Wesens herum, die nun in mir aufgebrochen war, die gesungen und überlebt hatte; sie hatte mir einzigartige Freude gebracht, wenngleich ich ihr keine körperliche Erfüllung zugestanden hatte. Hier stand die Weiblichkeit vor Gericht, diese besondere Art, Dinge zu betrachten, zu wissen, zu geben, und meine Aufgabe war es, ihre Verurteilung zu erzwingen.

Plötzlich entdeckte ich einen Lichtstrahl, in dem Tausende von Staubpartikeln tanzten. Ein wilder Reigen – Tanz des Lebens, Tanz des Todes? Es war einerlei. Ich musste nur meinem Instinkt vertrauen. Seit Menschengedenken hat die Weiblichkeit schon viele Angriffe überlebt. Böswillige Menschen könnten Melancia als Knüppel benutzen, um die Frauen zu züchtigen. Ich aber hatte widerwärtigen Wesenszügen – falschen Anschuldigungen, Meineid, Lügen – den Kampf angesagt. Dabei vergaß ich auch nicht zu fragen, ob mein männliches Auftreten nicht auch eine Art Meineid sei. Ich wusste, ich würde dafür zahlen müssen, dann würde ich erlöst. Der Preis war klar. Indem ich eine andere Frau zu Fall brachte, würde ich mich selbst zu Fall bringen. Es musste sein. Die Staubpartikel tanzten weiter. Es würde gut ausgehen.

»Sag uns, du gottloses Geschöpf«, rief Philipp, »war es dein Christus, der dir befahl, Frauen aus gutem Hause zu vergewaltigen?«

»Unser Christus lehrte uns Keuschheit. Er versprach denen ewiges Leben, die an Körper und Seele rein sind. Was diese Frau, Melancia, anbelangt, so kann ich ohne Mühe belegen, dass sie falsch geschworen hat. Doch ich will schweigen und die Folgen meiner Langmut auf mich nehmen.«

Dann lud Philipp Melancias Dienstmagd vor. Sie wiederholte die Geschichte ihrer Herrin. Dass ich unter dem Vorwand, nach ihr sehen zu wollen, vorbeigekommen sei und versucht hätte, sie zu schänden. Ich blickte mich um und war zutiefst bestürzt, als ich sah, was eigentlich keine Überraschung für mich war: Ausnahmslos schenkten die Anwesenden den Lügengeschichten Melancias und ihrer Dienstmagd mehr Glauben als den Worten eines frommen Abts. Da wusste ich, meine Zeit war gekommen.

Ich zitterte vor Angst bei dem Gedanken, dass der furchtbare Zorn Gottes auf diese Frau herabfahren würde. »Vergib ihr, Herr«, sagte ich, und das Gebet war eher ein Flüstern als ein Gedanke. Denn der Römer, mein Vater, hörte es und fragte: »Ihr vergeben? Was soll ihr vergeben werden? Du bist es, der hier wegen schwerwiegender Vergehen unter Anklage steht.«

»Euer Ehren«, erwiderte ich mit einer Stimme, die noch immer zitterte von der grauenerregenden Entdeckung, dass ein Geist, der einst nur für Reinheit offen zu sein schien, dem Bösen anheimfallen kann, »ich weise sämtliche Anschuldigungen zurück. Ich lebe in Ehelosigkeit, und das seit dem Tag meines Eintritts ins Mönchskloster. In meinem ganzen Leben habe ich keine fleischlichen Beziehungen gekannt und hege nicht die Absicht, mein Gelübde je zu brechen. Und ich weiß«, schloss ich, selbst ergriffen von der Schlichtheit und Aufrichtigkeit meiner Folgerung, »dass Gott der Herr auf meiner Seite ist, und ich werde Seinen Beschluss annehmen und erkennen, dass er meiner Erlösung am Jüngsten Tag dient.«

Da ging ein Raunen durch den Gerichtssaal, und ich warf einen kurzen Blick auf Melancia. Sie war bleich, aschfahl, und das Grün in ihren Augen war so intensiv, dass es unwirklich schien und ihrem Gesicht einen grünen Widerschein verlieh. Das Graugrün, die brackige Erscheinung ihres Gesichts erfüllten mich mit Ekel, dem Mitleid folgte. Hatte sie mich rufen lassen, weil sie den jungen und schönen Abt hatte verführen wollen? Oder war sie erst durch meinen geistigen Beistand vom rechten Weg abgekommen? Vergib mir, Herr! Vergib mir im Namen unseres Herrn Jesus Christus! Meine Überlegungen wurden durch Philipps Worte gestört.

»Warum solltest ich dir glauben, Mönch?«

Hatte mein Vater schon immer so roh, so erbarmungslos geklungen? Oder hatte ich vergessen, wie die Menschen außerhalb der Klostermauern, die mich nun schon so lange beschützten, miteinander umgingen?

»Ich bitte Euch, mir zu glauben, Philipp«, gab ich mutig zurück. »Mein Wort steht gegen Melancias.«

»Kannst du Beweise beibringen?«

»Kann Melancia Beweise beibringen?«

»Dafür seid ihr Christen ja bekannt«, keifte Philipp, der einst mein Vater gewesen war. »Uns Römer zu reizen und herauszufordern, bis wir Euch foltern. Ihr liebt die Folter und nennt sie ›den Weg zum Heil‹. Du kannst deine Spiele woanders treiben, Mönch, nicht mit mir. Ich habe gefragt: Kannst du deine Unschuld beweisen?«

»Das kann ich, Euer Ehren.«

»Dann hör auf, unsere Zeit zu vergeuden, und tu's.«

»Erst«, beharrte ich, »wenn ich weiß, welchen Beweis Melancia vorlegen kann.«

Ich hörte, wie die Menge Philipp zujubelte; sie waren auf seiner Seite. Ihr Gelächter durchbohrte mich wie Pfeile. Ich musste den Kampf aufgeben. Es gab zwei Möglichkeiten: Entweder ich geriet in Verruf oder meine Religion. Es war Zeit, mein Geheimnis preiszugeben.

»Da es Euch nicht gelingt, die Lügen einer Frau von vornehmer Geburt und ihrer Dienstmagd zu entlarven, da Melancia es wagt, die Diener Christi eines Verbrechens dieser Art zu bezichtigen, werde ich nun die Wahrheit enthüllen. Ich will, dass Ihr begreift: Ich tue es nicht aus Stolz, sondern für die Herrlichkeit Gottes.«

Mit beiden Händen packte ich das Revers meiner Kutte und riss sie auf bis zur Taille. »Ich bin Eure Tochter Eugenia.«

Philipp starrte mich ungläubig an und streckte mir, halb erhoben, die Arme entgegen, als plötzlich eine gewaltige Stichflamme aufloderte. Die Leute stürmten wild durcheinander, die Wachen traten ein und umringten Philipp, der mich sofort zu sich in den Schutz zog, während er versuchte, das Ausmaß der Gefahr und des Schadens abzuschätzen. Ich sah, dass wie durch ein Wunder keiner der Zuschauer verletzt war. Nur die sterblichen Überreste von Melancia und ihrer Dienstmagd standen einen Augenblick lang ineinander verschlungen im Mittelgang, ehe ihre Skelette in sich zusammenfielen. Gott hatte seinen Willen vollzogen.

Ich schloss mein Gewand; bleischwer wog die Erkenntnis, dass meine Zeit im Kloster um war. Nun musste ich einen anderen Weg finden, um meine Arbeit fortzusetzen. Gott hatte sich bisher als zu gütig erwiesen. Der Übergang von einem Leben ins andere war zu schmerzfrei, zu unbeschwert gewesen; jetzt erst würde ich meine wahre Reise antreten müssen.

Ich stattete dem Kloster noch einen letzten Besuch ab, um meine Klosterbrüder um Vergebung zu bitten, dass ich sie so lange getäuscht hatte. Viele von ihnen verstanden meine Lage. Hätte ich mich damals zu meinem Geschlecht bekannt, hätte ich keine Aussichten gehabt, aufgenommen zu werden. Und in einer Gruppe von Ehelosen spielte das Geschlecht eine geringere Rolle als irgendwo sonst. Natürlich war mein Fall eine Ausnahme. Einmalig sogar, ein Beispiel, dem hoffentlich nicht viele Frauen nacheifern würden. Aber mir war klar, dass ich an diesem Ort meine Arbeit nicht fortsetzen konnte. Ehe ich ging, wusch ich ein letztes Mal meine Gewänder, wusch sie liebevoll, ehe ich sie zusammenfaltete und verstaute. Während meiner Kerkerhaft war mein Haar gewachsen, eine zottelige Mähne von einer Länge irgendwo zwischen dem, was für Männer und was für Frauen üblich war. Meine langen Gewänder waren noch immer die eines frommen Mannes; das würde ich in diesem Leben nicht mehr ändern.

Ich zog aus, den Glauben in Rom zu lehren und zu verbreiten, und machte unterwegs halt in Alexandria. Ich sah, dass Philipp und Claudia keine Zeit verloren hatten und zum Glauben übergetreten waren, und mit ihnen meine Brüder Avitus und Sergius. Zusammen und wieder als Familie vereint (aber wie ganz anders, in kunterbunte Lumpen gehüllt), traten wir die lange Reise zurück nach Rom an, um mit unserer Arbeit zu beginnen.

Jetzt, wo ich aus diesen süßen, weit zurückliegenden Erinnerungen auftauche, kommen mir die vergangenen dreißig und mehr Jahre nicht lang vor. Zeit und Raum fließen ineinander und scheinen zu verschmelzen. Ich weiß nicht einmal mehr genau, wie lange es nun schon her ist – zehn Jahre, fünfzehn Jahre? –, seit Valerian anordnete, mich an einen Felsbrocken zu fesseln und in den Tiber zu werfen. Ich erinnere mich an die Angstschreie der Gemeinde, an Gespött und Jubelgeschrei der römischen Ungläubigen. Als der schwere Felsbrocken durch die tiefen Wasser des Flusses auf den Grund sank, drehte sich über mir der Himmel. Und ich betete, betete inbrünstig, als das Wasser mich verschlang. Ich spürte, wie der Strom mich ein Stück mit sich fortriss, meine Arme trieben schwerelos, das Wasser ließ sie tanzen. Befreiung. Ich war frei, frei von meinem Körper, frei von Verfolgung. Meine Seele hatte sich aus der Hülle gelöst, in der sie so lange gefangen war. Doch ich hatte mich getäuscht. Frei war ich wohl, doch nur von dem Felsbrocken. Die Seile hatten sich gelöst, und ich schwamm, Gottes Hand folgend, nach oben. Plötzlich spürte ich, wie ich an die Oberfläche gehoben wurde und unter meinen Füßen eine strudelnde Festigkeit entstand. Ich setzte meinen Fuß auf. Der Boden gab nach, so wie der Sand einer Düne. Ich wusste, da waren Schichten über Schichten, von denen jede die andere trug, damit ich weitergehen konnte, ohne fürchten zu müssen, in der Flut zu versinken. Ich ging weiter und erreichte das Ufer unter einem Schwall von Ausrufen – einige lobpriesen Gott, andere brandmarkten mich als Hexer, wieder andere schimpften mich einen Scharlatan.

Auch Gallienus stellte mich im Lauf seiner Amtszeit auf die Probe. Dieses Spiel wurde zum Zeitvertreib römischer Kaiser – ein Spiel, das sie gewinnen würden, unabhängig davon, was für mich am Ende dabei herauskam: Entweder provozierten sie Wunder, oder sie konnten mich endlich in den Tod treiben. Ich überließ mich ihrem Spiel. Wenn ich, um Gottes Herrlichkeit willen, vor den Römern den Hanswurst spielen sollte – gut. Dieses Mal ließ mich der Kaiser in einen Schmelzofen stecken. Wie ich Helenus herbeiwünschte! Doch ich stieg lebendig wieder heraus, wenn auch beinahe erstickt und fiebernd. Die Flammen erloschen, noch ehe sie meinen Körper berührten. In meinem Leben veränderte sich nichts.

Nun bin ich seit zehn Tagen in dieser Zelle. Der Hunger, der in mir nagt, ist ein alter Vertrauter. Er kann nur der alternden Hülle, die die Seele gefangen hält, etwas anhaben. Aber was ist das …? Ich sehe ein Licht im Fenster meiner Zelle. Es wird heller, es strömt herein, und darin steht Jesus. Der holde Jesus. Er streckt Seine Hand aus, und ich lege meine Hand in die Seine.

»Empfange diese Speise, Eugenia«, sagt er, und seine Stimme klingt wie Musik. Ich bin sprachlos, doch mein Herz singt zu seiner Melodie. Er spricht die verlorene, zusammengekauerte Frau in mir an, nährt sie mit Speisen für ihren Leib, mit Speisen für ihre Seele, lobpreist sie. Eugenia. Es ist Eugenia, die er berührt und mit der er spricht.

»Ich bin dein Heiland, und du hast mich mit ganzer Seele geliebt. Wisse, dass ich dich am nächstfolgenden Jahrestag meiner weltlichen Geburt zu mir rufen werde.«

Dann ersterben das Licht und die Musik, und ich bin wieder allein mit meinen Gedanken über den Staub, die Unmengen von Sand, die ich mein ganzes Leben lang gesiebt habe, um den Sinn zu suchen, um Halt zu finden, Gott zu berühren.

Ich will nun aufstehen und hinausgehen, neue Schüler finden, den alten Stärke geben, das Wort unter den Jungfrauen verbreiten. Ich weiß, mir bleibt Zeit bis Weihnachten. Bis dahin wird sich nichts ändern. Die Römer werden sich weiterhin über meine Arbeit ärgern, und bald werde ich einer neuen Prüfung ausgesetzt sein. Doch mein Geist führt einen Freudentanz auf, wenn ich daran denke, dass es bis zu meiner letzten Einkerkerung nicht mehr lange hin ist. Dann werde ich meinen Kopf neigen, und meine Seele wird aufsteigen, damit sie sehen kann, wie er, abgehauen von einem römischen Schwert, in den Sand rollt. Und meine Hülle wird in Staub eintauchen.

Bis dahin sollen sie ihre Arbeit tun – ich muss die meine noch zu Ende führen! Eilig habe ich es nicht, obwohl ich jetzt schon bereit bin, meinen Leib in seiner weiblichen Herrlichkeit unserem Herrn Jesus Christus zu übergeben, *qui est benedictus in saecula saeculorum.*

Amen.

Ein verschlungener Pfad

Prinzessin Miao Shan, Göttin der Barmherzigkeit und Vollkommenste Seele des Westens, saß auf ihrem Lotusthron in den Wolken und sah vor ihrem inneren Auge die anderen Wolken vorüberziehen. Auf diesen Wolken glitt manchmal ihr früheres Leben an ihr vorbei ... Alles schien so lange her, so weit weg – Welten entfernt.

Ein Lächeln erblühte in ihrem Herzen. Neun Jahre, das war keine Zeit – nicht einmal die Dauer eines Augenblinzelns Buddhas. Sie war jetzt hier, eine Unsterbliche, und ihr Vater war dort, dreitausend Meilen und ein Jahrzehnt entfernt, und hatte sich noch nicht geändert. Er war kein schlechter Mensch, doch wie die meisten Herrscher war er überheblich und mit einem unerschütterlichen Glauben an die eigene Unfehlbarkeit geschlagen.

»Aber sind wir nicht alle manchmal anfällig für dieses Gefühl von Größe in unserem Inneren?«, dachte sie bei sich, als sie eine Wolke vor sich schweben sah. In Wolken konnte sie verborgene Dinge sehen, also blickte sie mit der ganzen Aufmerksamkeit ihres inneren Auges tief in sie hinein.

Sie sah Kaiser Miao Chueng, ihren Vater! Wie er sich hin und her warf und sich wälzte, drehte und wand wie ein Ast in wild wütender See. Und er stöhnte, der Kaiser, wie eine kalbende Kuh ihre Qualen hinausbrüllt, wenn keiner ihr helfen kann. Heilkundige kamen und gingen, kleine und große, fähige Heiler und Scharlatane, doch keiner wusste Rat.

Mit ihrem inneren Auge suchte die Prinzessin nach dem Grund; da entdeckte sie den Gott der Seuchen, der sich in den Schatten des Raumes verborgen hielt. Als er gewahr wurde, dass Miao Shan ihn in ihrer Vision sah, erklärte er ihr seine Anwesenheit.

»Der Meister des Himmels hat mich gesandt, den Mann zu strafen, der dich gequält hat. Also übersäte ich seinen Körper mit Geschwüren. Nur du allein kannst ihm helfen; so hat der Meister verfügt.«

Als die Vision sich wieder aufgelöst hatte, verwandelte sich Miao Shan in eine Sterbliche. Sie rasierte sich den Kopf und bedeckte ihn mit einem Hut, wie ihn manche Mönche und Heilkundige tragen. Sie schlang sich einen Pillengürtel um die Hüften, hängte sich eine mit Salben gefüllte Tasche um und verließ Hsiang Shan, um sich auf den Weg in das Reich ihres Vaters zu machen.

»Mein Vater wollte nicht auf mich hören; hätte er es getan, wäre ich noch immer Prinzessin und würde ein irdisches Leben führen«, überlegte sie und erlaubte ihren Gedanken einen Ausflug in jene Jahre, als ihre Reise zur Vollkommenheit begann.

Der Kaiser hatte drei Hochzeiten vorgesehen. Die erste für seine Erstgeborene, eine zweite für die Mittlere, und schließlich war er bereit für die Jüngste.

»Miao Shan«, sagte er, »mein süßes, kleines, kluges Ding – mein drittes und allerliebstes Töchterchen: Du sollst den klügsten, anständigsten und bestaussehenden Mann in ganz China heiraten. Was ziehst du vor – einen Gelehrten ersten Ranges oder einen hohen Offizier?«

»Vater«, erwiderte Miao Shan, eine ernsthafte junge Frau, »ich will überhaupt nicht heiraten.«

»Nicht heiraten?«, rief der Kaiser aus. »Wie ist das möglich?

Ich habe keinen männlichen Erben, und ich habe beschlossen, dass dein Ehemann meine Nachfolge antreten wird. Du musst heiraten. So habe ich es vorgesehen. Wenn ich nicht mehr bin, sollt ihr beide mein Land mit Klugheit und Güte regieren.«

»Aber Vater, ich will keine Herrscherin sein«, beharrte Miao Shan nun ernst, ja feierlich, wusste sie doch, Widerspruch gegen den Kaiser konnte den Tod bedeuten. »Schon als kleines Mädchen beschloss ich, mein Leben lang der Menschheit zu dienen. Wenn ich dann gestorben bin, kann ich mich auf die Reise ins Nirwana begeben – das Reich der Ruhe und Vollkommenheit.«

»Welch ein Unsinn!«, bestimmte der Kaiser. »Du bist meine Tochter. Wenn ich sage, du heiratest, dann hast du auch zu heiraten.«

»Gut, ich werde heiraten«, erwiderte Miao Shan, die blitzschnell nachgedacht hatte. »Aber ich bitte dich, einen Heilkundigen für mich zu finden, damit wir gemeinsam der Menschheit dienen können.«

»Einen Heilkundigen?«, tobte der Kaiser. »Miao Shan, du gibst und nimmst in ein und demselben Atemzug. Du widersetzt dich deinem Kaiser, du spielst mit den Worten deines Vaters. Du hast eine Strafe verdient.«

Und so befahl der Kaiser den Wachen, Miao Shan die kaiserlichen Kleider vom Leib zu reißen und sie nackt im Garten des Palastes auszusetzen. Miao Shan nahm die Strafe mit Freude auf sich. Es war ihr erster Schritt auf dem Pfad zur Vollkommenheit. Dort im Garten, wo die Winde und der Regen, die Sonne und der Mond ihre Begleiter waren, betete sie, meditierte und bot Buddha ihren Dank dar. Den Kaiser erboste ihr Verhalten, und er sandte eine Botschaft an die Vorsteherin des Klosters Weißer Vogel.

»Ich schicke Euch meine Tochter, die Prinzessin Miao Shan«, lautete die kaiserliche Botschaft. *»Bringt sie von ihrem Entschluss,*

Nonne zu werden, ab und sorgt dafür, dass sie in meinen Palast zurückkehrt, sie soll mit einem Mann meiner Wahl verheiratet werden.«

Miao Shan wurde in das Kloster gebracht. Wie glücklich sie an diesem Tag war! Endlich nahm ihr Vater ihren Herzenswunsch ernst und bot ihr seine Unterstützung auf dem Pfad zur Vollkommenheit.

Doch was war das? Die Klostervorsteherin war zum Tor gekommen und nahm sie in Empfang.

»Warum behandelt Ihr mich wie eine Prinzessin?«, fragte Miao Shan. »Ich bin hergekommen, um zu arbeiten und bescheiden zu sein, um Vollkommenheit zu erlangen. Zuerst möchte ich den Tempel aufsuchen, dann bin ich bereit, mit der Arbeit zu beginnen.«

Also schickte die Klostervorsteherin Miao Shan zum Tempel. Die Räucherstäbchen waren angezündet, die Glöckchen bimmelten, die Trommeln dröhnten dumpf, und Miao Shan betete. Später äußerte die Vorsteherin ihre Bedenken, die Prinzessin werde das Leben im Kloster unerfreulich finden, und sie riet ihr, zu ihrem Vater in den Palast zurückzukehren. Doch Miao Shan ließ sich nicht entmutigen, und so teilte sie die Vorsteherin zur Arbeit in der Küche ein.

»Das war der Anfang meines Pfades zur Vollkommenheit«, überlegte Miao Shan. »Und nun bin ich, in der Gestalt eines Mönchs, auf dem Weg, noch einmal meinen Vater zu besuchen.«

Sie fegte ein paar abgestorbene Blätter zusammen, um sich daraus ein Bett für die Nacht zu machen. Es unterschied sich nur geringfügig von dem Bett im Kloster, fiel ihr ein, und bei der Erinnerung an ihre erste Begegnung mit den Unsterblichen musste sie darüber lachen, wie die Klostervorsteherin sie immer und immer wieder auf die Probe gestellt hatte. Miao Shan hatte allem widerstanden. Sie hatte schon immer gewusst, dass der

Pfad zur Vollkommenheit verschlungen war. Nun ordnete sie ihr Mönchsgewand und legte sich schlafen. Das Rascheln der trockenen Blätter, die stechenden Dornen und das bissige Kleingetier störten sie nicht; vielmehr erinnerte es sie an das Elend der irdischen Welt und stärkte ihren Wunsch, all das Leid zu lindern.

Überhaupt hätte sie damals, in jenen ersten Tagen im Kloster, unglücklich sein müssen. Doch sie erinnerte sich an die Zufriedenheit, die sie empfunden hatte, während sie schmutzige Teller spülte, Gemüse erntete und zubereitete, die Küche fegte und jeden Morgen, jeden Abend zu Fuß den ganzen Weg zum nächstgelegenen Fluss und wieder zurück stapfte. Dann erlebte sie einen wunderbaren Augenblick: Der Meister des Himmels erschien Miao Shan.

»Ich bin von deinen Gelübden gerührt«, erklärte er, »und habe beschlossen, dir deine Last zu erleichtern.«

Dann befahl er dem Geist des Nordsterns, die drei Vertreter der Welt zu versammeln: die Götter der Fünf Heiligen Gipfel, die Diener des Himmlischen Drachens und Tu-ti, den Tigerboten. Sie sollten über Miao Shans Leben wachen und ihr helfen, wo immer sie konnten. Der Meeresdrachen grub einen Brunnen direkt unter dem Küchenfenster, der Tiger holte Feuerholz, Vögel ernteten das Gemüse, und die Geister des Himmels halfen Miao Shan bei der Erfüllung ihrer Pflichten. Nun konnte sie sich ganz ihrem Streben nach Vollkommenheit widmen.

Als die Nonnen aber diesen himmlischen Fleiß sahen, unterrichteten sie die Klostervorsteherin. Sie sandte eine Botschaft an Miao Shans Vater und teilte ihm mit, dass die Prinzessin zweifelsohne vom Himmel auserkoren sei. Und noch ehe sie wusste, wie ihr geschah, war das Nonnenkloster von fünftausend Soldaten des Kaisers umzingelt und wurde in Brand gesteckt.

Überall schossen Flammen empor. Dicker, schwarzer Rauch

erfüllte die Kammern und würgte und erstickte die Kehlen der Nonnen, die jämmerlich schrien und um Gnade flehten.

»Es ist deine Schuld«, schalten sie die arme Miao Shan, »das alles ist deine Schuld. Hättest du auf uns gehört und wärest in den Palast zurückgekehrt, stünden wir jetzt nicht vor dieser Katastrophe.«

In dem zu Schutt und Asche zerfallenden Kloster fiel Miao Shan auf die Knie. Während die Nonnen in alle Himmelsrichtungen um ihr Leben rannten, rührte sie sich nicht vom Fleck. »Bitte, Meister, rette diese guten Frauen und ihr Kloster.«

Als sie ihr Gebet beendet hatte, zog Miao Shan einen Bambuskamm aus ihrem Haar und stach sich mit seinen scharfen Zähnen in den Gaumen, bis sie blutete. Dann warf sie ihren Kopf in den Nacken und spuckte das Blut in den Wind, nach oben, in Richtung Himmel. Im selben Augenblick bildeten sich Regenwolken.

Es war, als hätten sich die Rauchwolken des Feuers plötzlich in Regenwolken verwandelt, um das Feuer zu löschen.

Miao Shan regte sich in ihrem Waldbett. Der Wolkenbruch, der ihrem Gebet gefolgt war, hatte auch die allerletzte Flamme gelöscht und die Soldaten in die Flucht gejagt.

»Doch den Zorn des Kaisers hat der Regen nicht gebändigt«, erinnerte sie sich, während die ersten Sonnenstrahlen durch die Ritzen in dem reich verzweigten Geäst drangen. Es war Zeit, aufzustehen und sich auf den Weg in das Reich ihres Vaters zu machen.

Als sich Miao Shan, beschwert mit dem irdischen Leib eines Mönchs, erhob, kam ihr die Erinnerung an das letzte Mal, als sie dort gewesen war.

In Ketten hatte ihr Vater sie vom Nonnenkloster zurück in die Hauptstadt bringen lassen. Er und seine Kaiserin flehten sie an und redeten ihr gut zu, führten ihr den Luxus und die Bequemlichkeiten vor, zeigten ihr ihre Wut und ihre Verzweiflung. Doch Miao Shan verschmähte alles. Dann sperrte Miao Chueng sie für eine Nacht und einen Tag in einen verdunkelten Schuppen. »Wenn du bis zum Morgengrauen deine Meinung nicht geändert hast«, drohte er, »hast du deine letzte Gelegenheit zur Reue verwirkt.«

Am nächsten Morgen wurde Miao Shan aufrecht an einen Pfahl gekettet, sie stand bereit für das Schwert.

»Heute«, verkündete sie, »verlasse ich diese Welt und gehe in eine bessere ein.«

Doch die Speere der Lanzenwerfer zersplitterten, als sie ihren Körper berührten; das Schwert brach entzwei, als es sich ihrem Nacken näherte; schließlich befahl der Kaiser, sie an einem seidenen Seil aufzuhängen. In dem Moment, als ihre Seele ihren Leib verließ, schnellte der Tiger Tu-ti vor, warf ihr eine Zauberpille in den Mund, schwang sie sich auf den Rücken, ließ sein Tigergebrüll erschallen, peitschte mit seinem Tigerschwanz und brachte sie in den Wald, wo er sie sanft unter einen Baum bettete.

Das Nächste, was Miao Shan wahrnahm, war, dass sie in einer seltsamen, konturenlosen Welt schwebte: keine Bäume, keine Berge, keine Flüsse. Wo war sie? Was tat sie in diesem kahlen, ewigen Raum?

Dann kam ein Jüngling auf sie zu, blau wie der Himmel, strahlend wie die Sonne.

»Der Meister des Himmels hat Tu-ti befohlen, dich fortzutragen, bevor dein Leib zerfällt. Er hat die Lanzen zersplittert und das Schwert zerbrochen, damit sie deinen Leib nicht verletzen. So wurde er, als deine Seele aus irdischen Gefilden triumphierend wiederkehrte, zu neuem Leben erweckt. Nun geh nach Hsiang Shan auf der Insel Pu-to, dort wirst du Vollkommenheit erlangen.«

Und da war sie nun, neun Jahre später, ein Vollkommenes Wesen, in die Welt zurückgekehrt, um ihren Vater zu erlösen. Es war seltsam, den Lauf der Welt wieder als Mensch zu betrachten. Freundlich waren die Menschen zu Mönchen nicht gerade. Oh, sie baten sehr wohl um Heilung und gaben ihre Reste her und zeigten sich gefällig, indem sie die Mönche mit Wasser, einem Dach über dem Kopf und gelegentlich auch mit einer Schüssel Essen versorgten, doch insgeheim hielten sie die Mönche für Aasgeier, für Faulenzer, die es unter ihrer Würde hielten zu arbeiten. Miao Shan lachte nachsichtig über das Trugbild der Welt und ihre Qualen. Sie wusste, dass es für all diese Menschen entsprechend ihren jeweiligen Taten ein Leben vor dem jetzigen gegeben hatte und auch ein Leben danach geben würde.

Hatte sie nicht die Zehn Hallen der Hölle bereist und gesehen, welche Qual die Millionen verurteilter Menschen erlitten? Hatte sie nicht die Veränderungen und Verwandlungen erlebt, die sie durchmachten, ehe ihre Seelen in einen anderen Zustand übergingen? War sie nicht selbst eine der Glücklichen, die losgelöst von einem Körper leben konnten, es sei denn, sie entschieden sich, so wie sie jetzt, für einen bestimmten? Sie hatte alles gesehen – sie war in der Hölle auf die Knie gefallen und hatte sie in ein Paradies verwandelt. Darauf hatte sie der blaue, strahlende Jüngling nach Hsiang Shan geschickt, denn von sich aus durfte sie den vorbestimmten Zustand nicht verändern.

So hing Miao Shan ihren Gedanken nach, bis sie schließlich in das Reich ihres Vaters gelangte und sich vor den Palasttoren wiederfand. Eines frühen Morgens beobachteten die Wachen, wie ein junger Mönch die Mitteilung las, die an den Toren angeschlagen war.

»Der Kaiser ist unpässlich. Alle Heilkundigen, die diese kaiserliche Erklärung lesen, sind hiermit aufgefordert, umgehend das kaiserliche Gemach aufzusuchen und eine Diagnose zu stellen. Wer

ihm das richtige Heilmittel verschreiben kann, der wird reich belohnt werden.«

Als der junge Mönch die Mitteilung gelesen hatte, riss er sie ab, zerknüllte sie und warf sie auf die Erde. Von beiden Seiten stürzte ein Paar Wachposten herbei.

»Heda, Mönch! Wie kannst du es wagen, die kaiserliche Erklärung abzureißen?«

»Sie wird nicht mehr gebraucht«, erwiderte Miao Shan, »ich werde den Kaiser heilen.«

»Du?«, höhnten die Wachposten. »Du willst den Kaiser heilen? Du bist doch höchstens zwanzig Jahre alt.«

Miao Shan lächelte. Was konnten diese Männer schon von ihr wissen? Sie würde ihnen ihre Grobheit verzeihen: Sie wussten ja nicht, dass sie sich nur in diesen Körper gekleidet hatte, um den Kaiser zu heilen.

Sanft antwortete sie: »Sagt dem Kaiser, ich sei hier, um seinen Qualen ein Ende zu setzen. Führt mich zu ihm. Ich werde ein Heilmittel finden.«

»Kahl rasierter Schädel, zerlumpte Kleidung, und dann behaupten, ein Heilmittel zu kennen, das die besten Heilkundigen bislang nicht gefunden haben«, knurrte einer der Wachposten. Ein anderer Wächter aber spürte tief in seinem Innern die ruhige Kraft, die dieser Mönch ausstrahlte. »Ich werde dem Kaiser Bericht erstatten«, murmelte er und verschwand im Palast.

Wenige Augenblicke später stand Miao Shan vor ihrem Vater. Was für ein Gefühl, seine Tochter zu sein und doch wieder nicht, eine weibliche Seele in einem männlichen Gewand. Eine Gottheit, verkleidet als Gläubiger. Einst das Opfer, nun der Retter. Ruhig und behände untersuchte sie den kranken Kaiser und erklärte dann, sie kenne das Heilmittel.

»Doch wird es unmöglich sein, die Zutaten zu finden«, ließ sie den Kaiser wissen.

»Dann verschwinde!«, brüllte der Kaiser. »Willst du mich zum Narren halten – erzählst mir erst, es gibt ein Heilmittel, und dann, dass ich es nicht kriegen kann?!«

Also verließ Miao Shan den Palast und wartete betend vor dem Tor.

In dieser Nacht erschien dem Kaiser im Traum ein Geist.

»Der Mönch ist der Einzige, der dich zu heilen vermag«, sagte der Geist und verschwand, noch ehe der Kaiser eine Frage stellen konnte.

Sofort weckte er die Kaiserin.

»Lass sofort diesen jungen Mönch zurückholen«, beschwor er sie. »Er ist der Einzige, der mich zu heilen vermag.«

Also ließ die Kaiserin Miao Shan rufen.

»Man braucht die Hand und das Auge eines lebenden Menschen«, sagte sie.

»Und wo soll ich die hernehmen?«, brüllte der Kaiser ratlos und verzweifelt. »Welcher lebende Mensch würde eine Hand oder ein Auge hergeben?«

Der Mönch lächelte; sein Gesicht verriet nichts.

»Ich kenne eine Frau, die ihre Hand und ihr Auge opfern würde, um Euch zu heilen. Sie lebt in Hsiang Shan, dreitausend Meilen von hier. Ernennt zwei geeignete Männer, die sie aufsuchen sollen. Sie wird ihre Bitte nicht zurückweisen.«

»Hsiang Shan?«, fragte der Kaiser nachdenklich. »Aber ist nicht eine lange Zeit der Enthaltsamkeit erforderlich, um Hsiang Shan zu betreten? Und eine noch längere Reise, um dorthin zu gelangen?«

Miao Shan nickte. »Wenn sie gleich mit ihren Vorbereitungen beginnen«, versprach sie, »werde ich dafür sorgen, dass ihre Reise schnell vonstattengehen wird.«

Also ernannte der Kaiser zwei Minister, und nach einer Zeit der Buße und Enthaltsamkeit unter der Obhut des heilkundigen

Mönchs wurden sie nach Hsiang Shan entsandt; dort fragten sie nach der Frau, von der Miao Shan gesprochen hatte. Während die beiden Minister zu dem Altar geführt wurden, wo sie diese finden würden, verwandelte sich Miao Shan in eine Frau und erwartete die beiden.

Die Männer verneigten sich tief vor ihr und brachten stockend ihre Bitte vor.

»Gewiss«, sagte die Frau und überreichte ihnen ein Messer. »Schneidet meine linke Hand ab, stecht mein linkes Auge aus und kehrt mit meinen Gaben zu eurem Kaiser zurück. Der Mönch, der euch zu mir gesandt hat, weiß, wie weiter vorgegangen werden muss. Euer Kaiser wird schon bald geheilt sein.«

Die Minister zögerten. Wie sollten sie sich dazu durchringen, einer Frau eine Hand abzuschneiden, ihr ein Auge auszustechen? Widerwillen erfüllte sie.

Doch die Stimme der Frau ertönte in ihren Köpfen und beschwichtigte ihre Herzen.

»Ihr kennt das Ausmaß der Schmerzen dieses Mannes nicht«, sagte die Stimme. *»Ich weiß darum, und ich bin willens, dieses Opfer zu bringen. Nun nehmt euch, wofür ihr gekommen seid.«*

Also packte einer der beiden Männer das Messer, presste die Augen fest zu, um seine Gewissensbisse abzuwehren, und hieb das Handgelenk durch. Dann übergab er das Messer mit zitternder Hand seinem Begleiter, der seinerseits den Kopf abwandte und der Frau das linke Auge ausstach.

Überall war Blut. Es spritzte wie aus Fontänen, färbte den Raum rosa, verlieh der frischen Luft einen süßlichen Duft. Bedienstete erschienen mit einem goldenen Tablett und legten die Hand und das Auge darauf.

»Eilt zu dem heilkundigen Mönch«, befahl die Frau, deren Wunden nicht aufhören wollten zu bluten. »Er weiß, was zu tun ist.«

Die Minister fielen auf die Knie, dankten der Frau und kehrten zum Kaiser zurück, wo Miao Shan, wieder in Gestalt des heilkundigen Mönchs, sie bereits erwartete. Sie nahm ihre blutigen Opfergaben entgegen und machte sich sogleich an die Arbeit. Sie mischte eine Salbe, die sie auf des Kaisers Geschwüre auftrug. Kaum hatte sie die Salbe gleichmäßig verteilt, waren die Schwären von seiner linken Körperseite verschwunden; sie war nun makellos und frei von Schmerzen.

Natürlich war der Kaiser zutiefst dankbar, er konnte jedoch nicht verstehen, warum seine rechte Seite noch immer befallen war.

»Um Eure rechte Seite zu heilen, benötigt Ihr nun das andere Auge und die andere Hand der Frau«, erklärte der Mönch. »Macht Euch keine Sorgen, sie wird sich freuen, Euch geben zu können, was Ihr braucht.«

Also wurden die beiden Minister ein zweites Mal nach Hsiang Shan geschickt; dort begaben sie sich wieder zu der Frau, die sich seit ihrem letzten Besuch kaum bewegt zu haben schien. Sie saß hinter dem Altar, aus ihrem linken Auge strömten Blut und Tränen, der Stumpf ihrer linken Hand ruhte in einer Lache von dunklem, leuchtendem Blut.

»Hier«, sagte sie, hielt ihre Rechte hoch und gab ihnen das Messer. »Seid nicht traurig. Ich freue mich, euch auch meine zweite Hand und mein zweites Auge zu geben. Nehmt.«

Diesmal fiel es den Männern noch schwerer, ihre Aufgabe zu erfüllen, aber die Frau ermunterte sie mit tröstenden Worten, bis sie ihr die rechte Hand abgeschnitten und das rechte Auge ausgestochen hatten. Sie verneigten sich tief vor der blutüberströmten Frau. Als sie aufstanden, sahen sie zu ihrem Erstaunen, dass das Blut aufgehört hatte zu fließen. Ihre Augen und ihre Hände erneuerten sich, und als sie wieder heil war, löste sie sich in Luft auf.

»Ganz wie Prinzessin Miao Shan«, dachten sie, doch keiner von beiden sprach den Gedanken laut aus.

Wieder erwartete sie bei ihrer Rückkehr Miao Shan, die sich in der Zwischenzeit von der Frau in den Mönch verwandelt hatte. Wieder mischte sie die Hand und das Auge zu einer Salbe und strich sie diesmal auf des Kaisers rechte Körperseite. Umgehend waren seine Geschwüre und Schwären verschwunden.

Der Kaiser wusste nicht, wie er danken sollte. Er bot dem heilkundigen Mönch Reichtum, Titel und Ländereien und flehte ihn an, als Oberster Mönch und Oberster Heilkundiger in seinem Kaiserreich zu bleiben, doch der Mönch neigte schlicht seinen Kopf und lehnte dankend ab.

»Eure Welt birgt nichts, was ich haben wollte. Ich muss wieder dahin, wohin ich gehöre.«

»Es gab nur eine Einzige, die sich mir je in dieser Weise verweigerte«, dachte der König. »Auch sie schlug alles aus, was ich ihr anbieten konnte.«

Zum ersten Mal bereute der Kaiser, was er seiner Tochter angetan hatte, und er weinte bitterlich. Der Mönch beobachtete ihn still, dann wandte er sich, nachdem er ein Abschiedsgebet gesprochen hatte, ab und ging. Eine Wolke senkte sich nieder, und während der Kaiser und seine Höflinge staunten und starrten, stieg Miao Shan auf und zog davon.

Kurz darauf schwebte eine Botschaft vom Himmel herab: *»Ich bin einer der Lehrer des Westens. Ich kam, Euch zu heilen und der wahren Lehre Herrlichkeit zu verleihen.«*

Der Kaiser wandte sich an seine beiden Minister: »Diese Frau, die das Opfer brachte – wie sah sie aus?«

»Wie Prinzessin Miao Shan, Eure Majestät«, sagten sie.

Und so geschah es, dass Kaiser Miao Chueng den Thron seinen beiden Ministern überließ und sich aufmachte, den Pfad zur Vollkommenheit zu beschreiten.

Ein Gewand aus Mondfäden

Schluchz. Schluchz, schluchz, schluchz.

Die Prinzessin zieht sich die daunengefüllte Landschaft mit bunten Ornamenten und fein gestickten Palmenmustern über die Ohren und dreht und wendet sich. Was ist es, das sie in ihrem Schlaf stört?

Schnüffel, schnüffel.

Ist es ein Insekt? Sie gräbt sich tiefer unter die Steppdecke. Verschwinde. Lass mich schlafen. Als die Prinzessin, ehe sie ins Bett geschlüpft war, einen Blick aus dem Fenster geworfen hatte, stand der Mond kalt und metallglänzend am Himmel. Wie mit Raureif überzogen. In Nächten wie dieser fröstelte der Mond und leuchtete heller bei dem Versuch, sich aufzuwärmen. Es war eine solche Nacht, so erzählt ein jüdisches Märchen, in der der Mond zu der Sonne ging und um ein Gewand bat, das ihn warm halten sollte.

Und in Nächten wie dieser, wenn der Mond kalt glänzend am Himmel stand, geschah es auch, dass Lamia, die dämonische Verführerin, herauskam, um im Licht zu baden und sich in all ihrer strahlenden Schönheit zu zeigen. Dann führte sie ihren düsteren Tanz auf und lockte unschuldige Männer in ihr Haus aus goldenen Trugbildern, und nach einiger Zeit gebar sie das Kind einer jeden dieser Begegnungen. Wenn sich die Prinzessin aber recht erinnerte, lebte Lamia in der Libyschen Wüste, obschon manche behaupteten, sie bereise auch andere Länder, folge dem Lauf des Mondes.

Die Prinzessin kuschelt sich noch tiefer ein; genüsslich schnuppert ihre Nase den Duft von Räucherstäbchen, der wie eine bleibende Erinnerung in der seidenen Bettwäsche hängt. Sie flüstert ihr etwas zu, und die Prinzessin lässt sich treiben. Sie schwebt zwischen Schlafen und Wachen und genießt das Gefühl, sich treiben zu lassen.

Schnief. Schnief. Schnief. Zutiefst erschrocken fährt die Prinzessin hoch. Wie eine dunkle Regenwolke umrahmt ihr Haar das goldene Rund ihres Gesichts. Ihre Augen blitzen, und beinahe, ja beinahe stößt sie ein Donnergrollen aus, denn der Schlaf ist noch nicht von ihrer Stimme gewichen; sie klingt tief und dumpf.

Der Donner verhallt, die Blitze werden schwächer, schlaftrunkene Augen lassen die Lider sinken. Sie fällt in einen hohen Berg seidener Kissen zurück. Auf der Steppdecke sticken Mondfäden in Gold und Silber noch mehr Monde, um ihren Schlaf zu versüßen. Sie umfangen sie warm. Palmen wiegen sich sanft im Wind. Die Prinzessin versinkt in Träumen von dem Märchen, das die Juden über den Mond erzählen … Nachdem der Mond um das Kleid gebeten hatte, anerbot sich ein einfacher junger Schneider, in fremde, wundersame Länder zu reisen, um einen Stoff zu suchen, der sich – entsprechend dem Zunehmen und Abnehmen des Mondes – in den Nächten, in denen er fror, in Nächten wie dieser, dehnen oder zusammenziehen würde. Wenn er den Stoff gefunden hat, wird der Mond nicht mehr frieren müssen.

Schluchz. Schluchz. SCHLUCHZ.

Die Prinzessin schwingt sich von ihrem Bett hinab; verflogen ist der Schlaf.

»Das ist ja nicht auszuhalten. Was ist hier los? Was ist das? Ein Insekt? Nein, zu laut. Ein Tier?«

Schnüffel, schnief, schluchz-schluchz, schluchz.

Sie huscht zum Fenster. Soll sie die Dienerinnen wecken, die nebenan schlafen? Die scheinen sich von dem Lärm nicht im Geringsten stören zu lassen.

SCHLUCHZ.

»Wer bist du?«, ruft sie auf dem Weg zum Fenster. »Wenn du ein Dämon bist, verschwinde. Wenn du ein Mensch bist, so zeige dich.«

In dem Licht, das durch ihr Fenster fällt, erscheint eine schlanke Gestalt. Wie silbrig sie aussieht, wie hauchzart, wie hübsch. »Ist es das Licht aus meinem Fenster«, fragt sie sich. »Oder ist es der Mond, der sich mit dem Kerzenlicht vermischt, um wundersame Dinge zu vollbringen?« Das Märchen von dem Gewand für den Mond kommt ihr wieder in den Sinn. Es ist eine Geschichte über das Vollbringen von Unerreichbarem. Aber, so überlegt sie, gibt es das für uns Frauen überhaupt, dass etwas »unerreichbar« ist? Wir erschaffen aus unserem Körper heraus, und diese Schöpfungen machen uns unsterblich. Sie fragt sich, ob der Mann vor ihrem Fenster ein Gewand aus Mondstrahlen trägt.

Wie seltsam: In den Wortgebilden des Geistes können einem eine Million Gedanken in vollkommener Klarheit durch den Kopf gehen – will man sie aber aussprechen, so dauert es eine halbe Ewigkeit. Es ist eine dem Geist eigene Sprache, nicht an Worte gebunden, sondern frei, alle Möglichkeiten miteinander zu verspinnen.

»Wer bist du?«

»Ein Mensch, kein Dämon.«

»Das weiß ich«, antwortet sie verträumt. »Ich weiß, dass du kein Dämon bist.«

»Aber du könntest ein Märchengeschöpf sein«, denkt sie im Stillen. »Wie schön du doch bist. Wie du da stehst, in Mondlicht gebadet, könntest du einer von Lamias Söhnen sein.« Die Worte, die sie laut ausspricht, klingen nicht so sanft.

»Was soll dieser Krach vor meinem Schlafgemach?«

»Ich wusste nicht, dass hier jemand schläft.«

»Aber – wieso weinst du? Und was tust du hier so spät in der Nacht? Wie bist du überhaupt in den Palast gelangt?«

Schützend kreuzt er die Arme vor seinen Augen, und sie zuckt zurück. Dieses zarte Mondgeschöpf sucht sich vor ihr zu verbergen. Sie muss sanft mit ihm umgehen, sonst löst es sich womöglich wieder auf. In dem hauchzarten Licht des reifbedeckten Mondes.

»Ich bin hier, um zu sterben.« Seine Stimme fällt schwer wie die dunklen Schläge eines Gongs, der mit bebendem Dröhnen von Feierlichkeiten künden sollte.

»Sterben.« Ihre Augen weiten sich kreisrund, ihre Lippen beben. »Sterben? Aber du bist doch so jung und schön. Warum willst du sterben?«

»Weil mein Leben um ist«, antwortet das Mondgeschöpf bestimmt. »Ich habe nichts, wofür es sich zu leben lohnt.«

Geschwind trifft sie ihre Entscheidung. Sie kann ihn nicht sterben lassen.

»Komm herauf«, befiehlt sie in bestimmtem Ton. »Dann kannst du mir alles erzählen. Du sprichst in Rätseln, und ich mag keine Rätsel. Insbesondere«, und hier kichert sie leise, »wenn ich aus meinem ersten leichten Schlaf gerissen werde.«

Während sie auf ihn wartet, denkt sie an das Unerreichbare – Mondstrahlen und Stoffe, die daraus gewoben werden. Ihre Finger gleiten flüchtig über die Linie ihres Halses – Federn auf Satin. »Kann er seine Gestalt verändern«, fragt sie sich, »sich von einem Menschen in einen Dämon verwandeln?« Wenn er aus der Nähe genauso aussieht wie in dem See von Mondlicht vor ihrem Fenster, dann wird sie ihn überreden, diese Nacht in ihrem Bett zu verbringen: ihre Gliedmaßen ineinander verschlungen und eingekuschelt in Palmwedel und Daunen.

Während sie die schweren Riegel ihrer Türen zuschiebt, malt

sie sich die wunderbarsten Traumgebilde aus. Sie will auf keinen Fall gestört werden, solange dieser Märchenmann hier ist.

Und plötzlich steht er vor ihr. Sie atmet tief ein. Noch nie hat sie jemanden körperlich so intensiv wahrgenommen. Und das ohne eine Berührung. Es ist, als verschmelze er mit ihr, Glied für Glied, Körper an Körper – selbst aus einer Entfernung von fast zwei Metern. Sie reißt sich zusammen und fordert ihn auf, sich doch bitte zu setzen. Von ihrem mit Silber verzierten Tablett aus geblasenem Glas schenkt sie ihm ein würziges Getränk ein. Der Krug kommt aus dem fernen Ägypten. Die Menschen dort haben das Wissen, Glas so zu färben, dass die Farben glitzern wie Juwelen, bald blau, bald grün, bald rosa. Sie nennen es schimmerndes Glas. Es sättigt das Auge der Prinzessin und gefällt ihr.

»Arrak«, sagt sie, als sie sich über ihn neigt und darüber wacht, dass er trinkt. Sie genießt die tiefen Konsonanten, die ihr aus der Kehle quellen.

Er ist hungrig und trinkt begierig. Sie stellt einen Teller süßer und pikanter Leckereien vor ihn. Sie nährt ihn mit Speisen und Fürsorge. Sie spürt, wie er an Kraft gewinnt. Sie fühlt sich als Mutter und Gefährtin zugleich. Der Inbegriff des Weiblichen, dazu geschaffen, Männer in vielfältiger Weise aufzunehmen. »Jetzt erzähl«, sagt sie und lässt sich, als er fertig ist, neben ihm nieder. »Erzähl mir deine Geschichte von Anfang an.«

Vor zwei Jahren, erklärt er, sei sein Vater gestorben. Er war ein reicher Kaufmann, so wohlhabend und erfolgreich, dass er gehofft hatte, sein Reichtum würde viele Generationen erfreuen. In Casablanca, wo sie lebten, war er ein geschätzter Mann, und kurz vor seinem Tod rief er seinen einzigen Sohn zu sich.

»Jakob«, sagte er, »was wirst du mit dem ganzen Reichtum anfangen, der bald dir gehört?«

»Na ja, Vater«, antwortete Jakob, »ich werde lustig und vergnügt sein, ich werde Leute zum Essen einladen und mich von ihnen zum Essen einladen lassen. Kurzum, ich werde deine strenge Sparsamkeit ausgleichen und das Leben genießen, wie es sich für einen Mann von deinem Reichtum gehörte.«

»O weh! So eine Schande!«, stöhnte der alte Mann. Von den Worten des Jungen wurde ihm das Herz schwer, und der Tod rückte ein Stückchen näher. »Dann habe ich mein Leben lang umsonst gearbeitet.«

Das war sein Tod. Und Jakob, der sich nicht bewusst war, wie viel er zu dem Tod seines Vaters beigetragen hatte, machte sich daran, sein Vorhaben einzulösen. Binnen Jahresfrist war der Reichtum dahin. Alles war ausgegeben – nicht die kleinste Kupfermünze mehr, auch kein Vermögenswert, kein einzuforderndes Darlehen. Also ging Jakob zu den Freunden seines Vaters.

»Ich werde ein Geschäft gründen«, versprach er. »Ich werde wirklich hart arbeiten und meine Mutter dafür entschädigen, dass ich zweifach Schande über sie gebracht habe – durch die Armut, in die ich sie trieb, und weil ich ein verschwenderischer Sohn war. Ich werde es schaffen.«

Aber nein: Jedes Mal wenn er den Glanz von Gold, das Schimmern von Silber sah, gings wieder los, versank er im Wunderland – und Geschäft und Fleiß waren Qualen, die er lieber gestern als heute vergaß. Schließlich hatte er mehr Schulden als Haare auf dem Kopf und musste aus Casablanca verschwinden. Nachdem er seine verarmte, entehrte Mutter sitzen gelassen und es ihr überlassen hatte, sich seine Gläubiger kraft ihrer eigenen Würde vom Leib zu halten, kam er mit dem festen Vorsatz, alles wieder ins Lot zu bringen, hierher, nach Marrakesch. Umgehend suchte er den Bruder seiner Mutter auf. Der alte Noah lieh ihm Geld, später noch mehr, schließlich eine letzte Summe. Und er sah, dass der junge Jakob nicht mit Geld umgehen konnte und dass ihm das Geld nicht guttat. Drohungen und Warnungen vor dem Los eines Schuldners hatten bislang keine Wirkung gezeigt, also gedachte er, sein Geld mit einer so furchtbaren Drohung abzusichern, dass der Junge endlich zum Mann reifen würde.

»Wenn du mir das Geld bis Ende des Jahres nicht mit Zins und Zinseszins zurückzahlen kannst, wirst du deine Schuld mit einem Pfund von deinem eigenen Fleisch bezahlen. Und ich werde es dir auf der Stelle aus dem Körper schneiden.«

»Ich war einverstanden«, weint Jakob und schaut der Prinzessin in die Augen. »Und ich hatte fest vor, mein Versprechen zu halten, aber es ist schwer, mit der Genusssucht zu brechen – zwei Jahre in Genuss und Rausch wiegen schwerer als ein ganzes Leben in jeder anderen Abhängigkeit.«

Er lässt den Kopf hängen. »Verstecken kann ich mich nicht mehr, und ich kann auch nicht mehr weinen. Ich muss vor Gericht erscheinen, um Rede und Antwort zu stehen, und dann wird mein Onkel, der alte Noah, mein Fleisch einkassieren. Irgendwie müsse ich dafür büßen, sagt er, dass ich meine Mutter in die Armut getrieben habe und er von nun an für sie aufkommen muss.«

Er schlägt sich gegen Brust und Stirn, und die Prinzessin beugt sich vor und hält ihn zurück.

»Als ich heute hierherkam, hatte ich gehofft, man werde mich töten – als Fremden, der sich auf dem Palastgelände herumtreibt und aufgegriffen wird.« Und von Neuem hebt er an zu wehklagen und zu weinen. »Aber selbst der Tod will mich nicht haben. Siehst du, wie verflucht mein Schicksal ist – keine Wachen am Tor. Ich spazierte hindurch und dachte, es sei nur eine Frage der Zeit, bis sie mich finden würden. Aber nein – nicht einer von ihnen hat mich gesehen, und so bin ich nun hier, in deiner Kammer, bei dir.«

Er schluchzt und wehklagt so heftig, dass sie sich zu fragen beginnt, ob sie das nicht als Kränkung auffassen sollte.

»So schlimm wird es doch nicht sein?«, murmelt sie fragend. »Ist es so schlimm, hier bei mir?« Ist irgendwo in dieser ganzen Geschichte eine Liebe zu Bruch gegangen?

Keck fragt sie ihn, und er sieht sie mit tränenglänzenden Augen an.

»Liebschaften gab es zuhauf«, sagt er, »eine Liebe jedoch nicht.«

Erleichtert streckt sie ihre Hand aus und berührt sein Gesicht. Mit einem in gekühltes Rosenwasser getauchten Tüchlein aus feinstem Musselin trocknet sie seine Tränen.

»Bleib heute Nacht bei mir«, haucht sie. »Morgen früh will ich eine Lösung für deine Sorgen suchen.«

»Nein, nein!«, stößt er hervor. »Ich will kein Geld. Selbst wenn du meine Schulden tilgst, was dann? Selbst wenn du mir danach ein Vermögen gibst, was dann? Ich habe bereits zweimal hintereinander ein so großes Vermögen wie das meines Vaters verjubelt, ich schaffe es auch noch ein drittes Mal.«

»Ich biete dir kein Geld«, lächelt die Prinzessin. »Nur eine Lösung.«

Sie führt ihn zu ihrem Bett, entledigt ihn seiner Kleider und zieht ihn zu sich nieder. Wie ähnlich sie sich sehen – beinahe dieselbe Größe, Haut und Feingliedrigkeit. Ihre Körper umfangen sich geschmeidig. Er kennt sich aus in den Spielen, die man in weichen Daunen treibt, mit seidener Wäsche auf nackter Haut, und er versteht es, Frauen zu verwöhnen.

»Aber«, denkt sie später zufrieden, »wie er mich umklammert und umarmt hält und mit dem Kopf auf meiner Brust schläft, das gehört nur mir allein. Ich bin seine Retterin.«

Sie mag seine Hilflosigkeit und erinnert sich noch lange, nachdem er gegangen ist, an sein Zutrauen und seine Offenheit. Sie vermisst seinen inbrünstigen Blick, seine geflüsterten Bitten um Geborgenheit, sein Flehen, im Arm gehalten und umsorgt zu werden. Einem Mann wie ihm ist sie noch nie begegnet. Sie ist fest entschlossen, ihm aus seiner Not zu helfen und seine Hand zu gewinnen.

»Ich stehe vor derselben Aufgabe«, sagt sie zu sich, »wie der junge Schneider in dem jüdischen Märchen, der nach dem Gewand für den Mond suchte. Auch ich muss nach dem Unerreichbaren suchen, bis es Wirklichkeit wird.«

Also zerbricht sie sich viele Stunden lang den Kopf. Sie brütet über den Dokumenten, die Jakob ihr dagelassen hat, lenkt ihre Gedanken bald in diese, bald in jene Richtung, durchforstet Gesetzbücher. Schließlich hat sie einen Plan. Sie kommt ihrem Ziel näher; sie ist an demselben Punkt angelangt wie der Schneider in dem Märchen, der fremde Länder durchwandert, bis er schließlich das Land gefunden hat, in dem die Königin ein Gewand aus Mondstoff trägt. Die Prinzessin legt ihre Idee den Rechtsgelehrten ihres Vaters vor. Nein, lachen die, die Prinzessin sollte ihre Zeit lieber nicht auf Rechtsfragen verschwenden. Das sei nichts für ihr hübsches Köpfchen. Das Gesetz sei ein gar mächtiges Tier, das sich von den Vorstellungen einer Frau kaum würde bändigen lassen.

»Aber«, denkt sie bei sich, als ihr das Märchen wieder einfällt, das sie nun als eine Art Parabel begreift, »obwohl die Höflinge behaupteten, die Königin sei zu unglücklich, um ihm zu erklären, wie Mondstoff gewebt werde, ging der Schneider hin und fragte nach.«

Der Schneider sprach also mit der Königin. Sie sagte, der Stoff ihres Gewands sei im Begriff, sich aufzulösen. Das Geheimnis um das Weben von Mondstoff sei vor langer Zeit verloren gegangen. Ob der junge Mann in der Lage sei, etwas mehr zu weben, sodass sie zur Hochzeit ihrer Tochter gehen könne? Der Schneider versprach, es zu versuchen. Auf seinen Kopf konnte er sich verlassen, das wusste er.

Auch die Prinzessin beschließt, die Rechtsgelehrten des Hofes nicht weiter zu beachten, und unterbreitet ihre Überlegungen ihrem Vater.

»Was habe ich doch für eine durchtriebene Tochter!«, lacht der König schallend. »Mit listigen Worten will sie das Gesetz umgehen.«

»Dann erlaubst du mir also, meinen Plan auszuführen?«, fragt die Prinzessin eifrig.

Der König schüttelt den Kopf. »In *diesem* Hof hier hast du alle Macht ...« Er schlägt sich aufs Herz. »In *diesem* Hof schenkt man dir Gehör ...« Er deutet auf den königlichen Palast ringsum. »Doch in jenem Hof, wo Recht gesprochen wird und Streitigkeiten geschlichtet werden, im Gerichtshof, in dem Leben und Tod in der Schwebe sind – dort kann ich nicht zulassen, dass du dich einmischst. Die Männer, die sich mit diesen Angelegenheiten beschäftigen, sind weise, anständig und gerecht und können sich nicht von einer Frau Anweisungen geben lassen. Selbst wenn diese Frau meine geliebte Tochter ist.«

Die Männer sind sich darüber einig, dass die Prinzessin sich einfach langweilt. Der König befiehlt ihren Gespielinnen, sich etwas Besseres auszudenken, um sie zu unterhalten. Er berät sich mit seinen Ministern, wie seine Tochter in staatliche Angelegenheiten einzubinden wäre.

»Weit weg, jenseits des großen Ozeans, in Sind, lebt eine Frau«, sagt er, »die Prinzessin eines Ortes namens Bhambore. Und ihr Vater, der König, hat ihr die Verantwortung für die schönen Künste und die fremden Reisenden übertragen. Es ist also nicht undenkbar, eine Frau aus adligem Haus mit staatlichen Aufgaben zu betrauen, solange diese leicht sind und sie nicht zu sehr in Anspruch nehmen.«

Doch die Prinzessin war fest entschlossen. Wenn ein einfacher Schneider ein Gewand finden konnte, das dem Mond passte, dann würde es ihr doch wohl gelingen, Jakob zu helfen. Und sie suchte weiter nach einem rechtsgelehrten Mann, der willens war, ihre Lösung in die Praxis umzusetzen und den Prozess für Jakob zu gewinnen.

Die Prinzessin wusste, dass ihre Idee gut war, doch sämtliche Anwälte reagierten ablehnend. Ihre Argumentation sei zu ausgeklügelt, so sagten sie, um vor Gericht vertretbar zu sein.

Da war nichts zu machen. Aber wie der Schneider hatte auch die Prinzessin ihren Kopf. Sie hatte Jakob ihr Wort gegeben, und, bei Gott, sie würde es halten. Sobald die Sache dann erledigt wäre, würde sie um seine Hand anhalten – die hätte sie sich wohl verdient.

Sie erinnerte sich wieder an den jungen Mann im Märchen: Er setzte sich einfach ans Fenster und verwandte seine ganze Kraft darauf, einen Weg zu finden. In jenen Stunden wurden Tag und Nacht eins für ihn, und während er über dem Tuch und seiner Webart brütete und es ins Mondlicht hielt, um es besser betrachten zu können, zerfloss der Mond und ließ entlang seiner Strahlen sein Licht niederfallen, damit es sich mit dem Stoff verbinde. Und der Stoff wuchs und wuchs und wuchs, bis das Gewand vervollständigt und ausgebessert war. Eine einfache Lösung. Doch ehe man ihren Nutzen erkennen konnte, musste man sie erst einmal finden. Also brütete die Prinzessin über Kette und Schuss des Kleidungsstücks, das Jakob für sich gewebt hatte, hielt es in das Licht ihrer Überlegungen und bemühte sich, die Machart so sorgfältig wie nur möglich zu untersuchen. Der Mond würde schmelzen. Er würde zu ihr niederfließen.

Allzu bald war der Tag gekommen. Jakob erschien mit zerzaustem Haar und struppigem Bart vor Gericht, verschreckt wie ein gehetztes Tier. Die Prinzessin beobachtete ihn aus ihrem

Versteck und erkannte, dass, aller Verzweiflung zum Trotz, in seinem Blick noch immer die Ruhe und das Vertrauen lagen, die sie ihm eingeflößt hatte, und ihr Herz schwoll an und floss über. Wie das Licht des Mondes. Und sie hoffte, dass der Mondfaden für sie genauso wie für den jungen Schneider sein Wunder vollbringen würde.

Man lässt die Zeugen auftreten, einen nach dem anderen, und immer noch einen, und alle bezeugen sie Jakobs verschwendungssüchtige Lebensführung.

Nun mustern die Richter Jakob mit durchdringenden Blicken und fragen, was er denn zu seiner Verteidigung zu sagen habe.

Jakob lässt den Kopf hängen. »Es ist wahr, alles wahr.«

»Aber was habt Ihr Euch bei der Unterzeichnung dieses Schriftstücks gedacht?«, fragt sein Verteidiger.

Jakob sieht ihn zum ersten Mal, und die Angst steht ihm ins Gesicht geschrieben. Dieser Verteidiger ist so jung, seine Gesichtshaut ist noch glatt und rosig. Seine dunkle Robe ist noch steif und neu, sie raschelt, wenn er sich bewegt. Und sie ist aus einem absonderlichen, bauschigen Stoff – voller Rätsel wie die Nacht. Tiefdunkel und seidig und alles umhüllend.

»Aber«, sagt Jakob zu sich, »die Prinzessin hat mir ihr Wort gegeben. Und sie hätte ihre Wahl nicht leichtsinnig getroffen.«

Er beschließt, alles auf diesen jungen Mann zu setzen. »Ich dachte«, murmelt er, »dass das Risiko, dem ich mich aussetze, mich zwingen würde, mein Leben zu ändern. Aber ich habe erneut versagt.«

Das junge Küken von Verteidiger blickt dreist auf die Richter. »Das beweist seinen guten Willen, nicht wahr, meine ehrenwerten Herren Richter?« Wie überheblich er sich gibt, wie selbstsicher! Jakob schaudert bei dem Gedanken an die Folgen, die dieses Verhalten mit sich bringen könnte. »Habt Ihr in all den Jahren Eurer reichen Erfahrung je erlebt, dass jemand sein Fleisch als Pfand gab für sein Wort? Niemals! Ich bin mir sicher!«

Die alten Männer, mit ihren Rauschebärten und Knopfäuglein, beraten sich; es klingt wie ein Schwarm Bienen.

»An seinen guten Vorsätzen zweifeln wir nicht. Aber er hat einen Vertrag unterschrieben, und dem muss er jetzt nachkommen. Wir wissen doch alle, dass der Weg zur Hölle mit guten Vorsätzen gepflastert ist.«

Fügsam senkt der Verteidiger den Kopf. »Ich bin ganz Eurer weisen Meinung. Will dieser junge Mann – Jakob – jedoch seine Schulden begleichen, so läuft er Gefahr, sein Leben aufs Spiel zu setzen. Daher muss ich beantragen, den verehrten Herrn Gläubiger dazu zu verpflichten, alles zu tun, um sicherzustellen, dass exakt nur die geschuldete Menge Fleisch aus seinem Körper geschnitten wird. Nicht ein Stückchen zu viel – denn es handelt sich schließlich nicht um einen Sack Münzen, der ersetzt werden kann. Auch keine Unze zu wenig, denn dieser Mann ist fest entschlossen, sein Wort zu halten. Allerdings hat Jakob nicht sein Leben verpfändet – und sein Gläubiger hat dieses auch nicht gefordert.«

Mit einer schwungvollen Verneigung schließt der Verteidiger seine Rede und zieht sich in eine Ecke zurück; im Gerichtssaal ist es ganz still, alle sind von Ehrfurcht erfüllt, es hat ihnen die Sprache verschlagen.

Jakob lässt den Kopf hängen. Gewiss ist jetzt alles verloren. Dieses Wortgeklingel, dieser Versuch, sich über die Herren Richter zu stellen, sie zu belehren – das wird niemals Erfolg haben!

Aber was ist das? Wieder summen die Richter wie ein Schwarm Bienen. Dann richten sie sich kerzengerade auf und blicken mit Bewunderung auf den Verteidiger. Zusammen mit dem Gläubiger rufen sie ihn nach vorn.

»Was ist Recht«, sagen sie, »wenn nicht vor allem die präzise

Auslegung des Worts. Und dieser junge Mann macht unserem Stand alle Ehre. Es ist seine Aufgabe, ungebührlichen Schaden von seinem Mandanten fernzuhalten. Könnt Ihr, Noah, Euch dafür verbürgen, dass ihr dem jungen Mann exakt die geschuldete Menge Fleisch abnehmen werdet?«

»Ich kann es vorsichtig bemessen«, bietet der Gläubiger an. »Dann werde ich es wiegen, und wenn es zu wenig ist, nehme ich ein wenig mehr.«

Einer der Richter schüttelt den Kopf. »Das wäre zu grausam. Wir können ihn nicht zweimal dem Messer aussetzen.«

Der Gläubiger wirft sich in die Brust. »In dem Fall würde ich mich mit weniger zufriedengeben«, meint er, den Großzügigen mimend.

»Oh, nein!«, protestiert der Anwalt. »Meine Herren: Wäre es gerecht, meinen Mandanten einer solch barbarischen Strafe auszusetzen, wenn er sich dadurch nicht von der Last einer ungetilgten Schuld befreien kann und noch immer dem Vorwurf ausgesetzt bleibt, er habe sich nicht an den Vertrag gehalten? Seine Bürgschaft muss in allen Teilen abgeleistet sein, damit er all seiner Pflichten entbunden ist.«

Die Richter nicken zustimmend. Und wieder beraten sie sich summend, ihre Köpfe und Bärte bilden einen wunderlichen Kreis.

»Die Strafe muss genau sein«, verkünden sie. »Ein Pfand ist ein Pfand und ein Pfund ein Pfund. Es muss nach exakt umrissenen Bedingungen ausgelöst werden.«

»Das heißt also«, schnauft der Gläubiger, »dass ich gezwungen werde, auf mein Recht zum Strafvollzug zu verzichten. Dann werde ich eben Geld nehmen.«

»Kommt überhaupt nicht infrage!«, widersetzt sich Jakobs Verteidiger. »Vor drei Tagen haben wir Euch Geld angeboten. Ihr schlugt das Angebot aus. Vor zwei Tagen boten wir Euch einen weiteren Vergleich an, und schließlich noch einen dritten, heute Morgen, auf der Türschwelle zu diesem Gericht. Insgesamt drei Vergleiche, die Ihr allesamt ausschlugt.«

Die Richter klatschen unisono Beifall.

»Erklärt Ihr diese Schuld für verfallen, und verzichtet Ihr auf Euer Recht, diesem Mann ein Pfund seines Fleisches herauszuschneiden?«, fragen sie. »Bereitwillig und nach reiflicher Überlegung? Denn Ihr müsst wissen, Ihr seid keinerlei Zwang unterworfen.«

Der Gläubiger, rot und außer Atem, schnappt nach Luft und willigt ein. Die Richter loben den Verteidiger und rauschen aus dem Saal. Diese Verteidigung wird bald in der ganzen Welt berühmt werden, frohlocken sie. Es wird darüber geschrieben werden. Ihr Lachen im Nebenraum ist noch immer zu hören, als Jakob auf seinen Verteidiger zustürzt und sich bei ihm bedankt und ihn bittet, der Prinzessin seinen Dank auszusprechen.

Dann kehrt Jakob in seine erbärmliche Behausung zurück.

»Ach«, seufzt er laut, »wenn ich sie doch nur noch ein Mal sehen dürfte!«

»Stattgegeben«, lässt sich ihre Stimme durch die Tür vernehmen. Die Prinzessin ist gekommen, um ihn zu sehen! Hier, in seiner hässlichen, abstoßenden Behausung!

»Deine zarten Füße«, murmelt er, »sie werden durch diesen Fußboden besudelt.«

»Ich weiß«, haucht sie. »Ich bin hergekommen, um dich aus diesem Dreck herauszuholen, auf einen Fußboden, der die Füße nicht beschmutzt.«

Er fällt auf die Knie, und sie streichelt sein Haar.

»Ich bin deinem Verteidiger so unendlich dankbar, und dir auch …«

»Lass uns gehen«, drängt sie. Die hässliche Umgebung setzt ihr zu. »Dieser Gestank ist widerlich.«

Er steht auf und vergräbt, während sie mit seinen Locken spielt, sein Gesicht an ihrem Hals.

»Hat der Verteidiger dir erzählt, was heute vor Gericht geschehen ist?«

»Ich war dabei«, antwortet sie, »ich war ein Teil des Geschehens. Jetzt aber folge mir, meine Kutsche wartet draußen, um dich von hier fortzubringen.«

Als sie sich in der Kutsche umarmen und küssen, greift sie hinter sich und zieht ein zusammengerolltes, tiefdunkles, glattes Stück Stoff hervor.

»Das habe ich heute vor Gericht getragen. Es ist mein Gewand aus Mondfäden.«

Es kommt, wie's kommt

Es war einmal ein Land, das hatte einen König, auch wenn für dich und mich Gott allein König ist, denn er ist einzig, aber Herrscher gibts zuhauf. Meine Geschichte hat gleich vier, doch ich will mit dem ersten beginnen; er bringt die ganze Geschichte ins Rollen, und da fängt ein Märchenerzähler ja für gewöhnlich zu erzählen an.

Eines Tages ging dieser König auf die Jagd, wie es unter Herrschern so üblich ist. Plötzlich fühlte er, dass ein Schatten auf ihn fiel. Die unheimlichen Finger der Vorahnung umklammerten sein Herz und drückten ihm die Luft ab. Eine runzlige, schattenhafte Hand packte sein Pferd am Zaum und zwang es jäh zum Stillstand; schrilles Gewieher; jeder weniger tüchtige Reiter wäre in hohem Bogen vom Pferd geflogen. Kaum stand das Pferd still, fiel der Blick des Königs auf die Besitzerin der Hand: eine Hexe.

Sie hatte das grauenerregendste Gesicht, das er je gesehen hatte, und sie war groß – ihr Kopf befand sich in Risthöhe seines Arabers. Ihr Haar war so verfilzt und zerzaust, dass es einen riesigen Strahlenkranz um ihren Kopf bildete. Überall baumelten Binsen und Zweige herab, und da und dort bewegte es sich, als hausten Lebewesen darin. Ich spreche nicht von Läusen und Flöhen und anderem Kleingetier, denen das Haar eine natürliche Behausung ist, sondern von größeren Tieren, Vögel vielleicht, sogar Ratten und, wer weiß, womöglich auch eine oder zwei sich ringelnde Schlangen. Wie sehr sich der König auch anstrengte – er konnte ihr Gesicht nicht sehen. Es war wie in Schatten gehüllt, und ihre beiden Augen glühten heiß und gefährlich, orange, wie zwei feurige runde Bernsteine. Ihr gelenkiger, kräftiger Körper war äußerst spärlich bekleidet, und ihre Stimme war ein Zischen.

»Ich bin Es-kommt-wie's-kommt«, fauchte sie den König an, »und du sollst meine Macht zu spüren bekommen.«

»Was verlangst du?«, fragte der König, und seine Augen folgten jedem Zucken ihrer krallenartigen Finger. »Wenn es in meiner Macht steht, sollst du es haben.«

Die Hexe bewegte sich mit lautem Krachen, sodass die Furcht, die in dem König und seinem Pferd schlummerte, wuchs und ihre Haare zu Berge stehen ließ.

»*Du* willst mir Wünsche erfüllen?«, kreischte sie. »*Ich* bin hier diejenige, die Wünsche erfüllt, und ich frage dich – es kommt, wie es kommen soll, daran kann niemand etwas ändern, und dir sind ein paar Jahre Unglück vorherbestimmt: Willst du sie gleich, König, oder lieber später?«

Der König zögerte. Das war eine schwierige Frage, und wie sollte er sie beantworten, ohne sich mit seiner Königin zu beraten? Schließlich betraf die Entscheidung auch ihr Leben, ebenso dasjenige ihrer Söhne und deren Gemahlinnen, zweier Schwestern, die als gute Ehefrauen natürlich ihren Männern überallhin folgen würden und täten, was diese ihnen befahlen.

»Kann ich dir die Antwort morgen geben, Mütterchen Es-kommt-wie's-kommt?«, fragte der König. »Ich kann deine Frage nicht beantworten, ohne mit der Königin gesprochen zu haben.«

Zur Überraschung des Königs war die Hexe sofort einverstanden.

»Morgen«, zischte sie, »an diesem Ort. Kismet ist Kismet. Heute oder morgen, es wird sich erfüllen. Bis dann – lebe wohl.«

Erleichtert bedankte sich der König bei der Hexe und ritt nach Hause, wo er sofort die Königin aufsuchte und ihr von der Begegnung erzählte.

Die Königin dachte eine Weile nach.

»Wir sind beide noch jung«, meinte sie traurig. »Vielleicht können wir jetzt das Unglück leichter ertragen. Sag der alten Hexe, wir stellen uns dem harten Teil unseres Kismets lieber gleich. Dann können wir uns auf glückliche Tage im Alter freuen.«

Der König war einverstanden. Hätten sie entschieden, die Jahre des Unglücks hinauszuschieben, würde ihnen das bange Warten auf den Schicksalsschlag nur die kommenden Jahre vergällen. Also schwang er sich am nächsten Tag auf sein Pferd und ritt zu seiner Begegnung mit der Schicksalshexe, die – dessen war er sicher – wie versprochen auf ihn wartete.

»Nun, König, wie hast du dich entschieden?«, zischte die Hexe, deren Gesicht noch immer im Schatten lag; Verderben bringende Düsternis umhüllte sie, furchterregend und undurchdringbar. Und was jagt einem mehr Angst ein als das Ungewisse – wenn man noch dazu weiß, dass dieses Ungewisse hart und grausam und unerbittlich sein wird?

Trotz seiner Angst war der König noch immer ein Herrscher in Amt und Würden. Ohne vom Pferd zu steigen, erwiderte er unerschrocken und entschlossen: »Meine Königin und ich haben uns entschieden, dass wir uns lieber unserem Unglück stellen wollen, solange wir noch jung sind und bei Kräften. Dann können wir unser Glück wiedererlangen und ohne Sorgen und in Würde alt werden.«

Die Hexe hob ihren knorrigen Finger zum Himmel. »So sei es«, verkündete sie. Und der König ritt mit angsterfülltem Herzen zurück. Als er zu Hause ankam, vernahm er, dass ein Nachbarkönig seine Streitkräfte an der gemeinsamen Grenze zusammengezogen hatte. Es blieb ihm nichts anderes übrig, als sich mit allen ihm zur Verfügung stehenden Mitteln zur Wehr zu setzen. Sie kämpften hart, sie kämpften mutig, doch Kismet setzt sich immer durch, und wir wissen schon, wie die Sache ausging: Trotz größter Anstrengungen verlor der König den Kampf, und er und seine Familie mussten fliehen; ihnen blieb nichts als die Kleider, die sie am Leib trugen.

Vier Tage waren sie auf der Flucht, versteckten sich in Höhlen, verkrochen sich in Misthaufen und bettelten um Essen wie die herumstreunenden Katzen und Hunde, die die Straßen ihres Königreichs – oder dessen, was einmal ihr Königreich gewesen war – bevölkerten. Hungern ist etwas Furchtbares. Am fünften Tag war ihnen ihr Leben gleichgültig – alles drehte sich um den Magen und wie sie ihn füllen konnten. Beeren und Früchte, das mochte gut sein für Asketen und Einsiedler, die an ein Leben im Wald gewöhnt waren. Der strenge Winter setzte der Familie zu, die an die wohlige Wärme eines gefüllten Magens, an ein prasselndes Kaminfeuer und an kuschelige Wolldecken gewöhnt war.

Da wandte sich der König an seine Frau und seine Söhne. Und wenngleich seine Worte die Worte eines Menschen waren, der weit von den Tugenden eines Königs abgekommen war, erwartete er von ihnen noch immer denselben Gehorsam, der einem regierenden Monarchen gebührte, und bekam ihn auch.

»Heute Nacht, wenn die Prinzessinnen schlafen, werden wir sie verlassen und weiterziehen. Dann können wir mit dem wenigen, das wir zusammenkratzen, einigermaßen überleben. Sie sind doch nur zwei Mäuler mehr, die gefüttert werden müssen.«

Die beiden Prinzen – ihre Ehemänner – waren dagegen, doch ihre Mutter bedeutete ihnen zu schweigen. Der König hatte in den letzten Tagen schon genug Verluste erlitten, ihr Ungehorsam würde ihn über die Maßen erniedrigen. Also leisteten die jungen Männer schweren Herzens ihrem Vater Gehorsam, und in der Nacht, als die beiden Prinzessinnen wie unschuldige Blumen schliefen, machten sich die übrigen Familienmitglieder aus dem Staub.

Als die beiden Schwestern nun am anderen Morgen erwachten, mussten sie feststellen, dass sie von der Familie im Stich gelassen worden waren.

»Wir müssen sie wiederfinden, koste es, was es wolle«, meinte die ältere Schwester sogleich.

»Aber sie haben uns doch bestimmt absichtlich unserem Schicksal überlassen«, entgegnete die jüngere.

»Ah«, erwiderte die ältere wegwerfend, »in ein paar Tagen hätten wir wahrscheinlich dasselbe getan. Eigentlich sind wir ohne sie viel besser dran – so bleiben wir wenigstens unerkannt.«

»Werden wir sie je wiederfinden?«, fragte die jüngere, zutiefst verletzt und verzagt.

»Überlass das nur mir«, erwiderte die ältere. Erleichtert, dass sie sich nicht den Kopf zerbrechen brauchte, folgte ihr die jüngere brav.

Zusammen begaben sie sich in die nächste Stadt, wo die ältere Schwester – nennen wir sie Wahda – einen ihrer Ringe verkaufte. Von dem Erlös erstand sie für ihre kleine Schwester Sughra eine Garderobe, die nicht erkennen ließ, dass sie eine Prinzessin war. Sich selbst kleidete Wahda als Mann, denn neben vielen anständigen Menschen lebten in der Stadt auch viele böse, und zwei hübsche, unerfahrene Frauen waren dort ohne männliche Begleitung nicht sicher. Dann machten sie sich auf den Weg in die Hauptstadt des Königreichs. Auf dem Marktplatz zog Wahda Erkundigungen ein und fand schließlich ein bescheidenes Häuschen. Sie kaufte es, und die beiden Schwestern zogen dort ein.

Morgen für Morgen verkleidete sich Prinzessin Wahda als Mann, suchte den Hof des Königs auf und beobachtete die vielen Menschen, die dort ein und aus gingen. Sie sprach mit allen, die regelmäßig hier verkehrten, plauderte mit den Besuchern und setzte überhaupt alles daran herauszufinden, ob irgendwer irgendetwas über ihre Familie wusste. Und jeden Tag sah der

König diesen zierlichen und vornehmen jungen Mann, der an seinen Hof kam, ihm aus gebührlichem Abstand und nach höfischen Sitten seinen Gruß bot und sich dann in höchst charmanter Manier unter die bunte Menge mischte.

Der König wurde zunehmend neugierig.

»Geh und frag den jungen Mann, wer er ist«, gebot er einem seiner Höflinge. »Und sag ihm, der König habe ihn zu sich befohlen, damit er ihm seine Ehrerbietung erweise.«

Kaum hatte sie die Nachricht bekommen, wurde Wahda beim König vorstellig; sie verneigte sich tief und erklärte, es sei ihr eine Ehre, dass der König auf sie aufmerksam geworden sei und sie nun vor ihm stehen dürfe.

»Aber weshalb habt Ihr Euch nicht schon früher vorgestellt?«, fragte der König.

»Eure Majestät, solche Dreistigkeit liegt mir fern«, entgegnete sie.

»Nun«, meinte der König, »habt Ihr vor, längere Zeit in meinem Reich zu verweilen?«

»Wenn es Euch recht ist, Eure Majestät.«

Dann fragte der König die Prinzessin nach ihren Verhältnissen, und sie erklärte knapp, dass sie aus einer noblen Familie stamme, die leider von einem Missgeschick ereilt worden sei; nun sei sie der alleinige Beschützer ihrer jüngeren Schwester und müsse irgendwie ihrer beider Lebensunterhalt bestreiten.

»So ist das?« Der König war gerührt, denn er hatte Gefallen gefunden an diesem jungen Mann (beziehungsweise an dieser jungen Frau, aber das ist jetzt gleichgültig, denn der König hält sie für einen Mann, auch wenn wir wissen, dass sie keiner ist). »Wollt Ihr mein Leibwächter sein?«

Die Prinzessin zögerte nicht. »Majestät, es wäre mir eine Ehre.«

Der König war begeistert. »Abgemacht! Ab heute bist du mein persönlicher Leibwächter.«

Also gab der König seinem neuen Leibwächter ein herrschaftliches Haus, wie es dem persönlichen Diener eines Königs zusteht. Die beiden Schwestern bezogen ihr neues Zuhause und führten fortan ein Leben in Wohlstand. Und der König ließ seinen Leibwächter kaum aus den Augen.

Eines Nachts, als Wahda Dienst hatte und der König nach seinem Tagewerk behaglich schlief, hörte sie einen grauenhaften Schrei. Blitzschnell überprüfte sie die Flügelfenster und stürzte zur Tür. Niemand. Keine Menschenseele.

Da plötzlich ein zweiter entsetzlicher Schrei.

Der Leibwächter verriegelte das Schlafgemach des Königs, damit sich niemand Eintritt verschaffen konnte, rannte die Treppe hinunter ins Freie und folgte dem Schrei, der sich in regelmäßigen Abständen wiederholte. Nach einer Weile fand sich Wahda auf einem am Stadtrand gelegenen Friedhof wieder. Als sie sich umsah, entdeckte sie eine Reihe von Galgen; an einigen hingen tote Männer. Von denen, dachte sie schaudernd, konnte wohl keiner diese grauenhaften Geräusche von sich gegeben haben. Es war doch unvorstellbar, dass einer dieser hingerichteten Verbrecher noch am Leben war? Der Gedanke war zu makaber, und Wahda wollte den Ort soeben verlassen, als das traurige Stöhnen ein weiteres Mal an ihr Ohr drang. Sie drehte sich um und erblickte die schattenhaften Umrisse einer Frau, die mit hochgereckten Armen versuchte, die Füße eines Mannes zu berühren, der an einem der Galgen baumelte.

Wahda stürzte auf sie zu. »Was willst du, Mütterchen?«, fragte sie. »Dein Geschrei ist so laut, dass es bis zum Schlafgemach des Königs zu hören ist.«

»Geschieht ihm recht«, jammerte die Frau, nun in sich zusammengesunken und leblos. »Dies ist mein Sohn. Mein teures Kind, auf Befehl der Richter deines Königs für ein Verbrechen erhängt, das er nicht begangen hat. Und er hängt so hoch, dass ich arme

Seele – verflucht seien meine schwachen Glieder – nicht einmal sein Gesicht berühren kann, um ihn noch einmal zu küssen.«

Und erneut brach sie in ohrenbetäubendes Geheul aus.

Wahda hielt sich die Ohren zu. »Ich verstehe zwar deinen Kummer«, sagte sie tadelnd, »aber dein Geheul wird deinen Sohn nicht wieder lebendig machen.«

»Ich weiß«, räumte die Frau ein und wischte sich die Tränen aus dem Gesicht. »Aber tu mir einen Gefallen, mein Sohn. Heb mich auf deine Schultern, damit ich das Gesicht meines Sohnes ein letztes Mal küssen kann. Ich gebe dir mein Wort: Danach gehe ich still fort und komme niemals wieder.«

Erleichtert bückte sich Wahda, ließ die Frau auf ihre Schultern klettern und hob sie hoch, sodass sie den Gehängten küssen konnte. Die Frau legte erst ihre Wange an die Wange des Gehängten. Dann aber schlug sie, zu neuem Leben erwacht, mit unerwarteter Kraft ihre Zähne in dessen Hals – und begann, laut schmatzend sein Blut zu saugen, dass es scheußlich warm und klebrig in alle Richtungen spritzte.

Wahda erkannte sofort, dass das Geschöpf auf ihren Schultern nicht eine Mutter war, die um ihren Sohn trauerte, sondern eine blutsaugende Menschenfresserin. Noch immer von dem grauenerregenden Anblick gebeutelt, schleuderte sie das Geschöpf blitzschnell zu Boden und ging mit dem Schwert auf es los. Die Menschenfresserin konnte zwar nicht fliegen, hatte aber die Flinkheit eines Zauberers und war im Nu verschwunden. Doch auf dem Boden lag etwas, das in den herrlichsten Mustern glitzerte und funkelte: Es war ein Stück von dem Kleid, das die Menschenfresserin unter ihrem dunklen Mantel getragen hatte. Wahda hob den Stoff auf und eilte zurück zum Gemach des Königs.

Der König erwartete sie bereits, kochend vor Wut. Er war von einem der Schreie geweckt worden, hatte nach seinem

Leibwächter gerufen und feststellen müssen, dass dieser verschwunden war. Es kam noch schlimmer: Er musste sich erleichtern, und da außer dem Leibwächter keiner den Schlüssel hatte, saß er ganz schön in der Zwickmühle, als Gefangener im eigenen Gemach, und seine Not wuchs zusehends. Er fühlte sich ausgeliefert, und das gefiel ihm ganz und gar nicht.

»Wo hast du dich herumgetrieben, als es galt, mein Leben zu schützen?«, donnerte er.

»Ich wollte nachsehen, wo das Geschrei herkam«, erklärte der Leibwächter hastig und berichtete, was er erlebt hatte.

Der König, infolge seiner erniedrigenden Erfahrung noch immer mürrisch, wollte Beweise sehen.

»Hier ist ein Stück Stoff«, sagte der Leibwächter und faltete das wunderbare Stück Tuch auseinander. Oh, wie es schimmerte und glänzte, doch weder der König noch sein Leibwächter konnten mit Sicherheit sagen, ob es nun Samt oder Satin oder Brokat sei. Es war weich und durchscheinend und üppig mit fremdartigen Mustern bestickt; keiner von beiden konnte von sich behaupten, je etwas so Wunderbares gesehen zu haben.

»Ich werde es der Königin geben«, beschloss der König. »Sie hat bestimmt eine Verwendung dafür.«

Als die Königin den Stoff sah, vernarrte sie sich augenblicklich in das Stück und wollte so viel davon haben, dass es für eine ganze Garderobe reichen würde.

»Beschaff mir mehr davon«, verlangte sie, »sonst werde ich meiner Lebtag nie wieder glücklich sein.«

»Beschaff mir mehr davon«, wiederholte der König zu seinem Leibwächter, »sonst muss ich fürchten, nie wieder in Frieden leben zu können.«

»Aber, Majestät, wie um alles in der Welt?«, fragte der Leibwächter verzweifelt. »Der Stoff stammt von einer blutsaugenden Menschenfresserin. Ich konnte nicht sehen, wohin sie verschwand – alles ging blitzschnell, wie eine Sternschnuppe, die vom Himmel fällt. Wer kann wissen, wo sie einschlägt oder ob sie überhaupt jemals auf die Erde niedergeht?«

»Ach, leeres Geschwätz«, brummte der König. »Wenn meine Königin das Tuch nicht bekommt, werde ich meines Lebens nicht mehr froh.«

Der Leibwächter verhandelte und flehte und redete dem König ins Gewissen, doch der ließ sich nicht umstimmen.

»Wenn du das Tuch beschaffst, wartet eine hübsche Belohnung auf dich«, beharrte er. »Gelingt es dir nicht, so wirst du mit deinem Leben dafür büßen.«

Also machte sich Wahda gleich am nächsten Morgen auf den Weg, das kostbare Tuch zu suchen, damit die Königin zu ihrer Garderobe käme.

»Sollte ich je Königin werden«, murmelte die Prinzessin, als sie zutiefst betrübt und mit schwerem Herzen aufs Geratewohl herumirrte, »werde ich nie vom Pech verfolgte junge Höflinge mit unzumutbaren Aufgaben betrauen, nur um meiner Eitelkeit zu frönen. Ich liebe die Herausforderung, genau wie jeder andere – um Ruhm zu erlangen, um Ehre zurückzugewinnen, dies sind Dinge, für die es sich lohnt, sich anzustrengen. Aber Leib und Leben aufs Spiel zu setzen, und noch dazu nicht einmal das eigene, nur um einer großartigen Garderobe willen, so einzigartig diese auch sein mag – das ist wahrhaftig kein feiner Zug.«

Nichtsdestotrotz setzte sie ihren Weg fort, denn würde sie ohne das Tuch zurückkehren, stand ihr Kopf auf dem Spiel. Aber auch wenn die blutsaugende Menschenfresserin sie eher zu packen kriegte als sie diese, wäre es mit ihrem Leben vorbei.

Wahda zog weiter durch grüne Wiesen und staubige Ebenen, über hohe Berge und durch reißende Flüsse, durch dichte Dschungel und unfruchtbare Gegenden, wo nichts gedieh außer dürrem Gestrüpp, das kümmerlich wuchs und dann nicht weiterwachsen konnte, weil es sich verhedderte und sich selbst im Weg stand.

»Genau wie mein eigenes Leben«, dachte sie, »das sich in sich und um sich selbst zu drehen scheint, anstatt nach außen und geradeaus zu wachsen.«

Aber ihre Pausen waren nie länger als der nächtliche Flug einer Eule oder das Kreisen eines Adlers am Nachmittagshimmel. Schließlich gelangte sie in eine Stadt, wo sie von zwei Frauen etwas erfuhr, was sie aufhorchen ließ.

Die beiden Frauen buken in einem großen Ofen Brot und weinten dabei herzzerreißend. Sie hievten ein Blech mit Brotlaiben in den feurigen Schlund eines riesengroßen Ofens, zogen sich dann für eine Weile zurück, schluchzten, klopften einander tröstend auf die Schulter, trauerten und wehklagten. Dann weiter, die nächste Ladung Brot. Sie buken einen glühenden Wüstensommer, diese beiden Frauen, dann weinten sie einen wahren Monsun von Tränen, um ihn zu kühlen.

»Warum weint ihr?«, fragte Wahda.

Die beiden Frauen starrten sie erstaunt an.

»Du musst ein Fremdling sein! In dieser Stadt weiß jeder: Wer weint, hat entweder gerade einen seiner Liebsten verloren oder steht kurz davor.«

Wahda runzelte die Stirn, kratzte sich am Kopf und rieb sich übers Kinn. Schließlich fragte sie die Frauen: »Soll das ein Rätsel sein, das ich lösen muss?«

Die Frauen stießen einen Klageschrei aus, der das Herz eines Eisbergs gebrochen hätte, Glas hätte zersplittern lassen und Bäume verdorren.

»Uns ist nicht nach Ratespielen zumute«, wehklagte die Mutter. »Aber du bist gewiss ein Fremder. Du scheinst wirklich nicht zu wissen, dass am ersten Tag einer jeden Woche ein Menschenfresser in diese Stadt kommt und zweihundert Laib Brot, einen

Ziegenbock und ein Menschenkind verlangt. Heute Nacht soll dieses Kind mein Sohn sein.«

»Und was unternimmt Euer König dagegen?«

Die Augen der Tochter waren rot und verweint und verquollen, als sie unter herzzerreißenden Schluchzern eine Antwort hervorstieß: »Der König hat verkündet: Wer uns von dem Menschenfresser befreit, bekommt sein halbes Königreich und die Hand seiner Tochter.«

Wahda legte ihren Arm um die Mutter. »Trockne deine Tränen«, sagte sie. »Deinem Sohn wird nichts geschehen. Heute Nacht werde ich an seiner Stelle in dem Geschenkkorb für den Menschenfresser sitzen.«

»Aber wieso? Niemand gibt sein eigenes Leben für das eines anderen«, stieß die Mutter hervor. »Warum solltest du es tun?«

»Du hast recht, Mütterchen. Niemand gibt sein Leben für das eines anderen, und ich bin da nicht anders.«

Wahda hegte nämlich keineswegs die Absicht zu sterben. Sie wollte das halbe Königreich gewinnen, das zur Belohnung ausgeschrieben war, denn, ihr müsst wissen, tief in ihrem Herzen begleitete sie stets die Sehnsucht, ihre Familie wiederzufinden. Ein halbes Königreich bedeutete: die Hälfte seines Heeres, die Hälfte seiner Reichtümer und ein ganzes Stück näher daran, ihren Ehemann wiederzufinden. Natürlich gab es da noch den kleinen Haken mit der Prinzessin, die ihre Braut werden sollte, doch wenn sie einander erst einmal begegneten, würde sich zweifellos ein Ausweg finden.

Also wurde Wahda beim König vorstellig und brachte ihre Absicht vor, den Platz des jungen Mannes einzunehmen, der auf den Speisezettel der wöchentlichen Abendmahlzeit des Menschenfressers gesetzt worden war. Der König freute sich natürlich sehr und war ohne Weiteres einverstanden. Wenn ein Leben gerettet werden konnte, war alles gut, und wenn dieses Leben einem seiner Untertanen gehörte, noch besser. Wahda kehrte zu der alten Frau zurück, die jetzt wie ausgewechselt war. Sie bestand nur noch aus Umarmungen und Küssen und Segenssprüchen, und ihre Tochter aus Lächeln und Schöntun und Kokettieren. Denn ihr dürft eins nicht vergessen: Sie hielt Wahda für einen jungen Mann. Und zwar für einen besonders guten, mutigen und großherzigen Mann! Und der fremde Leibwächter, Prinzessin Wahda, verbrachte einen wunderbaren Nachmittag mit den beiden, an dessen Ende sie die alte Frau bat, sie zu der Stelle zu führen, wo der Imbiss für den Menschenfresser bereitgestellt wurde.

Die beiden machten sich auf den Weg; ihren Wagen vorsichtig schiebend, trotteten sie dahin, während ihre Schatten immer länger wurden und die Nacht hereinbrach; den Häusern folgten Bäume, den Straßen Trampelpfade, die Trampelpfade wurden zu Staub, durch die Stadttore gings und außerhalb der Mauer weiter und immer weiter, bis auf den Gipfel eines kleinen Hügels. Und dort, auf dem Gipfel des kleinen Hügels, stand eine alte, heruntergekommene Hütte. An der einen Seite der Hütte band Wahda den Ziegenbock fest und stapelte die Brotlaibe rund um ihn herum. Auf der anderen Seite rammte sie einen Zaunpfahl in den Boden und bemalte ihn. Sie machte ihm ein Gesicht und zog ihm Kleider an und wickelte sogar das lange Tuch ihres eigenen Turbans um seinen Kopf. Dann zog sie in einem Anflug von Übermut den Turban ein wenig nach vorn, damit es den Anschein hätte, das Opfer sei eingeschlafen.

Als sie sich umdrehte, um zu sehen, ob die alte Frau ihre Geschicklichkeit auch bewunderte, stellte sie fest, dass diese verschwunden war.

»Kein Wunder«, lächelte sie. »Der Menschenfresser muss jeden Moment hier sein.«

Sie hob eine Grube aus und versteckte sich darin.

Mittlerweile war es stockdunkel, und in der Grube war es

noch viel dunkler, sodass Wahda sich ein wenig sicherer fühlte. Überall raschelte, bebte und bewegte sich etwas, und während sie in der Grube kauerte, das Schwert in der Hand, zum Schlag bereit, hielt die Furcht sie wach.

Mitternacht rückte näher und mit ihr ein Gefühl von unheimlicher Schaurigkeit, doch Wahda hielt die Ohren steif und die Hand bereit.

Dann, aus heiterem Himmel, ertönte ein grauenerregendes Brüllen, und der Hügel erbebte unter donnernden Schritten, die den Hügel hinanjagten und in der Hütte verschwanden.

Der Menschenfresser war da! Er sah aus wie ein riesiger, hässlicher Mann, über und über bedeckt mit drahtigen, dunklen Haaren, zottelig und räudig wie ein kranker Wolf. Wie er das Brot verschlang und den Ziegenbock riss und dabei sabberte! Mit jedem seiner rasenden Bissen hob und senkte sich seine Kehle und gab einen knarrenden Ton von sich. Wahda wurde ganz übel. Doch das war die Prinzessin in ihr, und mit großer Entschlossenheit zitierte sie den Leibwächter wieder herbei. Der hielt seine Augen auf den Menschenfresser gerichtet. Beobachtete. Beobachtete und wartete ab.

Der Menschenfresser verschlang die Reste des Ziegenbocks, die Sehnen und die Knochen, die Hufe und die Hörner, die Hoden und die Augen … Dem Wind blieb nicht einmal das kleinste Fellbüschel fortzutragen. Der Menschenfresser reckte sich und gähnte, wobei sich Unmengen von Speichel wie ein Wolkenbruch aus seiner Kehle ergossen. Dann brüllte er los, stürzte sich in seiner Unersättlichkeit auf den Pfahl. Kaum hatte er ihn gepackt, durchschnitt – fffft! – ein Arm die Luft, ein Schwert blitzte auf, ein Bein war ab. Das des Menschenfressers. Denn genau im rechten Moment hatte der Leibwächter den Menschenfresser angegriffen und den Auftrag ausgeführt.

Oh, was der Menschenfresser da für ein Wehgeschrei ertönen

ließ, was für ein Geheul hinter ihm herfegte und über dem Land widerhallte und sich erneut im Echo brach, als er auf seinem übrig gebliebenen Bein hüpfend in die fernen Hügel verschwand, wo er zu Hause war!

Als der Leibwächter zurückkehrte und dem König das Bein des Menschenfressers vorlegte, wurde in der Stadt mehrere Tage lang gezecht und gefeiert. Dann wurde der Leibwächter der Prinzessin vorgestellt, die er heiraten sollte.

»Als ich noch klein war«, hub der Leibwächter an, »hörte ich oft Geschichten über Könige, und die Könige in diesen Geschichten waren genau wie dein Vater: Sie schrieben alle die Hand ihrer Tochter als Belohnung für die Erfüllung eines schwierigen Auftrags aus. Immer, wenn ich diese Geschichten hörte, fragte ich mich, was die Prinzessinnen selbst wohl davon hielten, dass der Vater sie zur Belohnung machte und sie nach Lust und Laune weggab.«

»Wie es anderen geht, vermag ich nicht zu sagen«, antwortete die Belohnung, »aber eine Prinzessin wird dazu erzogen, das zu tun, was für ihren Vater und seine Untertanen das Beste ist. Mein Vater hat mich als Belohnung ausgeschrieben, um den Menschenfresser loszuwerden und meinem Volk wieder Sicherheit und Seelenfrieden zu verschaffen, und ich werde sein Wort ehren und ihm nachkommen.«

»Aber du machst dir bestimmt Sorgen, wie der Freier ist, den er für dich erkoren hat? Vielleicht ist er grob oder ungehobelt. Oder ein Schurke. Ja, es könnte sogar eine Frau sein, die sich als Mann verkleidet hat!«

Bei diesen letzten Worten füllten sich die Augen der Prinzessin mit Tränen, und sie plapperte, ohne nachzudenken, drauflos.

»Oh, dann würden meine Träume wahr«, weinte sie. »Denn ich würde sie umarmen und sie meine Schwester nennen und ihr sagen, wie sehr ich einen Edelmann am Hof meines Vaters liebe. Aber ich habe meinem Vater nie von meinem Geliebten erzählt. Er hat mich schon mit zwölf dem Mann als Belohnung versprochen, der uns von dem Menschenfresser befreit, und ich wusste immer: Die Pflicht kommt vor der Leidenschaft.«

»Wenn das so ist, nenn mich Schwester!«, gebot Wahda. »Denn ich bin eine Frau, die sich als Mann verkleidet hat. Ich werde dem König sagen, dass ich mir das Recht ausbedinge, dich mit einem Mann meiner Wahl zu verheiraten.«

Also erklärte Wahda dem König, dass sie bereits verheiratet sei, sich aber nach einem geeigneten Bräutigam für die Prinzessin umsehen werde. Erst habe sie jedoch noch einen Auftrag in eigener Sache zu erfüllen. Sobald das mithilfe Gottes erledigt sei, werde sie zurückkehren. Der König war zunächst dagegen: »Ein Mann kann doch heiraten, so oft er will. Insbesondere, wenn er König ist.«

Doch der Leibwächter bestand darauf, kein zweites Mal heiraten zu können, und am Ende gab der König nach: »Unter der Bedingung, dass diese Hochzeit woanders stattfindet, damit meine Untertanen nicht denken, ihre Prinzessin sei verschmäht worden.«

Wahda erklärte sich einverstanden und machte sich wieder auf die Suche nach dem Stoff für ihren König, damit dieser ihn seiner Königin geben könne.

Tage wurden zu Wochen, Wochen zu Monaten, Monate zu einem Vierteljahr, einem halben, einem Dreivierteljahr – einem Jahr, einer Nacht und einem Tag –, ehe der Leibwächter, die Prinzessin Wahda, der Fremde, der Held, der Halbkönig mitten in der Wildnis zu einer Festung gelangte. Festung wie Wildnis vermittelten irgendwie das Gefühl von Zauber, Wunder und Aufgaben, die sich ihrer Erfüllung näherten.

Es war eine trostlose, gar hässliche Burg, die die Stirn zu runzeln und herausfordernd, ja bedrohlich dreinzublicken schien.

Doch die Tore standen offen, und unser Held schritt hindurch und gelangte in einen großen Hof. Dort, in einer Stille, in der man jedes Flüstern und jeden Atemzug, jedes Knacken und jedes Schaudern hören konnte, saß eine sehr junge Frau. Allein. Mutterseelenallein und ganz mit ihrem Spinnrad beschäftigt, aber nicht gar so sehr, dass sie die in der Stille laut hallenden Schritte des Fremden, der in ihre Burg drang, nicht wahrgenommen hätte.

Doch was war das? Das Mädchen reagierte auf die Ankunft des Leibwächters höchst seltsam: Zuerst brach es in ein klingelndes, schallendes, silbernes Lachen aus, dann schluchzte es – ein wogendes, geplagtes, herzzerreißendes Schluchzen.

»Warum lachst und weinst du in einem?«, fragte unser Held verwirrt.

»Ich lache über mein Glück und beweine dein Unglück«, erwiderte die junge Frau. »Ich bin glücklich, endlich wieder ein Menschenwesen zu Gesicht zu bekommen. Meine Stiefeltern, musst du wissen, sind *Ghoule,* blutsaugende Menschenfresser. Sie kommen schon bald nach Hause, und ich weine, weil sie dich fressen werden, sobald sie dich sehen.«

»Kann ich ihnen nicht entkommen?«, fragte Wahda, wie immer hellwach und einfallsreich, wenn es um ihr Leben ging. »Es wird doch in dieser riesigen Burg irgendeinen Ort geben, an dem ich mich verstecken kann, ohne gefunden zu werden.«

Das Mädchen schüttelte zweifelnd den Kopf und sann fieberhaft nach. »Der Haken ist der Geruch. Sie wittern Menschenfleisch. Aber vielleicht kann ich sie für eine Nacht von deinem Geruch ablenken. Folge mir.«

Und die junge Frau erhob sich, als hätte sie Sprungfedern in den Beinen; ihr Lachen hatte wieder ein Klingeln, ihre Augen lächelten, und in ihrem Lächeln wohnte solch ein Schalk, dass er selbst ein Herz aus Stein zum Lachen gebracht hätte. Auf dem Weg plapperte sie fröhlich drauflos; die düsteren Flure lebten auf, die schweren Türen erstrahlten, als sie in ihren quietschenden Angeln hin- und herschwangen. Im Vorbeigehen zeigte sie Wahda Räume voller Edelsteine und Edelmetalle, voller Ballen von Seide und Satin und Brokat und jeglicher Kostbarkeiten, die dem Menschen und anderen Lebewesen bekannt sind. Denn das Horten von Schätzen ist der Menschenfresser größte Leidenschaft.

Schließlich gelangten sie zu einem abgelegenen, verschlossenen Teil der Burg, und das Mädchen blieb vor einer Tür stehen und schob den Riegel zurück.

»Da sind wir«, sagte es, »hier bist du ganz bestimmt in Sicherheit, wenigstens heute Nacht. Wenn es nach mir ginge, würde ich dich allerdings für immer hierbehalten.«

Wahda hatte sich mittlerweile daran gewöhnt, dass die Frauen sich ihr an den Hals warfen; sie schenkte den streichelnden Blicken und liebevollen Worten des Mädchens keine Beachtung, als dieses ihr Speis und Trank brachte und sich neben sie setzte und ihr anbetend beim Essen zusah. Und der Tag wurde zunehmend älter und dunkler, während sie sich unterhielten, und wurde zur Nacht. Das Mädchen verabschiedete sich von Wahda, die sich sofort zu einer Kugel zusammenrollte und einschlief.

Schatten tanzten, und mit ihnen das Herz der armen jungen Frau, die von dem Menschenfresser-Ehepaar gefangen gehalten wurde. Sie liebten sie, das wusste sie; doch das Leben ohne die Gesellschaft anderer Menschen war so einsam, so erbärmlich, dass das Mädchen sich nichts sehnlicher wünschte, als diesen Ort zu verlassen und mit Menschen zu leben, obwohl die Menschenfresser sie mit Geschenken überhäuften und auf ihre ganz eigene Art auch mit Liebe.

Aber schaut sie euch an, diese Menschenfresser! Da packen sie ihre Säcke aus und holen ein paar Ziegen und Hühner heraus und eine halb abgenagte Leiche. Die junge Frau erschaudert, als sie den aufgerissenen Hals, die herausquellenden Augen sieht.

Ohne Zweifel: wieder die Leiche eines Gehängten. O Graus! O Abscheu! Die Haut ganz fleckig, und der Gestank so grässlich und ekelhaft, dass sie mit zugehaltener Nase und zugekniffenen Augen würgen muss.

Kein Wunder, dass ihr der Leibwächter so schön vorkam. Mittlerweile hielt sie schon alle Menschen für blutverschmierte Geschöpfe mit geschwollenen, entstellten Gesichtern und übel riechender Haut. Ja, wenn sie ihre eigene, glatte Haut und ihre glänzenden dunklen Augen, diese Rehaugen, betrachtete, fragte sie sich oft, ob sie selbst wohl eine Missgeburt war und mit den übrigen Menschen ganz und gar nichts gemein hatte. Aber dann erinnerte sie sich verschwommen an ferne Tage in der Vergangenheit, an eine weiche, warme Frau, an wallende, dunkle Haare, die sie umfingen, während sie an einer samtenen Brust nuckelte, an einen Mann, der mit tiefer, sanfter Stimme zu ihr sprach, während die Frau Lieder sang und im Zimmer auf und ab ging. Und die Augen des Babys folgten ihren Bewegungen unwillkürlich wie ein Pendel, hin und her. Diese weit aufgerissenen, runden und von den Eltern erfüllten Babyaugen hatten nun dieselbe Form wie die Augen einer Hirschkuh und trugen noch immer das Bild ihrer Eltern in sich. Wo sie wohl sind?, fragte sie sich. Ob sie sie noch immer vermissten? Manchmal, wenn diese Gedanken sie übermannten, konnte sie Angst- und Wutschreie hören, dann Schluchzer, verzweifelte Schluchzer des Unvermögens, der Hilflosigkeit, dann das Schweigen der Abgeschiedenheit und des Verlusts. Und schließlich nur noch die Öde und die Steinmauern und den Gestank der Beute dieser Menschenfresser.

In jenen Augenblicken hasste das Mädchen ihre Stiefeltern, wenngleich es zugeben musste, dass diese sie auf ihre eigene Weise tatsächlich liebten. Schließlich hatten ihre blinzelnden Babyaugen und ihr schnell greifendes Fäustchen und ihr verschmitzter Mund die Menschenfresserherzen erweicht und bewirkt, dass sie sie als Tochter annahmen, anstatt sie auf der Stelle zu verschlingen.

Nun fragte sie sich – wie so oft an jedem Tag –, ob sie wohl je einen anderen Ort als diese grausige und öde steinerne Burg sehen würde. Der Anblick, wie die beiden ihr ekelerregendes Mahl verschlangen, ließ sie erschaudern – umso mehr, als sie den Gedanken, dass sie ihren Leibwächter fressen könnten, schier nicht ertragen konnte. Allein die Vorstellung, dass sein Körper verstümmelt und zugerichtet würde wie die Leiche vom heutigen Tag, mit aufgerissenem Hals und hervorquellenden Augen … Igitt. Das würde sie nicht verkraften.

Der Wein, den die Menschenfresser tranken, roch wie Blut, und sie wurden immer ausgelassener und schließlich rührselig.

»Unsere Tochter ist ein wunderbares kleines Mädchen«, grunzte der Menschenfresser. »Richtig hübsch geworden.«

»Oh, ja«, erwiderte seine Frau, »aber sie ist kein kleines Mädchen mehr. Sie ist eine junge Frau.«

»Eine junge Frau?«, meinte er und setzte sich auf, um einen Blick auf sie zu werfen. »Wenn ich sie mir genau ansehe – ja, du hast recht.«

»Eine Frau«, bestätigte die Menschenfresserin erneut.

»Dann muss sie verheiratet werden«, stellte der Menschenfresser fest.

Die Menschenfresserin nickte. »Finde ich auch. Aber wo sollen wir einen Mann für sie finden?«

»Und wer ist gut genug für sie?«, fragte der Menschenfresser dumpf. Er versuchte gerade, ein Fässchen Wein in seinen Schlund zu kippen, und schüttete alles daneben.

»Keiner«, erwiderte die Menschenfresserin.

»Außer«, erklärte der Menschenfresser, der sich mit weinvermischtem Speichel vollsabberte, »außer wenn ich den Kerl finde, der mir das Bein abgeschlagen hat. Das war der mutigste Kerl, der mir je begegnet ist. Ich würde ihn überall wiedererkennen. Er wäre der ideale Mann für unsere Tochter.«

»Oder noch besser der Kerl, der mir mein Kleid zerrissen hat«, hielt die Menschenfresserin dagegen. »Er war noch mutiger. Außerdem war er geistesgegenwärtig. Schließlich hatte er gesehen, wie ich den Gehängten am Hals packte und sein Blut trank. Das hätte doch die meisten Menschen umgehauen. Ich habe sein Bild vor Augen, wie die Schlange das Bild ihres Mörders im Auge trägt, damit ihr Männchen es sieht und sie rächen kann. Sollte ich ihm je wieder begegnen, werde ich mich dünn machen wie Rauch im Wind.«

»Mein Kerl war mutiger«, widersprach der Menschenfresser.

»Nein, meiner. Und blitzgescheit dazu.«

»Meiner. Ich bin größer als du. Meiner war mutiger und stärker.«

»Du magst zwar größer sein, aber dafür bin ich schneller.«

»Über Schnelligkeit brauchst du mir nichts zu erzählen. Wie mein Angreifer zuschlug, *das* war Schnelligkeit. Wie ein Funken war sein Schwert. Wie ein Kometenschwanz.«

»Das ist alles, was du im Kopf hast«, kreischte die Menschenfresserin. »Deinen Schwanz!«

Der Menschenfresser blickte verwirrt.

»Darauf läuft es doch hinaus«, fuhr sie fort. »Immer musst du recht haben. Weil du größer bist als ich und einen Schwanz hast.«

»Aber ich habe doch gar nicht von meinem Schwanz geredet …«

»Ach ja? Hast du etwa keinen? Hat er dir etwa den Schwanz abgehauen?«

»Also hör mal!«, brüllte der Menschenfresser, der immer verwirrter und wütender wurde. »Von einem Schwanz war doch gar nie die Rede. Weder von meinem noch von irgendeinem anderen.«

»Dann bin ich also eine Lügnerin, ja?«

Mit diesen Worten ging sie schreiend und kreischend mit Zähnen und Klauen auf ihn los, ein fürchterlicher Wirbelsturm, die beiden rollten über den Fußboden, Töpfe zerbrachen, Möbel zersplitterten, Türen krachten, Metall schepperte, bis beide das Bewusstsein verloren. Keiner weiß, wer zuerst ohnmächtig wurde, aber es dauerte nicht lange, da hatte der andere es ihm gleichgetan, und eine wohltuende Stille senkte sich herab.

Da kroch die junge Frau in ihr Bett und träumte die ganze Nacht von dem hinreißenden Leibwächter und wie sie versuchen würde, ihn zu überreden, sie doch mitzunehmen, wenn er wegging. Oh, welche Träume sie in dieser Nacht träumte. Welche Fantasien sie sich ausmalte. Welche Hoffnungen sie hegte!

Am nächsten Morgen, als die beiden Menschenfresser das Haus verließen, um auf ihren blutigen Raubzug zu gehen, eilte sie zum Gemach des Leibwächters und forderte ihn auf mitzukommen. Sie kochte ihm ein köstliches Mahl und erzählte in einem fort, was in der vorigen Nacht geschehen war und wie der Menschenfresser und seine Frau sich über der Wahl eines Bräutigams für sie zerstritten und verprügelt hatten.

»Es muss ein sehr mutiger und gescheiter Mann sein«, schloss sie ihren Bericht, »aber ich weiß nicht, ob sie ihn je finden werden. Außerdem …«, und ihre Augen blitzten neckisch, sie lächelte verführerisch und schmolz geradezu dahin, als sie ihm ihren Antrag machte: »Außerdem würde ich viel lieber dich heiraten.«

»Dann soll es so geschehen, wie ihr alle es euch wünscht«, erklärte der Leibwächter. Die junge Frau riss die Augen weit auf. Wahda blickte sie an und fuhr fort: »Denn ich bin derjenige, der der Menschenfresserin das Gewand zerrissen und dem Menschenfresser das Bein abgehauen hat. Und wenn der Fetzen Stoff von ihrem Gewand nicht gewesen wäre, säße ich jetzt nicht hier.«

Der Leibwächter erzählte der jungen Frau die ganze Geschichte, vom ersten Geheul der Menschenfresserin bis zu seiner Ankunft in der Burg. Das Mädchen war so glücklich, dass es den Rest des Tages singend und trällernd die Burg putzte und aufräumte, polierte und wachste und bohnerte, bis alles blitzte und blinkte und die Menschenfresser sich fragten, ob dies wirklich ihr Zuhause sei, in das sie da zurückkehrten, oder ob an der Stelle, wo ihr Haus heute Morgen, als sie aufgebrochen waren, noch gestanden hatte, ein fremdes Leuchtfeuer flackerte.

Sie blickten zuerst sich an, dann die Burg, dann die übrige Umgebung. Dann blickten sie sich wieder an und nickten. Gewiss, dies war derselbe Ort, an dem sie ihre Burg heute Morgen zurückgelassen hatten. Also marschierten sie hinein, und was hören sie da? Ihre sonst so stille Pflegetochter, die singt und lacht. Und was sehen sie? Das sonst so bedrückte, stille Mädchen, das nun einen Freudentanz aufführt.

»Was wohl in sie gefahren ist?«, fragte die Menschenfresserin. »Ich habe sie noch nie so gesehen. Sie ist doch sonst immer so ernst und schwermütig. Ich habe sie noch nie lachen oder singen gehört.«

»Du hast recht«, pflichtete ihr der Menschenfresser bei. »Sonst ist sie immer betrübt und matt, und ich habe sie noch nie tanzen gesehen.«

Also stürmten sie hinein und wollten auf der Stelle wissen, was denn plötzlich in sie gefahren sei. »Euer Entschluss, mich zu verheiraten«, zwitscherte das Mädchen ausgelassen.

Den Menschenfressern stand das Maul sperrangelweit offen, sie machten eine düstere Miene.

»Aber wo«, fragten sie im Chor, »sollen wir einen der beiden Männer finden? Wir waren da, wo wir ihnen begegnet sind, wir haben in viele Gesichter geschaut, aber die Köpfe dieser beiden mutigen Männer konnten wir auf keines Menschen Körper finden.«

»Wäre es vorstellbar, dass ein und derselbe Mann beide Taten vollbracht hat?«, fragte die junge Frau mutig.

»Das ist nicht auszuschließen«, erwiderte die Menschenfresserin stirnrunzelnd.

»Gut möglich«, stimmte der Menschenfresser zu. »Es gibt nicht so viele tapfere Männer.«

»Und wenn ich ihn finde, würdet ihr mir erlauben, ihn zu heiraten?«, fragte die junge Frau.

»Natürlich!«, antworteten die beiden Menschenfresser im Chor. »Deswegen haben wir doch überall nach ihm gesucht, nicht wahr?«

»Und ihr versprecht, dass ihr ihn nicht umbringt, wenn ich ihn euch vorstelle?«, fragte das Mädchen noch einmal nach.

»Natürlich!«, wiederholten die Menschenfresser und wurden langsam ungehalten. »Aber wie willst du ihn denn finden?«

»Wartet hier«, frohlockte die junge Frau und lief flugs die Treppe hinauf zu der geheimen Kammer. Bevor sie Wahda in den Raum führte, hielt sie an der Tür noch einmal inne. Sie wollte ihre einzige Karte, um dieses Grab ihrer Hoffnungen zu verlassen, ihre einmalige Chance, diesen düsteren Bann hinter sich zu lassen und sich in das bunte Treiben der Menschenwelt zu stürzen, nicht leichtfertig aufs Spiel setzen.

Ganz vorsichtig lugte das Mädchen um die Ecke. »Ihr habt versprochen, ihm nichts anzutun«, mahnte es.

Die Menschenfresser nickten und legten die Hand aufs Herz.

»Bei unseren Augen und unserem Kopf«, bekräftigten sie. Das war ein Satz, so freundlich und zärtlich, den das Mädchen noch aus den fernen Tagen mit Vater und Mutter in blasser Erinnerung hatte. Ihre Augen füllten sich mit Tränen, die sie aber schnell wegwischte, bevor sie sich nach dem Leibwächter umdrehte und ihn an der Hand fasste.

»Komm mit«, sagte sie fest. »Jetzt wird alles gut.« Und mit

einer schwungvollen Geste stellte sie den Menschenfressern ihren Bräutigam vor.

»Da ist er«, jubelte sie. »Der Mann, den ihr beide gesucht habt.«

»Ohhh!«, grölte der Menschenfresser beifällig.

»Ahhh!«, seufzte seine Frau.

»Wo hast du ihn gefunden?«, brach es aus beiden heraus.

»Ihr habt euer Wort gegeben«, warnte das Mädchen.

»Natürlich«, beruhigte sie die Menschenfresserin. »Aber lass den jungen Mann wenigstens erzählen, wie er es geschafft hat, mir ein Stück von meinem Rock abzuschneiden.«

»Und mir das Bein abzuhauen«, ergänzte der Menschenfresser. »Und während wir uns unterhalten, lasst uns etwas essen.«

»Etwas Süßes für den Anfang«, sagte die junge Frau hastig, für den Fall, dass die Menschenfresser auf die Idee kämen, ihrem Gast ein schändliches Mahl aus Leichenteilen anzubieten. »Und während ihr euch mit Zuckerzeug die Unterhaltung versüßt und dieser Held euch alles erzählt, was ihr zu wissen begehrt, bereite ich ein königliches Mahl.«

»Ja, ja, die Unterhaltung versüßen«, beeilten sich die Menschenfresser zu bestätigen und zwangen sich, den feierlichen Anlass nach dem absonderlichen Brauch der Menschen mit Zuckerzeug und Halwa und süßen Milchspeisen zu begehen. Sie hätten natürlich das köstliche Hirn einer Ziege – schleimig und blutig und roh in der Schale des Tierschädels serviert – vorgezogen.

Die Angewohnheit der Menschen, alles zu kochen und miteinander zu vermischen und Blätter und Samen zum Essen zu geben, war ihnen immer befremdlich gewesen, doch da es die einzige Möglichkeit war, dass ihre Pflegetochter früher überhaupt aß, erlaubten sie ihr, es so zu halten. Wahrscheinlich hatte sie ja recht: Bestimmt zog der Held diese Art Speisen den ihrigen vor.

Also machte sich das Mädchen daran, die Speisen zuzubereiten, und die Prinzessin Wahda, der Leibwächter, der Halbkönig, der Held, der zukünftige Schwiegersohn der Menschenfresser, berichtete ihnen ausführlich, wie sie sie bei ihrer jeweiligen Begegnung ausgestochen hatte. Mit ehrfürchtig niedergeschlagenen Lidern hörten sie aufmerksam zu und rissen die Augen weit auf, wenn Wahda aufsprang, hin und her fuhr, sich duckte und wieder hochschnellte, um ihnen genau zu zeigen, wie sie ihre beiden Heldentaten vollbracht hatte. Nie hatten die Menschenfresser solch eine Darbietung gesehen. Sie waren von diesem kühnen und federnden, bezaubernden und schönen Mann, den sie für ihre Ziehtochter bestimmt hatten, über alle Maßen begeistert.

Das Mädchen zauberte ein so köstliches Mahl, dass alle nur noch mit Essen beschäftigt waren und außer dem Schlürfen, gelegentlichen »Mmmhs« und »Ahhs« und genussvollem Lob nichts von sich gaben. Als das Mahl beendet war, begannen die Menschenfresser, mit dem Leibwächter die Mitgift ihrer Tochter auszuhandeln.

»Eine Hochzeitszeremonie haben wir nicht«, erklärten die Menschenfresser, »also nimm sie und verfahre mit ihr, wie du willst, nach deiner Art. Aber wir haben unzählige Kammern voller Edelsteine und Edelmetalle und jeder erdenklichen Kostbarkeit, um das Herz eines menschlichen oder göttlichen Wesens zu erfreuen. Also lass dich von unserer Tochter durch die Burg führen und wähle, was immer du willst.«

»Das meiste von dem, was ihr in den Kammern habt, habe ich schon gesehen«, antwortete der Leibwächter. »Da ich meine eigenen Reichtümer habe, soll eure Tochter bestimmen, was sie mitnehmen will. Aber als ich nach unserer Begegnung am Galgen zum König zurückkehrte, übergab ich ihm das Stück Stoff, das ich von deinem Rock abgerissen hatte. Er gab es der Königin, und es gefiel ihr so gut, dass sie gleich eine ganze Garderobe daraus haben wollte. Alles, was ich für mich will, ist ein Ballen von diesem Stoff.«

Ein Strahlen überzog das Gesicht der Menschenfresserin. »Ich habe Unmengen davon«, meinte sie eifrig. »Du kannst alles haben. Mir gefällt der Gedanke, dass eine Königin dieselben Sachen trägt wie ich.«

Also wurde die Abreise sorgfältig vorbereitet und der Leibwächter zu der jungen Frau aufs Zimmer geschickt, damit sie zusammen die Nacht verbringen könnten, ehe sie am nächsten Morgen abreisten.

Als die Prinzessin das Gemach betrat, hatte sie etwas Angst davor, der jungen Frau, die sie bald heiraten sollte, beizubringen, dass sie selbst eine Frau war.

»Wie töricht ich doch bin«, rügte sie sich selbst. »Einer Dämonin habe ich ein Stück von ihrem Rock abgeschnitten, einem Menschenfresser ein Bein abgehauen, ich habe Dschungel und Wüsten durchquert, der Tochter eines Königs musste ich schon einmal genau dasselbe sagen und habe eine sehr glückliche Lösung gefunden – da brauche ich mich doch vor einem unerfahrenen Mädchen nicht zu fürchten, das sich kaum an die Menschen und ihre Lebensweise erinnern kann.«

Die junge Frau erwartete Wahda schon; sie trug atemberaubende Kleider und war von Kopf bis Fuß mit Juwelen behangen, die glitzerten und funkelten wie Myriaden von Sternen am dunklen Nachthimmel. Als sie ihren zukünftigen Gemahl eintreten sah, stieg sie anmutig aus dem Bett, ging auf ihn zu und schlang die Arme um seinen Hals. Und wie süß sie ihm ihre Lippen hinhielt, um geküsst zu werden …

Wahda, der Leibwächter, blickte auf sie, sah ihre geschlossenen Augen, ihr erwartungsvoll nach oben gerecktes Gesicht, und sie spürte, wie die schlummernde Leidenschaft, die unerfüllte Sehnsucht, die sie seit dem Verschwinden ihres eigenen

Gemahls gequält hatte, sie durchzuckte. Wie sie sich nach einer Umarmung gesehnt hätte, nach seinem Körper in ihrem Bett – aber nein, sie musste der jungen Frau gegenüber aufrichtig sein.

Sie drückte ihr einen sanften Kuss auf die Lippen, gab sich dann einen Ruck und trat entschlossen einen Schritt zurück. Die junge Frau blickte enttäuscht auf.

»Ich glaube, wir sollten uns setzen und miteinander reden«, sagte die Prinzessin.

Die junge Frau war verwirrt. »Habe ich etwas falsch gemacht?«, fragte sie hastig. »Ich weiß nicht so genau, wie die Menschen sich verhalten. Ich meine, ich habe so lange nicht unter ihnen gelebt – im Grunde nie …«

»Nein, nein, nein«, tröstete Wahda das Mädchen, »du hast dich genauso verhalten, wie jede frischgebackene Braut es täte. Du hast vollkommen richtig gehandelt – ganz von allein.«

»Warum entziehst du dich mir dann?«

Die Prinzessin lachte. »Jeder Mann, der etwas taugt, hätte seine helle Freude an dir. Es ist nur …« Sie holte tief Luft und drückte die Hand der jungen Frau. »Ich bin kein Mann. Ich bin eine Frau, genau wie du. Ich kleide mich als Mann, weil sich eine Frau allein in der Welt da draußen – der Welt der Menschen, wie du sie nennst – nicht gerade sicher fühlen kann.«

Und sie erzählte der jungen Frau, wie es ihrem Schwiegervater bestimmt war, sein Königreich zu verlieren, und wie sie und ihre Schwester von ihren Männern und deren Eltern verlassen worden waren.

Das Mädchen war untröstlich: Der junge Mann, von dem sie sich ihr Leben lang erträumt hatte, dass er kommen und sie retten würde, um sie sodann mit Glanz und Gloria in die Welt der Menschen mitzunehmen, hatte sich als Frau entpuppt!

»Aber ich fühle, was ich fühle«, erklärte sie, »ob du nun ein Mann bist oder eine Frau.«

»Nun ja«, erwiderte die Prinzessin nachdenklich, »ich vermute schon lange, dass Männer Männer und Frauen Frauen genauso lieben können, wie Ehemänner und Ehefrauen einander lieben. Und es hat mich oft geplagt, dass mein Dienstherr, der König, Gefallen an mir findet, obwohl er denkt, ich sei ein Mann. Ich bin sicher, dass seine Frau, die Königin, mich aus diesem Grund auf eine so schwierige Mission geschickt hat.«

Frauen, die sich in als Männer verkleidete Frauen verlieben, Männer, die sich in als Männer verkleidete Frauen verlieben – die arme junge Frau wusste gar nicht mehr, wo ihr der Kopf stand! Sie erklärte sich einverstanden, das Geheimnis der Prinzessin für sich zu behalten und mit ihr in das Königreich zurückzukehren, in dem Wahda dem Menschenfresser das Bein abgehauen hatte. Dort dürfte sie sich aus einer Menge von prächtigen Männern den ihren aussuchen, denn die Welt teilte sich in den Zenana, wo ausschließlich Frauen herrschten und wohnten, und die Welt der Männer, in die sich die Frauen nur gelegentlich vorwagten.

Am nächsten Morgen reisten sie, ihrem Plan entsprechend, in einer prachtvollen Kutsche mit Pferden und ganzen Wagenladungen voller Juwelen und unermesslicher Schätze ab und machten erst halt, als sie das Königreich erreicht hatten.

Diesmal herrschte eine völlig andere Stimmung in der Stadt. Die Leute lachten und scherzten und gingen singend und summend und pfeifend ihrer Arbeit nach. Der Leibwächter begab sich zum Palast des Königs und erklärte, er habe seinen Auftrag erfüllt und sei nun bereit, die Prinzessin mit sich nach Hause zu führen.

»Meine Hälfte des Königreichs«, sagte Wahda zum König, »will ich in Eure Obhut geben und sie Euch für Eure Tochter überlassen. Doch könnte es sein, dass ich einmal Eure Hilfe brauche, und sollte dieser Fall eintreten, werde ich Euch um Waffenhilfe ersuchen.«

Der König freute sich sehr, dass sein Reich nun doch nicht zweigeteilt würde, und sagte Wahda seine Unterstützung zu. Also verließ sie zufrieden und in Begleitung der Königstochter den Palast. Unterwegs holten sie deren Geliebten ab und machten sich auf den Weg zu Wahdas Dienstherrn.

Dort wurde sie mit offenen Armen willkommen geheißen. Als die Prinzessin Wahda, der Leibwächter, der zurückgekehrte Held, dem König den Stoffballen vorlegte, war dieser so begeistert und erleichtert, seinen Leibwächter nach erfülltem Auftrag wieder bei sich zu haben, dass er sie zum höchsten Minister machte.

Die erste Amtshandlung des neuen Premierministers Wahda bestand darin, die Prinzessin mit ihrem Geliebten zu vermählen und für diesen einen geeigneten Posten bei Hof zu finden. Danach kümmerte sie sich um die junge Frau, die von den Menschenfressern aufgezogen worden war. Sie zufriedenzustellen war schon schwieriger. Jeder charmante junge Mann, den sie erblickte, erschien ihr ideal, bis einer auftauchte, der noch charmanter war. Und dann gab es auch die Frauen – sie waren so einnehmend mit ihrer Klugheit, Zärtlichkeit und Lebensfreude, dass das Mädchen beschloss, auf einen Menschen zu warten, der sie mehr entzückte als alle anderen und auf den sie sich einlassen konnte. Also lebte sie mit den beiden Prinzessinnen und verwandte ihre Zeit darauf, die Lebensweise der Menschen zu erlernen – wie man die Lästermäuler irreführt und die Bösen übers Ohr haut und wie man sich seine Fantasien erfüllt. Und bald war Wahda es leid, einen passenden Bräutigam für das Mädchen zu suchen, und konzentrierte sich darauf, ihre eigene Familie wiederzufinden und sich der Avancen des Königs und der eifersüchtigen Ränke der Königin zu erwehren.

Sie sandte Boten und Kundschafter in alle Himmelsrichtungen, doch von ihrem Schwiegervater oder dessen Familie gab es keine Spur.

»Kein Wunder«, dachte sie bei sich, »bestimmt haben sie neue Namen angenommen, damit niemand sie wiedererkennt. So machen das die Könige, wenn sie entthront worden sind.«

Doch sie gab ihre Suche nicht auf, denn ein waschechter König oder Prinz war kaum zu anderem fähig, als zu jagen und sich mit anderen Königen zu treffen und zu herrschen – vor allem natürlich Letzteres. Was aber hat man von seiner Fähigkeit zu herrschen, wenn man des eigenen Landes beraubt wurde? Sie zerbrach sich den Kopf so lange, bis sie endlich eine Idee hatte, die sehr wohl das gewünschte Ergebnis hervorbringen konnte.

»Eure Majestät«, sagte sie eines Tages zum König, »ich habe eine wunderbare Idee: Wie wäre es, wenn wir im Königreich einen großen Park einrichteten, um dort die seltensten und fremdesten Pflanzen aus der ganzen Welt zu züchten?«

Hinter dem Plan steckte der Gedanke, Leute von nah und fern einzuladen, die ungewöhnlichsten Pflanzen und Tiere herzubringen und sie in diesem Park zu pflanzen oder auszusetzen. Bestimmt wären darunter auch mittellose Menschen und solche ohne Beschäftigung, die Wald und Flur nach den begehrten Raritäten durchforsten würden. Und unter diesen wäre vielleicht auch ihr Gemahl.

»Wir könnten Herolde in alle umliegenden Fürstentümer entsenden, um überall die Kunde zu verbreiten, dass jeder, der uns eine ungewöhnliche Pflanze bringt, eine Belohnung bekommt.«

»Vortrefflich!«, sagte der König und befahl, zu diesem Zweck ein großes Grundstück einzuzäunen.

Der Premierminister befahl den Herolden, die Kunde zu verbreiten, und schon bald machten fremde Reisende ebenso regelmäßig an der neuen Parkanlage halt wie Kaufleute an Palästen und Pilger an Wallfahrtsorten. Wahda und ihre Schwester Sughra ließen die besten Maler kommen und gaben bei ihnen Porträts der vier vermissten Familienmitglieder in Auftrag; sie erklärten ihnen jede Einzelheit, jede Eigenheit der Gesichtszüge, jedes Kennzeichen, jeden Ausdruck.

Und als die Künstler ihre Arbeit abgeschlossen hatten, ließen die beiden Prinzessinnen diese Bilder an jedem Sammelpunkt aufhängen, sodass die Bediensteten jeden Besucher genau prüfen und mit den Porträts vergleichen konnten. Und jeder, dessen Gesichtszüge auch nur im Entferntesten den Gesichtern auf den Porträts glichen, wurde vor eine der beiden Prinzessinnen geführt. Diese verwickelte den Betreffenden in ein Gespräch und beobachtete jede Regung, denn es war gar nicht einfach, jemanden nach so langer Zeit wiederzuerkennen. Doch weder ihre Gemahle noch der König noch die Königin besuchten je ihr Anwesen.

Wochen wurden zu Monaten, Monate zu Jahren – erst ein Jahr, dann zwei, dann drei. Ach! Es wird immer behauptet, die Drei sei eine Glückszahl, aber nein – es geschah erst im vierten Jahr. Vier lange Jahre, nachdem der Park geschaffen worden war, trafen vier Menschen – einer für jedes dieser Jahre – mit einer kleinen Sammlung Pflanzen ein. Ach, was waren das für armselige Gestalten, die da in der Schlange standen, um gegen ein Entgelt die mitgebrachten Pflanzen abzugeben: ein krummer alter Mann, der den Kopf hängen ließ; eine Frau – alt und verhutzelt und gebrochen, den Kopf aber hielt sie hoch erhoben, und ihre Haltung war kerzengerade, genau wie es sich einer Königin geziemt. Eigentlich sonderbar für eine Bettlerin … Sie wurden begleitet von – ihr habt es erraten – zwei Männern. Jung oder alt, das ließ sich nicht recht sagen, denn ihre Gesichter waren von Kummer gezeichnet, und ihr Haar, wild wie ihre Augen, hing verfilzt und mit dem Bart verwachsen bis über die Schultern herab.

Diese vier strahlten etwas Geheimnisvolles aus, das an Prinzen und Könige und mit Sicherheit auch an Königinnen denken ließ und den Gärtner veranlasste, sie darum zu bitten, sie dem Obergärtner vorstellen zu dürfen; der Obergärtner wiederum bat sie, sie dem Haushofmeister vorstellen zu dürfen, und der Haushofmeister ließ ihnen ein fabelhaftes Mahl auftischen und bat sie, sich im Gästehaus auszuruhen, während er sich auf die Suche nach dem Premierminister machen wolle. Und all dies bereitete den vier Besuchern Kopfzerbrechen.

»Was geht hier vor sich?«, fragte der alte Mann, als der Haushofmeister weggegangen war. »Wo sind wir? Werden wir gefangen gehalten? Ich höre Menschen kommen und gehen – warum zahlt man uns nicht aus, damit wir unseres Weges gehen können?«

Ihr müsst nämlich wissen: Der König konnte gar nicht sehen, welch gute Behandlung ihnen zuteilgeworden war: Vor lauter Schuld und Scham, dass er seine beiden Schwiegertöchter ausgesetzt hatte, hatte er sich blind geweint. Seine Gemahlin beschrieb ihm die Umgebung und versuchte, ihn zu trösten. Die jungen Männer waren schon seit Jahren unfähig zu sprechen; immer, wenn sie den Mund aufmachten, kam nichts heraus als Verwünschungen oder Flüche oder Wehklagen.

»Das ist die Strafe für die schreckliche Tat, die wir begangen haben«, bekannte der König. Jeden ihrer Misserfolge, all ihre schlimmen Erlebnisse, alles, was ihnen an Bösem widerfuhr, führte der König auf diese feige und grausame Tat zurück, die nun schon so viele Jahre zurücklag.

»Als diese Hexe mir sagte, ich würde alles verlieren, hätte ich mir nie träumen lassen, dass sie damit auch meine Würde, meinen Edelmut, jeden Funken Tugend, den ich je besessen habe, meinte.« Und wie an fast jedem Tag seit jenem ersten Tag brach der König wieder in Schluchzen aus. Er stellte sich vor, wie die jungen Mädchen durch den Dschungel irrten: die zarte Haut von Stacheln und Dornen zerstochen, die feinen

Gesichter zerschnitten, die Körper Glied um Glied von wilden Tieren zerfleischt. Die Königin hatte ihre eigenen Fantasien. Sie sah eine andere Art von Tieren. Solche, die Kleider trugen und sich das Gesicht rasierten und sich wie zivilisierte Wesen benahmen, gleichzeitig jedoch in ihrem Innern die wildeste Bestie des Tierreichs nährten und gnadenlos auf Beute aus waren – in schrecklichster, unverzeihlichster Art Jagd auf Frauen machten. Sie erschauderte. Ihre Söhne schlossen die Augen, und jeder zog sich in seine eigene, stille und abgeschottete Welt zurück.

In diesen stillen Welten von Schuld und Scham, Kummer und Verzweiflung verharrten sie, bis der Haushofmeister schließlich Sughra gefunden hatte, die den Premierminister holen ließ. Gemeinsam gingen Wahda und Sughra zu den Gästen, die nun schon so lange warten mussten, und nahmen sie unter die Lupe.

»Ich hoffe, ihr fühlt euch wohl bei uns«, sagte der Premierminister beim Eintreten; Sughra, die einen Schleier vor ihr Gesicht hielt, folgte ihr zögernd. »Ich bitte euch um Verzeihung, dass ich euch so lange habe warten lassen. Als ich die Nachricht von eurer Ankunft erhielt, habe ich mich gleich auf den Weg gemacht.«

»Wohl fühlen wir uns schon«, erwiderte die Königin. Die Prinzessin und der Premierminister bebten erwartungsvoll angesichts ihrer würdevollen Haltung, ihrer graziösen Manieren, ihrer feinen Stimme. »Aber bislang hat uns niemand den Grund genannt, weshalb wir hier festgehalten werden.«

Ein Anflug von Hochmut lag in ihrer Stimme. Wie sich die jungen Frauen der Hoffnung hingaben, die dieses Auftreten in ihnen weckte! Doch das Gesicht, die schrumpelige, fahle Haut, die welken Blüten der Lippen und Augen – das war nicht das Gesicht, das sie kannten. Und die Männer – der Vater bucklig und knorrig wie ein Baumstumpf, die verwilderten, stummen jungen Männer, beinahe Tiere des Dschungels. Die Schwestern blickten einander an und schüttelten unmerklich den Kopf, ihre Herzen waren schwer, so schwer vor Enttäuschung. Dies waren nicht die Menschen, die sie suchten. Aber mit den Jahren war es zunehmend leichter geworden, Enttäuschung zu ertragen, und immer schwieriger, Hoffnung zu hegen.

»Meine Schwester und ich würden euch gerne zu einer weiteren Mahlzeit einladen«, sagte Wahda und wandte sich zum Gehen, obwohl es in ihrem Kopf rumorte und ihr Gedächtnis für Formen und Bewegungen und vagere Dinge fieberhaft arbeitete. »Habt Dank für eure Pflanzen. Eure Belohnung werdet ihr erhalten, nachdem ihr gegessen habt.«

Da trat einer der Männer mit erhobener Hand vor. Wahda blieb das Herz stehen, sie erstarrte auf der Stelle. Die Hand! Sie erkannte die Hand, die schlanke, wohlgeformte Hand ihres Gemahls. Die Haut war rau und schwielig, doch die Umrisse der Hand hatten sich nicht verändert. Dann nahmen auch andere Züge der vier Besucher allmählich die Formen und Farben und Eigenheiten der Menschen an, die sie einst geliebt und so lange vermisst hatte. Kopf und Auge arbeiteten einander schnell zu – verwandelten die zerlumpten Kleider in prunkvolle Roben, das verfilzte Haar in seidene Locken – und nahmen diesen Jammergestalten die verwilderte Erscheinung und die matte Erbärmlichkeit. Und sie erkannte ihren Gemahl und seine Familie.

Welch wundersame, aufregende Verwandlung! Unzählige Jahre der Prüfung und des Wartens, der Hoffnung und der Trauer hinter der Maske eines Lächelns – Jahre, in denen sie ihrem Körper und ihrem weiblichen Wesen Männerkleidung übergestreift hatte –, und plötzlich wurde all die Mühsal belohnt!

Abrupt wandte Wahda sich ab, obwohl es ihr das Herz brach, nach all den Jahren auf das Handzeichen ihres Mannes nicht zu reagieren. Aber der Teil, der so lange wütend auf ihn gewesen war, empfand Befriedigung, als sie sah, wie bekümmert und verwildert er war, und sie fragte sich, ob es ihr nicht doch leichter fallen würde, ihm zu verzeihen, als sie zunächst gedacht hatte.

Der Minister stürmte hinaus, Sughra folgte auf den Fersen, und sie rannten den ganzen Weg bis zu ihrem Gemach. Hinter verschlossenen Türen, endlich unbeobachtet, fielen sie einander in die Arme und weinten und besprachen ihren nächsten Schritt.

»Also«, meinte Sughra besonnen, »als Erstes müssen wir dafür sorgen, dass ihnen keine Mahlzeit serviert wird, bis wir bereit sind. Und wenn sie sich darauf versteifen, aufzubrechen, muss ihnen jemand folgen. Ich werde ihnen neue Kleider schicken, dazu Kammerdiener und Zofen, die sie baden und ankleiden sollen. Dann sind sie erst einmal eine Weile beschäftigt.«

Als sie gegangen war, um die nötigen Schritte zu veranlassen, stellte sich der Minister Wahda vor den Spiegel und betrachtete sich eingehend. Wie überzeugend sie als Mann doch war! Zwar sehr jung und recht zart, aber nichtsdestoweniger ein Mann. Sie hatte gelernt, ihre Arme leicht vom Körper abgewinkelt zu halten, um mehr Raum zu beanspruchen. Sie hatte sich einen selbstsicheren Gang angeeignet und stellte sich breitbeiniger hin, als sie dies in Frauenkleidung je getan hatte. Als ihre Hände nach dem Turban griffen, hielt sie einen Augenblick inne, um sich ein letztes Mal als Mann zu begutachten. Ein leiser Stich der Wehmut durchzuckte sie. Die Verkleidung hatte ihr gute Dienste erwiesen. Das Mannsein hatte ihr gute Dienste erwiesen. Von einer Prinzengemahlin war sie zum Besitzer eines halben Königreichs, zum dämonenschlachtenden Helden, zum höchsten Minister aufgestiegen.

Da durchfuhr sie die Frage, ob sie wohl je erfahren hätte, wozu sie fähig war, wenn die alte Es-kommt-wie's-kommt ihren Schwiegervater nicht heimgesucht hätte. Sie beschloss auf der Stelle, niemals wieder den Platz der Gattin einzunehmen. In ihrem Königreich sollte nie wieder eine Gattin ein bloßes

Irgendwas sein, ein entbehrliches Geschöpf, das man mit ins Bett nahm und ahnungslos schlafend in diesem Bett zurückließ, wenn das Schicksal eine neue Wende nahm.

Mit einer geschickten Handbewegung zog sie am herabhängenden Ende ihres Turbans, und mit jeder Windung des Turbans fielen ihre sich ringelnden Locken herab; und während sie sich ihrer Kopfbedeckung entledigte, tanzte sie ausgelassen durchs Zimmer. Nachdem sie sich wieder ein wenig gefangen hatte, zog sie jedes einzelne Kleidungsstück aus und legte es wehmütig beiseite.

Als sie aus ihrem Bad stieg, fand sie auf ihrem Bett auf einem Silbertablett eine neue Garderobe vor.

»Diese Kleider haben auf den Tag gewartet, an dem ich wieder eine Schwester habe«, freute sich Sughra und half Wahda, sich anzukleiden. Und wie mussten sie beide lachen, als der Minister, nicht mehr gewöhnt, den Busen in meterlange Bahnen Seide einzuwickeln und das Haar mit glitzerndem Putz zu schmücken, sich etwas unbeholfen anstellte.

Sobald Wahda angezogen war, begaben sich die beiden Schwestern zu ihren Gästen. Diesmal erkannten sich alle sechs auf den ersten Blick; die beiden Prinzen und ihre Eltern schwiegen jedoch betreten, sie waren zu erstaunt und zu beschämt. Die Prinzessinnen erzählten, wie es ihnen ergangen war, und versahen sie mit Speis und Trank, umsorgten sie mit Wohlwollen und Fragen, und als die Nacht um war, waren alle wieder mit allen ausgesöhnt und über all ihre jeweiligen Erlebnisse genau im Bilde.

Am Morgen suchte der Minister seinen König in dessen Gemach auf. Die Frauenkleider waren unter einem weiten Mantel, die Haare unter einem großen Tuch verborgen. Stumm bedeutete er den Kammerdienern des Königs, das Gemach zu verlassen, verbeugte sich tief, erhob sich dann wieder und ließ den

Mantel fallen. »Eure Majestät«, erklärte sie, »die Zeit der Geheimniskrämerei ist vorbei. Ich habe nichts mehr vor Euch zu verbergen.«

Der König war ganz aus dem Häuschen; vor lauter widerstreitenden Empfindungen, Gedanken und Fragen wusste er nicht mehr, wo ihm der Kopf stand. Was ging hier vor? Wie hatte sie ihr wahres Gesicht so lange verbergen können? Wer war sie? Warum hatte sie sich verkleidet?

»Das Wichtigste, Eure Majestät, ist Folgendes«, erklärte der auf seine Sicherheit bedachte Minister seinem König. »Ich mag Euch gern und habe Euch treu gedient, dank meiner Anordnungen floriert Euer Reich, und Ihr wart mit meinem Einsatz immer zufrieden.«

Der König musste zugeben, dass das die reine Wahrheit war. Dann setzte sich Wahda zu ihm und erzählte ihm ihre Geschichte.

»Und jetzt, wo ich mit meinem Gemahl und meiner Familie wieder vereint bin«, schloss sie, »habe ich eine letzte Bitte an Euch.«

»Und die wäre?«

»Ich will, dass Ihr mir ein Heer gebt, damit ich das Königreich, das wir verloren haben, zurückerobern kann.«

»Stattgegeben!«, strahlte der König.

Also wurde ein Heer gerüstet, und Wahda sandte eine Botschaft an jenen König, der seine Waffenhilfe zugesagt hatte.

Dann ritt die Prinzessin Wahda, von ihrem Gemahl auf der einen und ihrem Schwager auf der anderen Seite flankiert, an der Spitze ihrer Truppen ins Feld.

Der Feigling und die Heldin

Hier ein bisschen, da ein bisschen, und schon ist einiges zusammengekommen; Tröpfchen um Tröpfchen entstehen Flüsse, Dinero um Dinero sammelt sich ein Vermögen, Ziegel um Ziegel ist ein Haus gebaut. Und so war es mit Maria Teresas Mann. Ein Wörtchen hier, ein Anekdötchen da, und bald schon hatte er sich einen Namen gemacht. All seine Geschichten waren so gut ausgewogen, so feinsinnig gesponnen und gewoben, dass seine Aufschneiderei gar nicht mehr nach Aufschneiderei klang – einfach nur wie gutes Märchengarn.

Maria Teresa musste zugeben, dass es nicht mehr war als »hier ein bisschen, da ein bisschen«, aber da seine Kundschaft aus reichen Leuten bestand – Caballeros, Höflingen, Edelleuten und dergleichen –, war es vorauszusehen, dass die mutigen Heldentaten des jungen Schneiders auch dem König höchstpersönlich zu Ohren kamen. So riss sich ganz Saragossa nicht nur darum, sich von ihm ausstatten zu lassen, sondern auch darum, von seinen Heldentaten erzählen zu hören. So wurde er über die Stadtgrenzen von Saragossa hinaus in weiten Teilen von Aragón geradezu berühmt, bei Gott.

»Er bildet sich wohl ein«, brummte Teresa, »er sei wie dieser Märchenheld, der sieben Fliegen auf einen Schlag tötete und jeden glauben machte, es seien sieben Männer gewesen, ja Riesen, die er erschlagen hatte.«

Und tatsächlich konnte man zusehen, wie in Juans Erzählungen

Kinder – hast du nicht gesehen – zu Männern wurden, Männer zu Riesen, Riesen zu ganzen Heerscharen von Dämonen. Bestimmt würde er sich eines Tages gar damit brüsten, dass er den Leibhaftigen selbst in die Knie gezwungen habe, und wie sollte es ihm dann je gelingen, beim Heiligen Petrus zu landen anstatt beim Teufel? Denn schließlich waren Lügen des Teufels Währung, und jeder, der Gott fürchtete, wusste das.

Als sie hörte, wie Juan einem Kunden von ihrer Begegnung mit ein paar Kindern auf dem Weg zurück vom Markt am Stadtrand von Saragossa erzählte, zuckte es in Maria Teresas tiefstem Innern. Die armen, verhungerten Kleinen – einer hatte versucht, aus ihrem Korb einen Bissen Brot zu stehlen, und als Juan sich mit seinem flotten Stöckchen auf ihn stürzte, versuchten die anderen, das Bettelkind außer Reichweite zu zerren. Mehr war an der Geschichte nicht dran. Teresa für ihren Teil fand es grausam, das Kind für den versuchten Mundraub zu schlagen, wenngleich ihr klar war, dass man es dafür auch hätte hängen können. Als sie jedoch Juan gegenüber diesbezüglich eine Bemerkung fallen ließ, tat er ihre Ansichten in einer Weise ab, die ihrer Meinung nach wenig mit christlicher Wohltätigkeit gemein hatte. Als sei das allein nicht schon schlimm genug, brachte Juan diesen Zwischenfall so selbstverständlich in seine Unterhaltungen mit ein, wie er die Stiche seiner feinen Säume am Rand des Kleidungsstücks in die Unsichtbarkeit fließen ließ.

»Taschen sollten am oberen Rand fest und zugenäht sein – und ein doppeltes Futter haben«, murmelte er gleich am nächsten Tag, als wollte er sich selbst an einen Extradienst mahnen, den er seinen Kunden anbot.

»Und wozu das, Juan?«, fragte der Edelmann, den er gerade in der Anprobe hatte.

»Och, nichts, was Euch Kopfzerbrechen bereiten sollte, Señor«, antwortete Juan mit gespielter Überraschung darüber, dass der Mann ihn gehört hatte. »Man sagt, es sei das erste Anzeichen von Wahnsinn, wenn man seine Gedanken laut ausspricht. Und das ist genau, was ich gerade tat, Señor – meine Gedanken laut aussprechen. Also bin ich wohl auf dem besten Weg, verrückt zu werden. Wenn ich es nicht schon längst bin.«

»Wir dürfen dich keinesfalls des Wahnsinns Beute werden lassen«, witzelte der Edelmann. »Dafür bist du ein viel zu guter Schneider. Also, was war das für eine Neuerung, von der du da gebrabbelt hast? Festere Taschen? Warum? Ist das die neueste Mode?«

»Überhaupt nicht. Es ist wegen der Kinder draußen am Stadtrand, versteht Ihr? Sie lungern um den Markt herum und lauern den Wohlhabenden auf.« Juan stockte, als sei es ihm äußerst unangenehm, über dieses Thema zu reden. »Sie haben Hunger, und weiß Gott, der Hunger macht uns alle zu wilden Tieren.«

»Aber mein Bester, du willst mir doch nicht raten, meine Taschen mit Münzen zu füllen, um sie dann diesen Zigeunerbalgen, diesen Rotznasen vor die Füße zu werfen?«

»Nein, nein, nein. Ganz im Gegenteil, Señor. Ich meine, die schrecken nicht davor zurück, Euch rotzfrech anzusprechen, die Handflächen unschuldig und um Mitleid heischend nach oben gekehrt, als wollten sie um Brot betteln. Und während sie Eure Aufmerksamkeit bannen, schnellt ein anderer aus ihrer Bande vor, streckt die Hand nach Eurer Tasche aus und klaut Euch eine Börse voll Münzen. Dann fallen die Nächsten über Euch her ...« Juans Gesicht war von panischem Schrecken erfüllt, er hatte aufgehört, maßzunehmen und abzustecken, und verschränkte die Arme vor dem Gesicht, als wehrte er eine dämonische Erscheinung ab. »Sie haben Stöcke und Speere und spitze Steine ...« Seine Stimme wurde immer leiser, als könne er seine Gedanken kaum ertragen, geschweige denn sie in Worte kleiden.

Der Edelmann runzelte die Stirn. »Wie mir scheint, musst du neulich schlimme Sachen mit diesen Rackern erlebt haben.«

Juan nickte. »Ich will Euch lieber nicht davon erzählen, Señor. Für Euch, die Ihr so mutig seid und so geschickt mit Waffen umgehen könnt, wäre es ein Klacks gewesen. Ich aber bin nur ein Schneider, und die einzige Waffe, mit der ich geschickt umzugehen weiß, ist die Nadel.« Er schüttelte den Kopf. »Aber was die für einen Hunger haben müssen, dass sie dermaßen außer Rand und Band geraten … Ich meine, richtige Wilde, Herumstreuner, zu allem entschlossen.«

Der Edelmann war fasziniert. »Du bist wirklich ein bemerkenswerter Kerl, Juan«, sagte er. »Ich hatte keine Ahnung, dass du so selbstlos bist. Erzähl – wie ging die Sache weiter?«

Juan schüttelte traurig den Kopf. »Ich hätte ihnen gerne den ganzen Einkaufskorb gegeben«, sagte er, beinahe flüsternd, »aber meine Frau war dabei, und ich wollte sie keinesfalls gefährden. Sie zogen und zerrten mit solcher Gehässigkeit an ihr herum, dass ich nur einen Gedanken hatte: sie zu verjagen.«

Er machte eine stilvolle Pause.

»Einen von ihnen habe ich geschlagen.« Dann schwoll seine Stimme an, kam mit jedem Satz mehr in Fahrt. »Sofort ließen sie Teresa in Ruhe und kreisten mich ein. Das war natürlich genau, was ich bezweckt hatte. Sie schleuderten Steine und triezten mich mit Stöcken. Ich duckte mich und hielt sie mir mit bloßen Händen vom Leib. Es müssen ihrer wohl – ja, so um die fünfzehn oder mehr gewesen sein. Eine richtige kleine Armee, und stark und listig wie Dämonen. Sie bissen und kratzten, aber schließlich schlug ich sie in die Flucht, ohne auch nur einem dieser armen Kerlchen ein Haar zu krümmen. Aber mein Gehrock ist ruiniert. Den kann man nicht mehr anziehen. Der taugt höchstens noch für einen alten Mann, um sich in der Nacht warm zu halten.«

»Na, du wirst dir wohl bald einen neuen anfertigen«, lachte

der Edelmann. Er war von der Geschichte begeistert. »Schneidern kannst du ja mindestens ebenso gut, wie du Geschichten zu erzählen weißt.«

Juan verbeugte sich und warf sich in Positur und murmelte etwas von wegen er sei beschämt, dass der große und mutige Edelmann nun von seiner Schmach erfahren habe, wie er von einer Bande bettelnder Kinder niedergemacht worden sei. Im Gegenzug beschwichtigte ihn der Edelmann, er hätte seine Sache ebenso gut gemacht wie ein Musketier, und das, ohne zur Waffe zu greifen oder Grausamkeit walten zu lassen. Er sei stolz, solch einen Mann zu kennen.

Teresa hingegen war ganz und gar nicht stolz auf Juans Geschichten. Ihr gefielen seine Lügen nicht, und noch weniger gefiel ihr, wie sie immer das schwache Wesen war, diejenige, die es zu retten galt, die Maid in Not. Juan wusste, dass sie sehr wohl fähig war, auf sich aufzupassen, aber in seinen Geschichten wurde sie immer als ängstlich und zerbrechlich hingestellt, während er der ritterliche Retter war.

Wie war das doch damals, als sie mit dem frechen Köter aus einem Nachbardorf fertiggeworden war, der in ihre Küche gelaufen kam? Fleisch für eine ganze Woche hätten sie verloren, wäre sie nicht mit bloßen Händen auf ihn losgegangen. Wie er mit glühenden, Funken sprühenden Augen, knurrend und mit Schaum vor dem Mund die Zähne gefletscht hatte, ehe er sich mit einem Satz auf sie stürzen wollte! Sie aber hatte sich vor den Sonntagsbraten gestellt und ihm Fußtritte versetzt, obgleich er nach ihr schnappte, sie in die Knöchel biss und ihren Rock zerfetzte. Bis zum heutigen Tag wusste sie nicht, wie sie ihn schließlich losgeworden war. Gerade hatte er noch knurrend und schnappend an ihrem Unterrock gezerrt, im nächsten Augenblick hatte er sich mit eingezogenem Schwanz verzogen. Aber das hielt Juan nicht ab, sie als Hasenherz hinzustellen. O nein!

Schon tags darauf hörte sie, wie er vor einem Kunden diese Anekdote zum Besten gab – die Frau war allerdings zum Mann geworden, Teresa zu Juan, der Hund zu einer wilden Bestie – einem Eber mit Hauern, der unter Geheul ausgerissen sei, nachdem Juan ihn an einem Hauer gepackt und diesen um ein Haar abgebrochen hätte. Das Geschrei habe Juans Mitleid geweckt, sodass er beschlossen habe, dem Tier nicht den Garaus zu machen. Nun bete er, dass die Wunde, die er dem Tier verpasst hatte, bald heilen möge – wovon leider kaum auszugehen sei. Ob er es dem Pfarrer beichten solle?, schob er ängstlich fragend hinterher.

Ach du meine Güte! Möge Gott ihn vor des Teufels Klauen bewahren! Er lächelte und verbeugte sich und verurteilte sein eigenes Vorgehen und vermittelte wie immer den Eindruck, dass er sich bestimmt nichts darauf einbildete, dass seine großartigen Heldentaten eher wie von allein geschähen, ohne dass er dieser Erscheinung so recht Herr werde. Wie konnte er nur dermaßen prahlen und zugleich den Eindruck von Bescheidenheit vermitteln?! Es war nicht auszuhalten.

»Ich habs halt getan, ohne lang darüber nachzudenken«, schloss Juan dann immer entschuldigend und mit gesenktem Kopf. »Maria Teresas Leben stand auf dem Spiel. Sie ist so zerbrechlich. Hätte ich darüber nachdenken können, hätte ich sie wahrscheinlich an der Hand gepackt und mit ihr zusammen das Weite gesucht, um uns beide in Sicherheit zu bringen. Aber sie sah so hilflos aus – stand einfach nur da, wie versteinert vor Angst.«

»Na, wie sah ich denn aus, als ich so hilflos dastand und dir dabei zusah, wie du mich vor diesem wilden Eber gerettet hast?«, fragte Teresa, als sie an jenem Abend vor dem geretteten Braten saßen.

Aber Juan lachte nur. »Was juckt dich das?«, fragte er und klang völlig vernünftig. »Du brauchst die Bewunderung meiner

Kunden nicht. Aber wenn sie mich bewundern, nützt es meinem Geschäft. Caballeros sind beeindruckt, wenn die Leute, mit denen sie zu tun haben, mutig sind. Dann schicken sie ihre Freunde vorbei, damit auch sie sich von mir ausstatten lassen.«

Er deutete auf die Gegenstände ringsum – die Möbel, das große Zimmer, das Essen auf dem Tisch und das Geschirr, auf dem es lag: Alles war weit kostbarer, als ein Schneider es sich leisten konnte, sogar ein Schneider der Adligen, ein Hoflieferant.

»Das alles haben wir zu einem nicht unbeträchtlichen Teil meinem Ansehen als tapferem Schneiderlein zu verdanken.«

»Tapferes Schneiderlein, dass ich nicht lache«, murmelte Teresa, die sich schuldig fühlte, dass sie ihm sein Aufschneiden nicht vergeben konnte. In ihrem Innern staute sich ein dunkler, dumpfer Druck, den sie sich nicht so recht erklären konnte; aber wenn er nicht bald wieder abflaute, würde sie noch in die Luft gehen, und die Explosion würde Juan treffen.

Teresa bekreuzigte sich, bat den holden Jesus um Führung und Geduld und Vergebung. Sie würde ihre bösen Gedanken Vater Raphael beichten müssen. Gleichzeitig war sie sicher, dass Juan rein nichts beichtete, weil er der festen Überzeugung war, seine Märchen seien harmlos.

»Den Bettlern ist es doch egal, wenn sie in einer Geschichte vorkommen. Meinst du etwa, Hunde leiden darunter, wenn ich sie als ›wilde Tiere‹ bezeichne? Sei so gut, Teresa, wenn hier jemand übertreibt, dann bist du es mit deinen ewigen Moralpredigten. Was ich erzähle, schadet keiner Menschenseele.«

»Mag sein, aber es ändert nichts daran, dass alles Lüge ist«, beharrte Teresa eisern. »Und noch etwas – warum stellst du mich immer als Feigling hin?«

»Feigling? Dass sie zart besaitet ist, steht einer Frau gut zu Gesicht. Begreifst du denn nicht, dass ich dich in meinen Geschichten immer auf einen Sockel hebe? Meine Geschichten sind so aufgebaut, dass sie dich zu einer Heldin machen, neben der die schönste Prinzessin blass aussieht.«

»Und dich machen sie zum wackersten aller Ritter«, gab sie zurück.

Oh, dieser verletzte Ausdruck in Juans Gesicht! Er warf sich in Positur und verwahrte sich dagegen, sich von ihr der Angeberei bezichtigen zu lassen. Er, Juan, der Mann, den sie geheiratet hatte und der sein Bestes gab, ihr alles zu bieten, was sie haben wollte und brauchte und verlangte, und auch eine Menge Dinge, um die sie nicht einmal gebeten habe. Doch Teresa blieb ungerührt.

»Ich gäbe liebend gerne alles hin, wenn du nur aufhören würdest zu lügen. Lügen ist eine Sünde.«

»Das sind doch keine Lügen, Teresa, es ist bloß ein bisschen Spaß, ein Weg, um Werbung zu treiben. Das hier ist eine Hauptstadt. Schneider sind genauso leicht zu haben wie ein Glas Wein … Aber es geht ja gar nicht um die Sünde, nicht wahr, meine süße Teresa?«, schalt er mit bösem Blick. »Eigentlich geht es doch um Folgendes: Du willst Geschichten, in denen du die Starke, die Mutige, die Heldin bist. Also, eines kann ich dir sagen: Solche Geschichten will niemand hören. Und es ist völlig unnatürlich, dass Frauen für ihr unweibliches Verhalten auch gelobt werden wollen.«

»Dieses ›unnatürlichen Verhalten‹ ist ein Leben lang unser täglich Brot«, knurrte Teresa, »und es ist auch genau, was ihr von uns erwartet. Uns dafür loben aber wollt ihr nicht. Und für unseren Mut zollt ihr uns ebenso wenig Anerkennung. Warum, Juan? Warum? Meint ihr etwa, das könnte uns zu sehr das Gefühl vermitteln, wir seien unabhängig? Hast du mir deshalb damals das Reiten ausgeredet? Würde es dich deiner Männlichkeit berauben, wenn du meine Stärke anerkenntest?«

»Eines muss ich dir zugestehen«, meinte Juan, »meine Zunge wird der deinen nie überlegen sein.«

»Ach, ich weiß nicht«, gab sie mit zuckersüßer Stimme zurück. »Dafür könnte die meine nie so bodenlose Geschichten in die Welt setzen.«

Und so ging es in einem fort. Er erzählte Lügengeschichten, sie verwahrte sich dagegen, er blieb dabei, sie begehrte dagegen auf. Es war das Einzige, worüber sie sich nie einig wurden. Niemals. Und der Druck in Teresas Innern hielt vor, allen Novenen und Gebeten und Beichten zum Trotz. Manchmal war er so massiv, dass sie fürchtete, der Augenblick der Explosion sei gekommen. Sie erkannte den Druck und gab ihm einen Namen: Rache. Genau das wollte sie: Rache. Juan eine Lektion erteilen, einen Denkzettel, damit er endlich mit seinen schrecklichen Prahlereien aufhören und sie nie wieder als Opfer darstellen würde.

»Noch überlasse ich es dem Herrn, ihn zu strafen«, beschloss sie.

Aber Gott tat nichts dergleichen. Im Gegenteil: Just an dem Tag, an dem Teresa beschlossen hatte, das Strafen Ihm zu überlassen, wurde Juan – direktes Ergebnis seiner Großmäuligkeit – eine große Ehre zuteil. Zwei seiner Stammkunden suchten ihn auf. Sie strahlten übers ganze Gesicht, klopften ihm auf den Rücken und taten recht geheimnisvoll: »Dürfen wir kurz eintreten? Es gäbe da etwas Wichtiges mit dir zu besprechen.« Juan bat sie natürlich umgehend herein, hieß sie im Wohnzimmer Platz nehmen und bestellte Erfrischungen. Er staunte nicht schlecht, und auch Teresa musste sich wundern. Diese Männer behandelten Juan, als sei er ihresgleichen. Was da dahinterstecken mochte?

Nun, die Bitte um einen Gefallen steckte dahinter: Juan sollte Gold und Juwelen, die zusammen eine Menge Geld wert waren, von Saragossa nach Guadalajara bringen. Man würde ihm einen Wagen und ein Pferd geben, damit müsste er sich allein durch das Gebiet der *bandidos* – der berüchtigten Straßenräuber – schlagen.

Selbstverständlich wollten sie ihn für sein Wagnis gut bezahlen. Sie wussten ja, dass er ein mutiger Mann war. Der Mutigste, den sie kannten – abgesehen natürlich von den Edelleuten und den Caballeros –, und es war von größter Wichtigkeit, dass das Gold von einem unauffälligen Mann befördert wurde, der ohne Weiteres als, sagen wir, Kaufmann durchging. Soldaten und Wachen, die das Gebiet durchquerten, waren ja ständige Zielscheiben der Straßenräuber. Caballeros würden ebenfalls unerwünschte Aufmerksamkeit auf sich ziehen. Wenn sich hingegen Juan mit einer Kiste voll neu genähter Kleidungsstücke auf den Weg machte, konnte er hundert Gründe für seine Reise anführen: Auslieferung an Kundschaft, die Erweiterung seines Kundenkreises und so weiter. Wahrscheinlich brauchte er sowieso keine großen Erklärungen abzugeben. An einem Überfall auf eine unscheinbare Kutsche wären die Banditen bestimmt gar nicht interessiert. Was wäre da schon zu holen?

Juan fühlte sich von den Schmeicheleien der Edelleute – was er doch für eine tapfere und ehrliche Haut sei, und wie sehr sie seine Freundschaft schätzten – dermaßen gebauchpinselt, dass er den Auftrag auf der Stelle annahm. Also ließen sie das Gold, die Diamanten und die anderen Edelsteine bei ihm und gingen ihres Weges.

Juan war so aufgeblasen, er hätte glatt auf und davon fliegen können.

»Hast du eigentlich mal darüber nachgedacht, auf was für ein gefährliches Geschäft du dich da eingelassen hast?«, fragte Teresa.

»Wo ist denn jetzt dein mutiges Herz?«, neckte Juan. »Du bist doch sonst immer die Mutigere – oder hast es jedenfalls behauptet. Sieh mal, wie du zitterst und wie bleich du bist, während ich mich der Aufgabe durchaus gewachsen fühle und überhaupt keine Angst habe.«

»Jetzt hast du auch noch angefangen, an deine eigenen

Prahlereien zu glauben!« Teresa schnappte nach Luft. »Bildest du dir wirklich ein, dass du gegen eine Armee von diesen *bandidos* viel ausrichten könntest, falls es ihnen doch einfallen sollte, dich zu überfallen? Diese Kerle kennen keine Gnade, verstehst du?«

»Was könnten diese Banditen mit einer Kiste modischer Kostüme schon anfangen?«, fragte Juan. »Und wenn sie tatsächlich hinter Kleidern her sind – sollen sie die Kiste doch mitnehmen! Das Gold und die Edelsteine werden sie nie finden.«

Teresa nickte. »Du musst zusehen, dass der Schatz gut versteckt ist«, meinte sie zustimmend. »Wo es ihnen nie einfallen würde zu suchen.«

Sie überlegten hin und her, was sich am besten als Versteck eignen könnte. Die Unterseite des Wagens etwa? Oder der Sattel? Gar das Zaumzeug? Wie wäre es mit Juans Stiefeln? Irgendwie schien jeder Platz seine Schwachstelle zu haben. Vielleicht im Proviant? Nein, Banditen wären wahrscheinlich so begierig auf etwas Essbares, dass sie es mitgehen lassen würden – oder an Ort und Stelle verzehrten. Und Wein würden sie bestimmt nicht übersehen. So wurde es Morgen, ohne dass Juan und Teresa ihrer Entscheidung, wo der Schatz denn nun versteckt werden sollte, auch nur ein kleines Schrittchen näher gekommen wären.

»Wir müssen langsam die Kleider für deine Reise fertigstellen und verpacken«, meinte Teresa.

Die ganze darauffolgende Woche lang nähten und säumten, stickten und häkelten, rollierten und smokten sie und machten Rüschen und Knopflöcher, bis Juan schließlich genug Kleidungsstücke beisammenhatte, um eine ganze Truhe zu füllen.

»Du brauchst natürlich noch eine zweite Truhe für deine eigene Kleidung«, sagte Teresa.

Und plötzlich kam ihr die Idee: »Du könntest den Schatz doch in den Gürtel und in die Säume der Kleidungsstücke, die du anhast, einnähen! Darüber hinaus könntest du eine glaubhafte

Summe in deiner Börse bei dir tragen und etwas Geld in deinen Schuhen verstecken, und wenn sie dich nicht in Ruhe lassen, rückst du eben dieses Geld heraus.«

»Während der richtige Schatz die ganze Zeit über in Sicherheit ist«, ergänzte Juan selbstgefällig. »Hervorragende Idee!«

Also machte sich Teresa daran, Gold und Edelsteine fein säuberlich und sorgsam in die Kleidungsstücke einzunähen. Sie war darauf bedacht, dass keine Beulen und Ausbuchtungen entstanden und die Kleider kein übermäßiges Gewicht hatten. Beides hätte das Versteck sofort verraten. Und so war Juan schon bald zur Abreise bereit.

»Ich bin richtig gerührt von deiner Sorge um mich«, sagte er, als er Teresa zum Abschied küsste. »Aber ich war mir von Anfang an sicher: Da, wo ich vorhatte, den Schatz zu verstecken, werden die Banditen ihn niemals finden …«

»*Du* warst sicher …?« Teresa schnappte nach Luft. »Wo *du* vorhattest, ihn zu verstecken …? *Ich* war diejenige, die sich dieses Versteck ausgedacht hat!«

Juan warf den Kopf zurück und lachte. »Wer leidet jetzt hier an Einbildung und will die ganze Ehre an sich reißen?«, fragte er, hob ihr Gesicht am Kinn an und küsste sie zärtlich. »Es soll also *deine* Idee gewesen sein, das Gold in meinen Gürtel und meine Säume zu nähen?«

»Ja, in der Tat«, bekräftigte Teresa.

»Nein, Teresa«, sagte Juan wieder so zärtlich, dass sie überzeugt war, er glaube, was er redete. »Du hast sie eingenäht, der Einfall war meiner. Aber egal. Ich kann nachvollziehen, wie du darauf gekommen bist, dass es deine Idee war. Du hast so schwer daran gearbeitet – und da hast du dich beim Nähen eben gefragt, wieso nicht du auf diese glänzende Idee gekommen bist.«

Teresa biss sich auf die Zunge. Gleich würde Juan sich auf den Weg machen. Es würde bestimmt ein gefährlicher Ritt. Sie wollte nicht beim Abschied mit ihm streiten. Also küsste und umarmte sie ihn und sprach ein Schutzgebet.

Kaum war er fort, ging sie in sein Atelier und sah sich nach ein paar geeigneten Kleidungsstücken um. Sie fand ein paar blaue Reithosen, ein gerüschtes Hemd, ein Samtwams. Jedes Stück war so sorgfältig gearbeitet, dass die Stiche mit dem Stoff verschmolzen, die Säume sich wie in Luft auflösten. Die Umschläge waren so flott, wie ein Höfling seine Dame im Tanz herumwirbelte, die Rüsche so kokett und verführerisch, wie die Dame selbst sich drehte. Oh, Juans Schneiderkreationen! Sie ließen Gedanken an den Reichtum von Palästen, an die Rhythmen und Klänge von Meistermusikanten, die Anmut von Feen aufkommen. Er aber meinte, trotz alledem lügen zu müssen, um zu noch mehr Arbeit und Ansehen zu kommen, und dichtete denselben Händen, die Kleidungsstücke hervorzauberten, in denen sich sowohl Ferdinand und Isabella als auch die zartesten Geschöpfe aus der Märchenwelt hätten sehen lassen können, grobe und grausame Taten an.

Beim Abschied spürte sie den Ärger über Juans Worte, über all seine Lügen wieder in sich hochsteigen.

»Das ist keine krankhafte Einbildung von mir«, befand sie. »Juan erzählt die Geschichten nicht nur, um sich selbst im besten Licht darzustellen. Er erzählt sie auch, um mich klein zu machen. Wozu würde er sie sonst so selbstgefällig vor mir wiederholen?«

Von einer Welle des Ärgers getragen, eilte sie, die edlen Kleidungsstücke auf dem Arm, in den Hinterhof. Sie schleuderte die Sachen zu Boden, schüttete Schlamm und Schmutzwasser aus der Küche darüber und trampelte den Schmutz fest. Dann zerschlitzte sie das Wams, riss die Rüschen ein und die Knopflöcher aus.

Was für ein Spaß! Juans sorgfältig gearbeitete Stücke – wie sie vor Dreck starrten und widerlich stanken! Er würde den Stoff und die Garderobe natürlich ersetzen müssen, das würde ihn Gott weiß wie viel kosten. Aber welch eine Lust, ihm die Ehre zu rauben und sie genauso durch den Schlamm zu ziehen, wie er die ihre besudelt hatte.

Während die süße Rache in ihrem Innern noch ihr Liedchen summte, ging Teresa in die Kirche. Sie zündete der heiligen Maria Mutter Gottes eine Kerze an und bat sie, einen schützenden Blick auf ihr Zuhause zu werfen und dem Heiligen Petrus Anweisung zu geben, ihre Schritte zu lenken und sie sicher durch die Gefahren zu schleusen, denen sie und Juan auf ihrem Weg noch begegnen würden.

Dann ging sie nach Hause, zog ihren Rock aus, ihren Gürtel, ihre Bluse und das Unterhemd und schlüpfte in die dreckstarrenden Reithosen, das Hemd und das Wams. Ihre kohlrabenschwarze, glänzende Mähne band sie mit einem alten Putzlumpen aus der Küche zusammen und schmierte sich Fett vom Herd ins Haar. Dann strich sie sich kurzerhand noch etwas Ruß ins Gesicht, ein paar Tupfer auf die Wangen, das Kinn und noch einen auf die Stirn – so, nun konnte niemand mehr erkennen, was Bart und Schnurrbart war und was Schmutz von einem tagelangen Ritt durch die Wildnis. Sie atmete tief ein und stieß die Luft wieder aus. Puh! An diesen Gestank musste sie sich erst einmal gewöhnen! Aber es wirkte echt. Von Reisenden, die den Banditen begegnet waren, hatte sie gehört, dass sie fürchterlich nach Ausscheidungen und dem Blut ihrer Opfer stanken. Angeblich eilte ihnen dieser Gestank so weit voraus, dass wer klug und erfahren war, einen nahenden Wegelagerer schon von Weitem wittern konnte.

Nun musste sie sich zum Reitstall im nächsten Dorf schleichen, um ein Pferd zu mieten. Teresa suchte einen großen Gaul aus, der etwas Wildes an sich hatte, sodass sie sich recht glaubwürdig vorkam, als sie sich auf seinen Rücken schwang. Der feste

Vorsatz, ihn in den Griff zu bekommen, verlieh ihrem Rücken eine andere Haltung; den Hals so lang gereckt wie nur irgend möglich, das Kinn hoch erhoben und die Augenbrauen hochgezogen, strahlte sie vor Hochmut und Überheblichkeit. Oh, wie gut es tat, wieder einmal auf dem Rücken eines Pferdes zu sitzen!

Im Galopp preschte sie die Hauptstraße entlang durch ein nahe gelegenes Dorf und war nun mitten in der Einsamkeit. Die Landstraße behielt sie jedoch ständig im Auge, um nicht die Orientierung zu verlieren und um nach dem kleinen Wagen und dem schmächtigen Pony Ausschau zu halten, das mit seiner Fuhre von Gold und Juwelen auf dem Weg zu einer feinen Adresse vorübertrotten würde.

Und da kam es auch! Endlich!

Wie klein Juan von Teresas hohem Sitz auf dem Rücken des feurigen Hengstes doch wirkte, wie bescheiden und erbärmlich sein Pferd, wie schäbig und unscheinbar sein Karren! Kein Wunder, dass die Edelleute überzeugt waren, diese farblose Art zu reisen sei eine todsichere Angelegenheit. Die sollten sie jetzt sehen, wie sie auf ihrem prachtvollen Ross in gestrecktem Galopp dahinjagte, ja flog! Das war Macht – und sie konnte sie förmlich spüren. Diese Macht war überwältigend, sie erregte sie und erfüllte sie mit der Überzeugung, dass keine Menschenseele ihr Einhalt gebieten könne zu tun, was ihr beliebte. Und genau das würde sie jetzt gleich tun.

Sie drückte dem Pferd die Sporen in die Flanken und trieb es an. Wie der Pfeil vom Bogen eines Meisterschützen schoss es auf die Straße zu und traf im Handumdrehen sein Ziel.

»Hoho!«, brüllte Teresa und riss an der Trense. »Nicht so eilig!«

Klappernd und wackelnd kam der Karren zum Stillstand.

»He, du da!«, rief Teresa aus voller Kehle; sie hatte Mühe, die Lachsalven zu unterdrücken, die sie schüttelten.

Juan stand die Angst ins Gesicht geschrieben.

»Dein ganzer Wagen wackelt ja von deinem Gezitter!«

»Euer Exzellenz!«, stotterte Juan mit zitternder Stimme und am ganzen Leib bebend. »Nehmt, was Ihr wollt, alles, nur lasst mich am Leben.«

»Was ich will, hä?«, höhnte Teresa. »Was hast du denn alles zu bieten? Was bist du überhaupt? Ein Kesselflicker?«

»Ein Schneider, Eure Exzellenz«, stotterte Juan, »auf der Suche nach neuer Kundschaft. Ich habe ein paar wunderbare Kleidungsstücke im Wagen. Die könnt Ihr haben.«

»Runter vom Wagen«, befahl Teresa, die höllischen Spaß an der Sache hatte. Ihr Herz pochte vor Aufregung über die Jagd und den Überfall. Auch wenn das Ganze nur eine Maskerade war – so viel Spaß hatte sie in ihrem ganzen Leben nicht gehabt.

Juan kletterte umständlich von seinem Sitz und stand in sich zusammengesunken da.

»Worauf wartest du noch?«, herrschte Teresa ihn an und brachte ihr Pferd dazu, mit den Hufen zu scharren und zu schnauben, um Juan ordentlich einzuschüchtern. »Runter mit der Kiste!«

Juan spurte sofort und zeigte seine wunderbaren Werke: Reithosen, Hemden, Röcke. Teresa brach in dröhnendes Gelächter aus.

»Und was soll ich deiner Ansicht nach mit diesen Röcken anfangen?«, fragte sie. »Darin ausreiten? Nein, ich glaube, die stehen dir schon besser. Los, zieh sie an!«

Der schöne Juan zögerte. Wie sehnlich wünschte sie sich, dass er etwas von der Tapferkeit zeigte, mit der er sich immer so gerne brüstete. Ihr Herz stand still. Bestimmt würde er dem Banditen die Stirn bieten. Bestimmt würde er sich nicht erniedrigen lassen und sich weigern, einen Frauenrock anzuziehen. »Bitte«, bettelte sie inbrünstig im Stillen, »tu's nicht!« Und sie beschloss, nach Hause zurückzureiten, ohne auch nur ein Wort zu verlieren, wenn er ihrem Befehl nicht nachkam. Aber nein, der schöne Juan war gerade dabei, sich in eine hübsche Juanita zu verwandeln – etwas zu lang geraten zwar und vielleicht ein wenig flachbrüstig, aber ohne Zweifel hübsch. Teresa war voller Verachtung.

»Ausziehen!«, befahl sie.

Juan ließ den Rock fallen und stand hilflos und unterwürfig da.

Wieso ist er so ein Jammerlappen?, fragte sie sich. Dabei habe ich ihm nicht einmal gedroht!

»Bitte, tut mir nichts!«, winselte Juan.

»Warum sollte ich nicht?«, bellte sie zornig. »Außer einer Kiste voller Rüschen und Bändchen hast du armes Würstchen mir doch nichts zu bieten – nur das Vergnügen, dich gehörig auszupeitschen!«

»Eure Exzellenz – hier, bitte«, stammelte Juan. »Meine Kleider.«

»Deine Kleider? *Deine Kleider?*« Teresa schnappte nach Luft. Sie konnte es nicht fassen. Er war kurz davor, das geheime Versteck freiwillig zu verraten. »Was soll ich denn mit deinen hundsgewöhnlichen Klamotten anfangen, wenn ich das affige Zeug aus der Kiste schon nicht haben will?«

»Eure Exzellenz, ich wäre nicht so aufdringlich, wenn ich nicht …«

»Nicht was?«, unterbrach ihn Teresa in der Hoffnung, ihre Frage würde Juan genug Zeit lassen, um es sich anders zu überlegen. Aber nein, er hatte sich bereits entschieden.

»Ein Schatz. Ein ungeheures Vermögen. Es ist in die Säume eingenäht, in den Gürtel.« Juan fummelte und zerrte an Teresas feinen Stichen, doch sie gaben nicht nach.

»Deine schäbigen Klamotten sollen ein Vermögen wert sein?

Ich habe mir schon gedacht, dass du nicht ganz bei Trost bist. Jetzt sehe ich, dass ich recht hatte.«

Teresa hob die Peitsche, und Juan duckte sich, riss sich das Hemd vom Leib und öffnete den Gürtel, sodass seine Reithosen herabfielen und ihm um die Knie schlotterten.

»Wirst du wohl auf der Stelle alles wieder anziehen!« Teresa deutete mit der Reitpeitsche auf den Reisekoffer und schüttelte sich angeekelt. Dann wendete sie ihr Pferd und ritt davon.

Zehn Tage später kehrte Juan zurück. Ein Bote wurde ausgesandt, um den beiden Edelleuten mitzuteilen, dass die Ware ihren Empfänger ohne Zwischenfälle erreicht habe und ordentlich quittiert worden sei. Juan ging in den Hinterhof und wusch sich gründlich, legte frische Kleider an und setzte sich zu einer warmen Mahlzeit an den Tisch. Und nebenbei beschrieb er seine Reise in den schillerndsten Farben. Wie er von einem Wegelagerer und seinem Pferd, beide wild wie ein Hurrikan, in Begleitung johlender Kumpanen überfallen worden sei. Wie sie ihn umringt und ihm gedroht hätten, ihn umzubringen, wenn er nicht auf der Stelle seine Kleider herausrückte. Die wussten ganz genau, dass die Leute ihr Geld zur Sicherheit in den Kleidersaum einnähten. Aber er hatte ihnen die Stirn geboten. Mit verschränkten Armen hatte er dagestanden in dem Staub, den ihre schnaubenden, ausschlagenden Pferde aufwirbelten, und ihnen gesagt, sie könnten ruhig mitnehmen, was sie begehrten. Ihn zu erniedrigen und dazu zu zwingen, sich nackt auszuziehen, das hatten sie dann aber doch nicht gewagt.

»Ich erklärte ihnen nämlich, dass sie mich schon umbringen müssten, da ich weder auf meinen Stolz noch auf meine Kleidung freiwillig verzichten würde.«

»Ach ja?«, gurrte Teresa mit weit aufgerissenen Augen. Diesmal war sie kein bisschen verärgert. »Und was meinten sie dazu?«

»Zu meiner Überraschung machten sie kehrt und ritten ihres

Weges. Ich hörte noch, wie ihr Anführer rief, ich sei der mutigste Mann, dem er je begegnet sei, und dass sie sich lieber davonmachen sollten, ehe ich so richtig in Fahrt geriete. Verstehst du, der dachte, ich gehöre zu der Sorte Männer, die es in einem Wutanfall mit hundert Soldaten auf einmal aufnehmen können.«

»Ach, Juan«, murmelte Teresa, »das hätte ich nie von dir gedacht. Ohne Zweifel habe ich dich in all diesen Jahren unterschätzt.«

»Ja, das hast du, Teresa«, pflichtete er ihr bei, »aber ich verzeihe dir.«

»Wie großzügig von dir«, sagte sie und fing an, den Tisch abzuräumen. »Und deine Auftraggeber, die werden deine Geschichte lieben.«

»Bestimmt werden sie bald hier eintreffen«, meinte Juan mit einem Blick auf die Uhr. »Und bis sie kommen, gebe ich ihrer bestellten Garderobe noch schnell den letzten Schliff.«

Er stand auf und ging ins Atelier, jeder Zoll der alte Maulheld wie eh und je. Teresa blickte ihm nach und musste innerlich lachen. Diese eine Lüge würde ihm das Genick brechen. Oh, bei seinen Auftraggebern mochte er Eindruck schinden und sich von ihnen dafür loben lassen, dass er unbehelligt an den Banditen vorbeigekommen war und den Schatz wohlbehalten abgeliefert hatte … sie aber konnte er mit seiner Prahlerei jedenfalls nicht mehr herabsetzen. Sie ging ihrer Arbeit nach und lauschte – und da kams auch schon, das Gebrüll der Bestürzung und der Ernüchterung.

»Wo sind die Kleider, die ich für Don Hernandez gefertigt habe?«

Vor Dienstbeflissenheit und Hilfsbereitschaft nur so strotzend, erschien Teresa in der Tür.

»Welche Kleider?«

»Die, die ich hiergelassen habe. Genau hier.«

»Bist du dir auch ganz sicher?«

»Natürlich bin ich mir sicher.«

»Lass mich mal da unten nachsehen«, sagte sie trocken und bückte sich nach einer Kiste auf dem Boden seines Schranks.

»Iiih!«, kreischte Juan und hielt sich die Nase zu. »Hast du denn in letzter Zeit hier nicht sauber gemacht? Kaum bin ich eine Woche weg, schon fängt das Atelier an zu stinken.«

»Kommt dir der Geruch nicht bekannt vor, Juan?« Teresa machte kugelrunde Augen und zog die Augenbrauen ganz weit hoch. Sie nahm ein Bündel aus der Kiste und faltete es auf.

»Sind das die Kleider, die du gesucht hast?«, fragte sie und hielt das zerfetzte Straßenräuberkostüm hoch.

»›Sind das die …‹ – hast du den Verstand verloren?«

Dieser blaue Samt. Dieser Rüschenkragen … dieser … O Gott! Gütiger Gott im Himmel! Plötzlich sah er das Kostüm vor sich – wie es ausgesehen hatte, als es noch hier in seinem Atelier gehangen hatte, und dann im Land der Banditen, auf dem Weg nach Guadalajara.

Stöhnend ließ Juan sich in einen Sessel fallen und schlug die Hände vors Gesicht.

»Nicht ich habe den Verstand verloren«, sagte Teresa sanft, »sondern du. Das war nur meine Art, ihn dir wiederzugeben.«

»Und ab heute bist dann wohl du die Geschichtenerzählerin? Und ich der Schandfleck von ganz Aragón.«

Teresa lächelte abgründig. Ihre Rache war vollendet.

Eine Frage der Ehre

Lang ists her, ich weiß nicht wie lang, da lebte auf einem hohen, hohen Berggipfel in einem einsamen Landstrich in Tibet eine junge Frau, die hieß Nuri. In Erwartung ihres zukünftigen Ehemanns blickte sie angespannt aus dem Fenster.

Er war ein junger Mann aus einer fernen Gegend von Tibet, nicht ganz so abgeschieden wie die ihre, und sollte nun kommen, um sie zu heiraten und nach des Landes Brauch bei ihr und ihrer reichen und vornehmen Familie zu leben. Nuri wusste, dass ihre Familie diesen Mann sorgfältig gewählt und die Berichte über ihn genauestens ausgewertet hatte, um sicherzugehen, dass dies ein junger Mann von gutem Charakter und annehmbarem Äußeren war, der gut in ihre Familie passen und deren Ansehen mehren würde.

Das ganze Haus schien zu beben unter der Geschäftigkeit kochender Köche und herumwirbelnder Mütter, die letzte Dinge regelten und Anweisungen erteilten und sich schier überschlugen, wie sich das für Mütter gehört, junger Mädchen, die sangen und tanzten und Streiche spielten, wie es sich für junge Mädchen auf Hochzeiten gehört, und Männern, die Befehle brüllten und ihre Gegenwart spürbar machten, wie es sich für Männer bei solchen Anlässen gehört. Nuri aber saß einfach am Fenster und wartete.

Müde vom tagelangen Warten waren ihre beiden Augen auf den langen, gewundenen Bergpfad geheftet, der zu ihrem Haus führte. Waren der Familie Ehre, Ansehen und Charakter des

Bräutigams wichtig, so zählte für Nuri in diesem Augenblick nur, wie der Mann wohl aussah. Was für ein Auftreten hatte er, war er dick oder dünn, groß oder klein, hell- oder dunkelhäutig – und wie würde er ihr gefallen?

»Wenigstens hat ihn keiner als ›Sohn Adams‹ bezeichnet«, tröstete sie sich. Der Begriff »Sohn Adams« war nämlich eine beschönigende Umschreibung für einen hässlichen Menschen, jemand, der zwar der menschlichen Rasse zugehörig war, sich jedoch nicht durch ein ansprechendes Äußeres aus der Masse hervorhob. Sie hegte keinen Zweifel, dass ihre Familie dafür gesorgt hatte, dass er geistig und körperlich gesund war, doch es war gut möglich, dass ihnen die feineren Einzelheiten seines Aussehens nicht so wichtig gewesen waren, wie beispielsweise sein Temperament. Aber schließlich war sie diejenige, die in dem Bett, das sie ihm bereitet hatten, liegen musste und in dem Bett, das sie ihr bereitet hatten, leben, und zwar für den Rest ihres Lebens. Bestimmt würden sie ihr nicht wissentlich einen Widerling vorsetzen, aber das gesamte Unterfangen gründete auf Vertrauen. Wer weiß, was sie aus ihrer Wundertüte ziehen würde?

Splitternackt kam er an. Nuris Augen, zwei leuchtende Flammen, waren von seinem auf und ab hüpfenden Geschlecht magisch angezogen. Scham empfand sie, weil sie ganz genau hinschauen wollte, und zugleich fürchtete sie, ihr Starren würde ihn verbrennen. Sie musste sich dazu zwingen, den Blick abzuwenden. »So groß!«, dachte sie, halb aus Angst, da sie eine schmalhüftige Frau war (für ihre Mutter Anlass zur Sorge: Frauen mit schmalen Hüften waren in der Regel keine guten Gebärerinnen), aber auch halb aus Stolz, weil Männern mit großen Penissen nachgesagt wurde, sie seien wahre Männer – gebieterisch und zur Vaterschaft vieler Töchter und Söhne fähig. Und je mehr Töchter, desto besser, denn Töchter bringen Söhne ins Haus – je mehr, je lieber. Und mit neuen Ehemännern und neuen Söhnen und natürlich auch neuen Töchtern, die Kinder kriegten und neue Söhne heirateten, vergrößerte sich die Arbeitskraft. Und so war es schon seit Jahren.

Als sie endlich ihren glühenden Blick losreißen konnte, der ihn von den Schamhaaren bis zum Gesicht abgesengt hatte, war er schon aus ihrem Blickfeld unter dem Vordach über dem Hauseingang verschwunden. Sie hörte, wie die Frauen in Freudengejohle ausbrachen, die Männer raue Willkommensgrüße lachten und die Mädchen ein Singen und Trommeln und Tanzen anstimmten, dass die Wände des Hauses widerhallten und das ganze Haus vor Freude und Ausgelassenheit bebte.

War das ein Trubel! Essen und mehr noch Singen und Tanzen und Lachen und ausgelassenes Schwatzen, bis die beiden endlich in ihrem Hochzeitsgemach waren. Die ganze Zeit über hatte Nuri jede Gelegenheit genutzt, ihren Mann verstohlen zu mustern: Er sah gut aus, da gab es keinen Zweifel. Außerdem schien es für ihn das Natürlichste auf der Welt, dass er ohne einen Fetzen am Leib hergekommen war. Selbstverständlich hatte niemand viele Worte darüber verloren. Man hatte nur gemunkelt, dass er von einem Wegelagerer überfallen worden sei, der sich als Dämon entpuppt hatte. Glücklicherweise hatte er ihm entwischen können. Unter solchen Umständen spielte Kleidung gewiss keine Rolle mehr. Sie waren alle froh, dass er überhaupt noch am Leben war.

Insgeheim konnte Nuri jedoch nicht abwarten, der Sache auf den Grund zu gehen und die Hintergründe der Geschichte aus ihm herauszuholen. Sie liebte Geschichten.

»Bitte«, bettelte sie mit leuchtenden Augen, »erzähl mir die Geschichte mit dem Dämon.«

»Ach, der Dämon«, erwiderte er wegwerfend, aber auch ein wenig verlegen – jedenfalls bildete sie sich das ein. »Also, ich wurde von einem Ungeheuer, diesem Dämon, verfolgt. Wenn ich mich duckte, um einem Zweig auszuweichen, duckte er sich ebenfalls. Wie ich auch ging, er war mir immer dicht auf den Fersen. Wenn ich mich umdrehte, verschwand er blitzschnell aus meinem Blickfeld, und dann spürte ich, wie er hinter meinem Rücken wieder auftauchte.«

Sie starrte ihn mit großen, angsterfüllten Augen an. Wie nahe sie daran gewesen war, ihn zu verlieren!

»Aber ich war zu schlau für ihn«, brüstete er sich. »Ich riss mir den Turban herunter und schwang ihn über meinem Kopf. Damit war die Sache für eine Weile erledigt. Dann aber tauchte er wieder auf. Verfolgte mich. Und das ging tagelang so weiter.«

Nuri konnte sehen, dass er nun etwas ungeduldig wurde. Ihr Keuchen, ihre ängstliche Erregung, ihre Lebhaftigkeit, ihre zerbrechliche, schmalhüftige Schönheit erzeugte in seinen Lenden eine Hitze, die mächtiger war als der verbotenste Trank; seine Worte wurden undeutlich, und alles verschwamm vor seinen Augen. Worte, Worte, Worte. Er hatte genug davon.

»Bitte erzähl die Geschichte zu Ende«, flehte sie, auch weil ihr etwas unbehaglich wurde wegen der Entjungferung, über die sie so viel gehört hatte. »Erzähl mir, wie du dem Ungeheuer den Garaus gemacht hast.«

Er rückte näher an sie heran. Die Wahrheit war: Er wusste es nicht.

»Als die Nacht kam, war es verschwunden. Wenn es hell war, kam es wieder.«

Er rückte noch näher.

Sie ahnte, dass ihre Jungfernschaft gleich geopfert würde. Blut auf den Laken, die Fanfare am nächsten Morgen, während jubelnde, frohlockende Frauen die roten Tulpen ihrer geopferten Jungfräulichkeit auf frischen weißen Brautlaken ans Ufer zum Waschen trugen. Rot auf Weiß, Blut auf Schnee; ein Opfer an den See, der in dieser Jahreszeit jeweils besonders hoch stand wegen der Schneeschmelze. Es war ein Wunder, dass das Wasser in den Sommermonaten nicht rot glühte, wo doch so viele Mädchen heirateten und so viele Tulpen im See reingewaschen wurden. Bestimmt gab es ein Tulpenland, wo sie roten Rubinen gleich in Beeten wuchsen. Mit weit geöffneten Blütenkelchen, wie weit gespreizte Beine auf einem Hochzeitsbett, zeigten sie ihre Wunden, waren in der Mitte schwarz und stolz.

Er rückte noch näher. Sie konnte seinen warmen Atem in ihrem Gesicht spüren. Es war wie ein sanftes Feuer, seine Augen glühten wie Bernsteine, die wärmten, ohne zu versengen. Sie war erregt, ihr Puls ging schnell, ihre Haut fühlte sich heiß an.

»Und was geschah dann?« Ihre Stimme zitterte. Was da zwischen sie getreten war, machte sie trunken wie Wein. Ihr schwindelte vor Erwartung. Aber etwas in ihrem Inneren ließ sie die Sache noch hinausschieben.

»Was dann geschah?« Das hörte sich wild, fast grimmig an, seine Stimme war ein lautes, eindringliches Flüstern. Dann beherrschte er sich wieder.

»Also, dann warf ich ein Kleidungsstück nach dem andern nach ihm, und schließlich war der Dämon so geschwächt, dass er nichts mehr tun konnte. Dann wurde es Nacht, um mich herum war es die meiste Zeit stockdunkel. Ich hatte Angst vor dieser Finsternis und auch wieder nicht. Ich kenne viele Schutzgebete. Ich sang sie alle, da wurde er schwach und verendete schließlich. Ich hatte ihn überlebt, und hier bin ich.«

Mit einem kleinen Schrei fiel sie nach hinten, als er sich auf sie warf – und wie tobte ihre Erregung! Sie waren ein Bündel, ein einziges Bündel mit Beinen und Armen und Köpfen und Lenden, die sich aufgeregt bewegten, sich mal schlossen, mal aneinanderstießen, stöhnten, kreischten, keuchten, quietschten. Es wollte gar nicht mehr aufhören, dieses Hochzeitsspiel, und obwohl Nuri Spaß hatte und der Schmerz nachließ oder jedenfalls von dem Genuss überdeckt wurde, fragte sie sich, wie lange es noch dauern würde. Plötzlich fiel ihr ein: sein Schatten!, und dieser Gedankenblitz machte ihr klar, dass die Geschichte ihres Mannes ein Rätsel gewesen war. Die ganze Zeit hatte er ihr ein Rätsel aufgegeben, und die Lösung lautete: ein Schatten!

»Dein Schatten!«, schrie sie, als ihr Körper jäh von Wonne geschüttelt wurde und erschauerte – der seine ebenfalls (jedenfalls fühlte es sich so an) –, worauf ihr Mann sich zur Seite wegrollen ließ.

Mit glänzenden Augen starrte er sie erschöpft und verwirrt an und fragte mit rauer Stimme: »Schatten?«

In diesem Augenblick sah sie, wie sich in der Mitte des Bettes langsam und groß die Tulpe bildete. Langsam begann sie den Zusammenhang zwischen Qual und Lust zu begreifen.

Liebe, so erkannte sie, machte trunken, die Ehe war wie eine kräftezehrende, beschleunigende Droge: Sie betäubte die Sinne und verstärkte die Wahrnehmung. Sie spürte auch ein Kribbeln auf der Haut und ein Brummen im Kopf. Aber sie wollte ihren neuen Ehemann beeindrucken. Ihn wissen lassen, wie gescheit sie war.

»Dein Schatten!«, fuhr sie unbeirrt fort. »Die Lösung deines Rätsels! Was dich verfolgte, war dein Schatten. Bei Licht tauchte er auf und äffte jede deiner Bewegungen nach, in der Finsternis war er verschwunden. Es war dein Schatten!«

Sie klatschte in die Hände und tanzte ausgelassen, stolz auf ihren nackten Körper und ihr helles Köpfchen, bis sie merkte, dass er ein wenig verärgert dreinschaute.

Sie setzte sich neben ihn. Vielleicht sollten Frauen nicht nackt durchs Zimmer tanzen – vielleicht passte ihm nicht, dass sie sein Rätsel erraten hatte. Er hatte sich solche Mühe gegeben, die Lösung nicht preiszugeben. Beim nächsten Mal, beschloss sie, würde sie ihn bitten, ihr die Lösung zu verraten. Und in dem

Augenblick, in dem sie ihn berührte, vergaß er ihre Klugheit und wie sie ihn bloßgestellt hatte, und sie rollten sich wieder im Staub und in den Laken, bis in die frühen Morgenstunden.

Mit der Zeit erkannte Nuri, dass ihr Mann nicht annähernd so klug oder mutig war, wie sie gedacht hatte. Bei Licht betrachtet, war er ein rechter Einfaltspinsel. Aber ihre Hüften waren breiter geworden und die Nächte – sowie einige gestohlene Stunden des Tages – machten so viel Spaß, dass Charakter und Mut nicht zählten. Das Feuer und die Größe seines so heiß geliebten »großen Kerls«, wie sie ihn beide nannten, waren allerdings wirklich so wichtig und wunderbar, wie alle immer behaupteten. Und sie sorgte dafür, dass ihre Cousinen und Freundinnen genauestens Bescheid wussten.

Daher war sie richtig traurig, als der böse Gott »Familienehre« seinen hässlichen Kopf hob und ihrem Mann einflüsterte, in eine große Stadt oder gar in ein Nachbarland wie China oder Indien zu gehen, um Waren zu verkaufen und Geld zu verdienen.

»Ich hatte in den letzten Monaten viel Spaß«, sagte er, »aber jetzt muss ich wirklich meine Ehre wiederherstellen. Bis heute konnte ich die Scham nicht überwinden, dass ich splitternackt und ohne Geschenke für dich oder deine Familie in dein Haus gekommen bin.«

»Hat je einer ein Wort darüber verloren?«, fragte Nuri beunruhigt. »Wenn, dann kriegt er's mit mir zu tun. Du hast es mehr als wettgemacht …« Jetzt wird sie plötzlich neckisch und zwinkert mit den Augen, und ihre Wimpern senken sich herab und legen sich wie Fächer auf das aufblitzende Verlangen. »Du hast schwer gearbeitet für die Familie – und mich sehr glücklich gemacht.«

»Nicht der Rede wert«, wehrt er ab. Sie sieht, wie er, der »große Kerl«, zum Leben erwacht, und muss an die Geschichten denken, die einige der älteren Frauen von durchreisenden arabischen Kaufleuten gehört hatten: vom sogenannten ›Zeltstab‹-Mann, dessen Kerl so lang war, dass er seine wallenden Gewänder wie ein Zelt aufspannte. Sie streckt die Hand aus, um den »großen Kerl« zu liebkosen. Er ist so groß, und doch so klein und liebenswert und lebendig. Aber was ist das? Ihr Mann streckt ebenfalls die Hand danach aus, er nimmt die ihre und drückt sie liebevoll an seine Brust, um sie von ihrem Vorhaben abzuhalten. »Nein – wir müssen miteinander reden.«

Diesmal überreitet sie ihn einfach. Sie erkennt: Sein Wille ist ein Pferd, das sie mühelos zureiten kann. Und wie sie ihn reitet und wie prächtig er wächst! Er tobt und tollt, während sie seine Bewegungen lenkt und ihn anspornt und kommandiert.

Aber er hörte nicht auf, von seinem Bedürfnis zu reden, dass er seine Ehre wiederherstellen müsse, bis sie es nach ein paar Wochen nicht mehr hören konnte. Irgendetwas beschäftigte ihn tief im Innern. Er mochte zwar ein Einfaltspinsel sein, dennoch musste er seine Ehre wiederherstellen, erhobenen Hauptes einhergehen können. Das hatte sie begriffen.

Sie gab nach. »Diese Dinge sind größer als wir. Und ein Mann muss tun, was er tun muss, insbesondere wenn es eine Frage seiner Ehre ist.«

Und so machte sich der Einfaltspinsel mit einer Ladung Kunstgegenständen und Handarbeiten sowie Trockenfleisch, einer Spezialität der Gegend, auf den Weg. Er hatte auch Silberstücke bei sich, die er später ebenfalls gegen Waren tauschen konnte, und blaue und rote Steine, wie sie die Bergleute mit in die Ebene brachten. Sie redete ihm zu, sich nicht allzu weit zu entfernen. Er wollte ein paar gute Geschäfte machen und dann begütert und mit wiedergewonnener Selbstachtung zurückkehren.

Sie saß am Fenster und starrte hinaus und wartete und betete, dass keine Frau in der Ebene seinen »großen Kerl« entdeckte und ihn bei sich behalten wollte. Doch sie hätte sich keine Sorgen zu machen brauchen – im Handumdrehen war er wieder zurück und hatte nichts bei sich als die Kleidung, die er beim Abschied getragen hatte. Kein Bündel, kein Korb, kein Geldbeutel war zu sehen. Er ließ Kopf und Schultern hängen, seine Augen waren Seen der Scham.

»Immerhin besser als beim letzten Mal«, tröstete sie ihn. »Diesmal trägst du wenigstens noch all deine Kleider am Leib.«

Er aber war untröstlich. Und Schreck aller Schrecken: Der »große Kerl« war von einer beängstigenden Schlappheit befallen: Er ließ sich durch rein gar nichts zum Leben erwecken. Sie liebkoste und streichelt ihn – versuchte gar, ihm Leben einzuhauchen. Vergeblich. Da war nichts zu machen: Sie musste aus ihrem Mann unbedingt die ganze Geschichte herauskitzeln, an des Übels Wurzel gelangen, in das Tal des Todes reisen und ihn wieder zurückholen.

Er wirkte so niedergeschlagen, so gequält, es brach ihr das Herz, die Geschichte aus ihm herauszuquetschen. Aber sie wusste, es musste sein. Auch eine Frau musste tun, was sie tun musste. Insbesondere wenn die Freude ihres Lebens auf dem Spiel stand.

Er habe sich in einem Gasthof einquartiert, erklärte er dumpf. Der Wirt war ein freundlicher Kerl, der ohne Umschweife zugab, dass er sich über seine Gesellschaft freute. Das Gasthaus lag an einer ruhigen Straße, und er war froh, wenn außerhalb der Pilgerzeit einmal in der Woche jemand hereinschneite.

»Es tut mir gut, einmal wieder mit jemandem zu reden«, sagte er. Und reden, das konnte er! Es rumorte in ihm wie in einem Vulkan kurz vor dem Ausbruch. Und auch der Ausbruch blieb nicht aus: wunderbare Geschichten.

»Es ist eine Gewohnheit der Reisenden«, erklärte er. »Wenn sie körperlich erschöpft sind, setzen sie sich hin, um etwas zu essen. Und wenn der Magen voll ist und die Lebensgeister wieder erwachen, setzen sie sich an meinen Kamin. Es muss irgendwie am Feuer liegen – wenn sie eine Weile hineingestarrt haben, fangen sie an, Bilder zu sehen. Dann kleiden sie diese Bilder in Worte. Und so habe ich im Lauf meines Lebens schon viele aufregende Geschichten gehört.«

Der Wirt starrte selbst gerade ins Feuer und schob nebenbei einen Brotlaib hinein und rührte mit der Schöpfkelle in seiner Suppe. »Aber meine eigenen Erlebnisse überbieten diese Geschichten bei Weitem. Ich habe schon viele Wunder erlebt, hier in meinem bescheidenen Gasthof, aber natürlich auch in der Zeit, als ich selber noch durch die Welt reiste.«

Während der Wirt sprach, starrte er unverwandt ins Feuer, und plötzlich begann auch er, die Bilder, die er sah, in Worte zu kleiden. Ein paar Erinnerungen, ein paar geisterhafte Begebenheiten – ob wahr oder unwahr, wird niemand je wissen. Sie kamen dem Geschichtenerzähler in den Sinn, und er erzählte sie weiter. Über das Warum nachzugrübeln, war nicht seine Welt.

»Und eins kann ich dir sagen: Sie sind allesamt wahr«, behauptete der Gastwirt.

Sein Bauch war prall, und während er dem Einfaltspinsel in die Augen sah und die Feuerbilder vor seinem inneren Auge vorbeizogen, genoss er es, einen Zuhörer gefunden zu haben. »Bist du dir dessen bewusst – dass sie allesamt wahr sind?«

Dem Einfaltspinsel war die Sache nicht recht geheuer. »Das Einzige, was ich wirklich weiß, ist, dass sie aufregend und unterhaltsam sind«, meinte er ausweichend. »Ob sie wirklich wahr sind, kümmert mich nicht.« Die Faust des Wirts landete auf dem Tisch, dass es nur so krachte. Teller und Töpfe klapperten, die Löffel sprangen hoch.

»Das ist ja noch schöner!«, brüllte er. »Was würdest du tun, wenn ich dir beweise, dass die nächste Geschichte wahr ist? Um wie viel würdest du wetten?«

»Erst will ich die Geschichte hören«, erwiderte der Einfaltspinsel zuversichtlich.

»Dann lass dir Folgendes gesagt sein«, hub der Wirt in seinem Geschichtenerzählerton an. »Wenn die Hügel in das Dunkel der einbrechenden Nacht gehüllt werden und die Lampen angezündet werden müssen, wirst du eine kleine, flackernde Kerze in dein Zimmer kommen sehen, die die Lampe neben deinem Bett anzünden wird. Und im Licht dieser Lampe wirst du eine große, schwarze Katze sehen. An ihren glühenden Augen wirst du erkennen, dass es sich nicht um eine Dienstmagd handelt – wer würde schon an solch einem verlassenen Ort arbeiten wollen? Keine Dienstmagd, sondern die Katze hat die Kerze hereingetragen und deine Lampe angezündet. Also, was ist – glaubst du mir, wenn ich dir sage, dass diese schwarze Katze darauf abgerichtet ist, in dein Zimmer zu gehen und deine Lampe anzuzünden? Ich selbst habe sie dressiert.«

Der junge Mann lachte laut auf.

»Willst du etwa sagen, du glaubst mir nicht?«, fragte der Wirt herausfordernd.

»Die Geschichte ist wunderbar«, grinste Nuris Mann, »und es spielt keine Rolle, ob sie wahr ist oder nicht, denn sie ist lustig und unterhaltsam.«

»Willst du wetten?«, knurrte der Wirt.

»Von mir aus«, antwortete Nuris Mann, der es für ein Leichtes hielt, sein Vermögen auf diesem Weg zu mehren. »Worum soll ich wetten?«

»All deine Waren, wenn ich recht habe, gegen meinen Gasthof und alles, was dazugehört, wenn du recht hast.«

»Topp!«, rief der Einfaltspinsel. In seinem Geist sah er schon das Gesicht seiner Frau, wenn er bei seiner Rückkehr erzählte, dass sie und ihre Familie nun stolze Besitzer eines Gasthofs waren.

Als es dunkelte, saß der junge Mann in seinem Zimmer und

harrte des Augenblicks, wenn seine Lampe angezündet würde. Es wurde immer dunkler, und er wurde immer schläfriger, müde von der langen Reise; die heiße, kräftige Suppe in seinem Bauch wärmte ihn und machte ihn träge.

»Das ist der Trick«, dachte er bei sich. »Der Wirt wartet, bis ich eingeschlafen bin, damit er sichergeht, dass ich nicht sehe, wie er auf allen vieren hereinschleicht, um die Lampe anzuzünden und eine Katze im Zimmer zu lassen.«

Und so zwickte er sich in seiner Bauernschläue jedes Mal, wenn er merkte, dass sein Kopf schläfrig nach vorn sackte, und setzte sich, hellwach, wieder auf, um darauf zu warten, dass die Lampe angezündet würde. Endlich öffnete sich die Tür zu seinem Zimmer, und ein kleines Licht erschien. Dahinter glühten zwei dämonische Augen, tief unten und so nah über dem Fußboden, dass es nie und nimmer der Wirt sein konnte, selbst wenn er auf dem Bauch gerobbt wäre. Augen und Licht bewegten sich auf die Lampe neben dem Bett zu und zündeten sie an. Und tatsächlich entdeckte er in ihrem Schein eine große, schwarze Katze. Oh, sein Herz machte einen Sprung und krampfte sich sogleich vor Kummer und Scham zusammen.

»Es war die Wahrheit«, schloss Nuris Mann, zu Tode betrübt. »Und dies ist die Geschichte meiner Schande.«

Zum ersten Mal in ihrem Leben erkannte Nuri, dass Familienehre eine ernst zu nehmende Kraft darstellte. Und wer sich schuldig machte, sie zu beflecken, musste einen hohen Preis dafür zahlen. Langsam begann sie, die Verachtung in den Augen der Familie und das spöttische Lächeln auf ihren Lippen, die versteckten Andeutungen und die feinen Sticheleien wahrzunehmen. Sie beschloss, diesen erbarmungslosen Gott der Familienehre zu packen und mit seinen eigenen Waffen zu schlagen.

»Geh zu meinem Vater«, befahl sie ihrem Mann, »und erkläre ihm, dass du dein Vermögen verloren hast, weil du ein ehrlicher

Mann bist. Sag ihm, dass du deine Ehre zurückerobern willst, und bitte ihn um Geld, damit du es noch einmal versuchen kannst. Mach allen klar, dass der Wirt ein rechtes Lügenmaul ist und dass er, wenn du die Sache nicht aus der Welt schaffst, aus dem ›Einfaltspinsel, den die Familie mit den großen Ländereien oben am Berg als Schwiegersohn aufgenommen hat‹, eine Riesengeschichte machen wird. Und dann wird man überall darüber reden, warum eine so wohlhabende Familie für ihre Tochter einen solchen Tölpel zum Ehemann auserkoren habe. In der Ebene und weit über alle Berge wird man sich erzählen, dass diese Tochter schwere Mängel habe. Ihre Nase sei zu lang geraten, sie sei verschlagen und doch dumm, habe nicht ein einziges Haar auf dem Kopf. So sehr sie sich auch sträuben mögen«, schärfte sie ihm ein, »du musst darauf bestehen, nach deiner Entscheidung zu handeln – das sei eine Frage der Familienehre. Und sag ihnen, du müssest mich mitnehmen, um mir zu zeigen, wie ein ehrenhafter Mann seinen Verstand einsetzt, um seine Selbstachtung wiederzuerlangen, und noch vieles andere mehr.«

Also tat der Mann, wie ihm befohlen, und schon am nächsten Tag machte er sich mit Nuri auf den Weg. Ihn hatte sie als alten Mann verkleidet, sich selbst als jungen Burschen mit einem flotten Bärtchen aus den Schwanzhaaren eines alten, schwarzen Widders. Und eineinhalb Abhänge tiefer erreichten sie den Gasthof, wo sie den Wirt um Quartier bat.

»Mein Vater und ich sind auf dem Weg zu Verwandten«, erklärte Nuri. »Wir führen kostbare Geschenke für sie bei uns. Aber jetzt brauchen wir etwas zu essen und ein Dach für die Nacht.«

Während der Wirt die Zutaten für seine Suppe zusammensuchte, schoss Nuri im Gasthof hin und her und fing drei Ratten ein.

»Hier, nimm sie«, sagte sie zu ihrem Mann, »und tu genau, was ich dir sage, dann erobern wir uns einen Gasthof.«

Nach dem Essen teilte sie dem Wirt mit, ihr Vater sei schon ein alter Mann und sehr müde, er würde nun auf sein Zimmer gehen, während sie noch wach bleiben und die Geschichten hören wolle, die der Wirt zu erzählen habe.

Und wie beim vorigen Mal erzählte der Wirt diese und jene Geschichte, bis er schließlich zu der unglaublichen Geschichte von der Katze, die Lampen anzünden konnte, kam.

»Oh!«, rief Nuri aus, »was für eine unglaubliche Behauptung! Ich bin zwar jung und unerfahren, aber nur ein Narr würde glauben, dass eine Katze sich dressieren lässt, eine Lampe anzuzünden.«

»Sieh an«, sagte der Wirt genauso herausfordernd wie beim vorigen Mal. »Dann würdest du also eure kostbaren Geschenke gegen meinen Gasthof wetten?«

»Natürlich«, lachte Nuri, »in meinem ganzen Leben werde ich niemals leichter zu Besitz kommen!«

Die Augen des Wirts glühten wie die Kohlen in seinem Kamin, und die Wette wurde besiegelt.

Die Nacht brach herein, und Nuri ging auf ihr Zimmer und schickte ihren Mann nach draußen; er sollte im Hof darauf warten, dass die Katze ihren nächtlichen Spaziergang antrat. Als schließlich alles in Finsternis gehüllt war und die Sterne in Wolkenschwaden eintauchten, erschien wie beim vorigen Mal ein Flämmchen dicht über dem Boden und bewegte sich langsam über den Hof. Sofort ließ der Mann eine Ratte direkt der Katze in den Weg laufen. Ihre Krallen waren auf dem Steinpflaster zu hören, als sie, glücklich über die wiedergewonnene Freiheit, der Katze über den Weg lief. Die Katze fuhr herum, das Flämmchen flackerte, die Katze fing sich wieder; bestimmt war ihr nur zu gut in Erinnerung, dass man ihr während der Dressur für jeden Ungehorsam eins übergezogen hatte. Das Lichtlein brannte wieder gleichmäßig, und die Katze setzte ihren Weg zu Nuris Zimmer fort. Nach einem oder zwei Metern ließ der Einfaltspinsel die zweite Ratte los. Sie schlitterte ein Stück, krabbelte über eine kleine Holzkiste, was die Katze wieder von ihrem Auftrag ablenkte, kreuzte deren Weg und rannte um ihr Leben. Der Kopf der Katze fuhr nach ihr herum, das Flämmchen flackerte, beruhigte sich, stellte sich wieder aufrecht. Die Katze schlich weiter. Nach weiteren drei Metern schoss die dritte Ratte los und lief ihr genau vor die Nase. Das war der Katze endgültig zu viel. Sie ließ das Tablett, auf dem die Kerze stand, fahren, fauchte zornig und setzte der Ratte nach.

Damit hatte der Wirt ausgespielt: Sein ganzer Besitz, mit all den großen Geschichten und den unrechten Gewinnen – alles ging an Nuri, die grinsend im Dunkeln gestanden und die Szene verfolgt hatte, ehe sie sich wieder fasste und in schrillen Tönen nach Licht verlangte.

»Du wolltest wohl warten, bis ich einschlafe, ehe du meine Lampe anzündest, Wirt?«, rief sie anklagend. »Damit du behaupten kannst, ich hätte geschlafen, als deine famose Wunderkatze – so eine große, schwarze, nicht wahr? – kam, um meine Lampe anzuzünden? Für so unredlich hätte ich dich nicht gehalten, wenngleich ich sehr wohl sehen konnte, dass du ein gar spannendes Lügengarn spinnst.«

Der Wirt musste zugeben, dass er die Wette verloren hatte, fragte aber, ob er nicht als Diener hierbleiben und sich weiter um den Gasthof kümmern könne. Freudig erklärte sich Nuri einverstanden.

Dann gingen Nuri und ihr Mann zu Bett, und zum ersten Mal, seit der Einfaltspinsel sein Vermögen an den Wirt verloren hatte, erwachte der »große Kerl« wieder zum Leben.

Tags darauf kehrten sie glücklich zu ihrer Familie zurück: Ein Maulesel zog den Wagen des ehemaligen Wirts.

»Ich kann nun mit Stolz sagen«, erklärte der Einfaltspinsel

seinem Schwiegervater, während er Nuri vom Wagen half, »dass ich meine Ehre und die Ehre der Familie wiederhergestellt habe. Und wenn du eineinhalb Abhänge talwärts gehst, stößt du auf einen Gasthof, der nun uns gehört, und einen Diener, der ihn für uns betreibt. Und dieser Wagen und der Maulesel gehören auch noch dazu.«

Und während Nuri und ihr Mann auf ihr Zimmer gingen, tippelte der Rest der Familie los, um von einer geeigneten Stelle auf dem Hügel einen Blick auf den Gasthof zu werfen.

»Deine Ehre wiederherstellen – dass ich nicht lache«, spottete Nuri und schälte vergnügt den »großen Kerl« aus seiner Hülle. »*Du* musstest wiederhergestellt werden!«

Anmerkungen

Königsrätsel

Unter dem Titel »Vasilisa the Priest's Daughter« in Aleksandr Afanas'evs Sammlung russischer Folklore *Russian Fairy Tales* erschienen, englisch von Norbert Guterman (The Pantheon Fairy Tale and Folklore Library, New York, 1975), deutsch unter dem Titel »Wassilissa, die Popentochter« in *Russische Volksmärchen, gesammelt von Alexander N. Afanassjew,* deutsch von Anna Meyer (C. W. Stern, Wien, 1906, S. 300 ff).

Dieses Märchen ist in zahlreichen Anthologien enthalten, darunter auch in *The Virago Book of Fairy Tales,* herausgegeben von Angela Carter (Virago, 1991, S. 57 ff.).

Auf Freiersfüßen

Dies ist die Novella XI des *Novellino* von Masuccio Salernitano (1476), gewidmet »allo illustrissimo principe Don Federico d'Aragona, Regio secondogenito«. Eine andere aus dieser Sammlung von fünfzig Novellen ist eine frühe Version von *Romeo und Julia,* um 1530 unter dem Titel *Giulietta e Romeo* von Luigi da Porto nacherzählt. Die von Arthur Brooke in Verse gefasste Version in englischer Sprache mit dem Titel *The Tragicall History of Romeus and Juliet* (1562) scheint als Vorlage für die berühmte Fassung von Shakespeare gedient zu haben.

Mehrere Novellen in den verschiedenen Sammlungen des 15. Jahrhunderts handeln von einer Frau, die dazu gezwungen wird, in Männerkleidung (üblicherweise eine Mönchskutte) zu schlüpfen, um ihre Keuschheit zu wahren.

In Giovan Francesco Straparòlas *Ergötzlichen Nächten* (Berlin/Leipzig 1904, München 1908) gelingt es einer Frau, sich auf der Reise zu einem Mönchskloster an ihrem eifersüchtigen Ehemann dafür zu rächen, dass er ihr eine Mönchskutte aufgezwungen hat: Sie richtet es so ein, dass ihr Bewunderer sich gleichfalls als Mönch verkleidet und das Paar bei seiner Ankunft zu Speisen und Wein in seine Zelle einlädt.

Dort muss der wütende Ehemann zusehen, wie der Bewunderer um seine Frau herumscharwenzelt; als Ergebnis gesteht er seine Schwäche ein und schwört, künftig ein vernünftigerer Ehemann zu sein.

Endlich gut aufgehoben

Diese Geschichte basiert auf »Bernabò von Genua«, der neunten Novelle des zweiten Tages in Giovanni Boccaccios *Decamerone* (1349–1351). Der zeitliche Rahmen für die hundert Geschichten dieser Sammlung ist das Jahr 1348, als zehn junge Leute, sieben Frauen und drei Männer, Florenz verlassen und sich in der Hoffnung, dem Schwarzen Tod zu entrinnen, in die Hügel von Fiesole flüchten. Um sich die Zeit zu vertreiben, erzählt reihum täglich einer eine Geschichte – derbe Geschichten, Romanzen, Abenteuer, Märchen und Geschichten, die von Klugheit und Weisheit zeugen. Einige davon dienten später als Grundlage für Theaterstücke, Opern und Gemälde.

Diese Geschichten zeichnen sich oft durch derbe Späße aus altfranzösischen Versdichtungen aus, und überhaupt sind in den Sammlungen italienischer Novellen viele Märchen von Verkleidungskünstlern und -künstlerinnen enthalten. Drei der ersten zehn Geschichten im *Decamerone* erzählen von Frauen, die sich als Männer verkleiden.

Rubine für einen Hund

Diese Geschichte erscheint im ersten Teil des *The Everyland Story Book,* herausgegeben von Oliver Brown (The Carey Press, 1931). Dieser Teil ist vom Herausgeber nacherzählt und trägt den Titel *Tales from Eastern Wonderlands*. Den anderen Titeln in diesem Teil (der im übrigen Geschichten aus dem indischen Epos *Mahabharata* sowie ein Märchen über den legendären arabischen Helden Hatim Tai enthält) und auch dem Vorwort des Herausgebers nach zu urteilen, scheint die Geschichte aus Indien zu stammen. Indien war ein Sammelbecken für Märchen aller Völker, die sich über die Jahrhunderte dort niederließen. Die Namen der Städte weisen darauf hin, dass das vorliegende Märchen in Afghanistan spielt.

Der große Schatz panislamischer Märchen, die in Indien zu finden sind – Märchen aus dem Iran, Afghanistan, der Türkei, Teilen der ehemaligen Sowjetunion, dem muslimischen Afrika und den arabisch sprechenden Ländern –, hat über die letzten Jahrhunderte für Volkskundler und Sammler reiche Ernte abgeworfen. Viele sind Teil einer höfischen Tradition und sind in Versform sogar noch früher erschienen. Andere sind in den über sechsunddreißig Kapiteln der *Chronicles of Amir Hamza* (*Dastan-e Amir Hamzah,* Columbia University Press, 1991; Naval Kishor Press, 1893–1905), enthalten, besonders im Abschnitt »The Spellbinding Talisman« (Tilism-e Hoshruba).

Die Ballade von Mary Ambree

Die Ballade von Mary Ambree tauchte erstmals gegen Ende des sechzehnten Jahrhunderts auf. Dianne Dugaw bezeichnet in ihrer Forschungsarbeit *Warrior Women and Popular Balladry 1650–1850* (Cambridge University Press, 1989) diese Ballade als »Pop-Hit«, der alle Stadien – über die Zugehörigkeit zum Standardrepertoire bis hin zum Rang eines »Golden Oldie« – durchlief (S. 43 f.), in der Beliebtheit im siebzehnten Jahrhundert vergleichbar mit derjenigen von Bob Dylans »Blowing in the Wind« in den 1960er-Jahren.

Die Geschichte in diesem Buch basiert auf dem Text »The valorous Acts performed at Gaunt, by the brave bonny lasse Mary Ambre; Who in revenge of her Lovers death, did play her part most gallantly«, gedruckt als »Broadside« (ein in der Regel einseitiger Druck in Form einer Wandzeitung, eines Plakats) »London printed for William Gibertson in Giltspur-street«, um 1640, enthalten in der Broadside Collection Vol. 1 der Manchester Central Library), abgebildet in *Warrior Women and Popular Balladry,* S. 34, Text S. 37 ff.

Marys Enthüllung am Schluss ist die Stunde der Wahrheit: Letztlich ist es ihr Körper, der Körper einer Frau, der den Kampf für sie entscheidet.

Die Maus, das Ding und der Zauberstab

Dieses Märchen ist eine Fantasie über Transsexualität. Eine europäische Variante, die den Brüdern Grimm zugeschrieben wird, unterdrückt erfolgreich alle Anzeichen der sexuellen »Abweichung«, die der Erzählung innewohnt, indem sie die Vereinigung der beiden Frauen bis zur vollendeten Verwandlung der Heldin in einen Mann zurückhält.

Meine Version ist von einer Variante inspiriert, die mir ein Nachtwächter von der Nordwestgrenze Pakistans erzählte, als ich noch ein kleines Mädchen war und in Karatschi lebte. Das Märchen war in der zentralasiatischen Steppe angesiedelt und begann damit, dass die als Junge verkleidete Heldin die Prinzessin wieder zu ihrer Familie zurückbrachte. Eine beinahe identische Version findet sich in Charles Downings *Armenian Folk-Tales and Fables* (Oxford University Press, 1972). Sowohl die europäische als auch die armenische Version tragen denselben Titel, »The Girl who became a Boy«.

Wie Pegasus, das Flügelpferd der griechischen Mythologie, das dem Helden Bellerophon half, ist die Figur des Zauberpferds fester Bestandteil aller Varianten dieses Märchens und, in einer weniger zentralen Rolle, auch anderer Märchen von Verkleidungskünstlerinnen. Die tiefere Bedeutung dieses in diesem Märchentyp durchgängig enthaltenen Elements könnte von der Tiefenpsychologie erhellt werden, die Tiere als Symbole der primitiven Triebe der menschlichen Psyche, und zwar sowohl der sexuellen und tierischen als auch der instinktiven und weisen Triebe, erachtet. Es ist wahrscheinlich, dass das Pferd – in diesen Märchen meist eine Stute – den weiblichen Aspekt der Verkleidungskünstlerin darstellt. Im vorliegenden Märchen befiehlt der Sultan Rahat, ihm einen Hengst zu beschaffen, der die Stute ersetzen soll. Möglicherweise stellen Hengst und Stute zusammengenommen die Bisexualität und die Geschlechtsumwandlung in der Geschichte dar. In *The Dream and the Underworld* (Harper & Row, 1979, S. 146, dt. *Am Anfang war das Bild: unsere Träume, Brücke der Seele zu den Mythen,* Kösel, 1983, S. 137) weist James Hillman die traditionelle Hypothese der Tiefenpsychologie zurück und stellt die Theorie auf, dass die Tiere Götter seien. Er betrachtet »Tierbilder aus der Perspektive der Unterwelt … als Träger von Seele …; vielleicht Totemträger unserer eigenen Frei-Seele oder Tod-Seele, die uns helfen, im Dunkeln zu sehen« – und Rahats Stute ist dafür mit Sicherheit ein Beispiel. Hillmans Theorie lässt an die Pferde denken, die Hades' Wagen ziehen, in denen die Toten befördert werden; in dieser Geschichte stehen sie für den Tod des Weiblichen in Rahat.

Staubkorn Gottes

Die Geschichte der Eugenia habe ich rekonstruiert aus Fragmenten in *White Magic* von Charles Grant Loomis (Medieval Academy of America, Cambridge, Massachusetts, 1968) und *La Légende Dorée* von Teodor de Wyzewa (Librairie Académique Didier, 1902, S. 509 ff.), die auf der lateinischen *Legenda Aurea* von Jacobus de Voragine (1230–1298) basiert. Eugenia starb um das Jahr 258.

Ein verschlungener Pfad

In *Myths and Legends of China* (Harrap, 1992) erzählt E.T.C. Werner, britischer Konsul in Fuzhou (China), in einem umfangreichen, »Die Göttin der Gnade« überschriebenen Kapitel von den Erfahrungen der Prinzessin Miao Shan. Dieses Kapitel enthält – in einer weit ausführlicheren Form – ihre Erlebnisse auf dem Weg zur Gottwerdung.

Der Buddhismus gelangte auf dem Weg der mündlichen Überlieferung vor allem via Zentralasien ins China der Han-Dynastie (206 v. Chr. bis 220 n. Chr.) und wurde über die Jahre an die Gepflogenheiten der chinesischen Bevölkerung angepasst. Taoistische Glaubensvorstellungen verschmolzen schnell mit dem Buddhismus, und viele der Götter, denen man die Verantwortung für Naturkatastrophen und auch die Errettung aus solchen zuschreibt, wurden diesem Glauben angegliedert.

Im vierzehnten Jahrhundert waren der Taoismus, der Buddhismus und der konfuzianische Glaube bereits eng miteinander verquickt. Dieser mit Leichtigkeit vollzogene Synkretismus der vorgenannten drei Glaubensrichtungen überzog in China vor der kommunistischen Revolution die diversen Volksglauben, die in der vorangehenden religiösen Entwicklungsphase vorherrschend gewesen waren.

Neun Jahre – die Zeit, die Miao Shan brauchte, um Vollkommenheit zu erlangen – sind im chinesischen Buddhismus von besonderer Bedeutung, da Bodhidharma, der als Erster den Glauben nach China brachte, ebenfalls neun Jahre in Kontemplation verharrte, in denen er sich, das Gesicht auf eine leere Wand gerichtet, von den Menschen fernhielt. Während dieser Zeit schnitt sich einer seiner Anhänger den Arm ab, um den Bodhidharma von seiner eigenen Hingabe zu überzeugen.

In ihrer weiteren Entwicklung wurde Miao Shan zur allseits geliebten Kuan-Yin, der Göttin der Gnade und des Mitgefühls, die im heutigen China die am meisten verehrte Göttin ist.

Ein Gewand aus Mondfäden

Geschichten vom verschwenderischen Sohn eines Kaufmanns, der von einer Prinzessin gerettet wird, sind überall in der jüdischen Welt zu finden. Diese Version basiert auf Pinkas Sadehs Nacherzählung in *Jewish Folktales* (Collins, 1990, dt. »Kaufmannssohn und Asmodis Tochter« in: Pinkas Sadeh, *König Salomons Honigurteil, Märchen und Legenden der Juden,* Hanser, 1989). Ich habe es mit Fragmenten aus »A Garment for the Moon« aus *Miriam's Tambourine* von Howard Schwarz (Oxford University Press, 1988) verwoben, das auch davon handelt, das Unmögliche möglich zu machen, wenngleich auf einer ganz anderen Ebene.

Der Kaufmann von Venedig basiert mit ziemlicher Sicherheit auf einer der Varianten – interessanterweise behält Shakespeare die Form eines jüdischen Geldleihers und einer nichtjüdischen Heldin bei. Aber da den Juden in einer christlichen Gesellschaft, in der selbst Ehen zwischen Christen verschiedener Glaubensrichtungen verpönt waren, äußerstes Misstrauen entgegengebracht wurde, musste der Held wohl ein Nichtjude sein, damit die Geschichte von einem christlichen Publikum überhaupt angenommen werden konnte.

Es kommt, wie's kommt

Pfarrer Charles Swynnerton nahm diese Geschichte in seine Sammlung *Romantic Tales from the Panjab with Indian Nights' Entertainment* (Archibald Constable, 1908) auf. Er nennt es »The Princess and the Ogres«. Es gehört zum umfassenden panislamischen Märchenkorpus aus dem Iran, der Türkei und den arabisch sprechenden Ländern. Ich habe diese Märchen sozusagen mit der Muttermilch aufgesogen und konnte mich ihrer bis heute nicht entwöhnen.

Der Feigling und die Heldin

Ralph Steele Boggs' *Index of Spanish Folktales* (The University of Chicago, 1930, S. 142) ortet dieses Märchen in der Sammlung *Manojico de cuentos, fábulas, apólogos, historietas, tradiciones y anécdotas* von M. Polo y Peyrolón (Valencia, Alufre, 1895, S. 163 ff.). Das vorliegende Märchen basiert auf Boggs' Zusammenfassung, in der die Frau des Schneiders diesem allerdings sehr wohl die Weste abnimmt, in die das Gold eingenäht ist.

Eine Frage der Ehre

Hier diente die sechste Geschichte, »The Foolish Mussulmaun«, aus W. F. Connors *Folktales from Tibet* (Hurst and Blackett, 1906) als Vorlage. Ich vermute, dass Connor diesen Titel wählte, weil der Einfaltspinsel in diesen Geschichten der berühmte Scheich Chilli ist – ein Muslim, um den sich in der Folklore des indisch-pakistanischen Subkontinents viele Fabeln und Geschichten ranken.

Dank

Mein Dank geht an Lennie Goodings, meine Lektorin, für ihre Geduld und für ihre verständnisinnigen Anmerkungen und Ratschläge, die insbesondere in das Vorwort eingeflossen sind. An meinen Mann, Christopher Shackle, der als unermüdlicher Märchendetektiv in Bibliotheken und Buchläden, bei Trödlern und auf Flohmärkten Spuren folgte und Beweisstücke sicherstellte. Mein Dank geht auch an Mary Ann Hushlak für ihre beständige Ermutigung und vor allem an meine Tochter Samira, die alle Märchen gelesen hat, ebenso an das Team der Folklore Society Library, das keine Mühe scheute, um mir beim Aufstöbern von Material zu helfen, und an Ula Braun und Ulrich Schweizer, die die deutsche Ausgabe lektoriert haben.

Juri Rytchëu *Der Mondhund*

Wenn es einem Polarhund gelingt, bei Vollmond in den Himmel zu fliegen und ein Stück vom Mond abzubeißen, sind ihm fortan magische Fähigkeiten geschenkt. Der junge Rüde Monder hat es geschafft und ist damit einer der wenigen, der alle Tiere verstehen und ihre Gestalt annehmen kann. Doch dann begegnet er den Menschen und ihrer Welt voller Gefahren.

Juri Rytchëu *Die Frau am See*

Gatle und Lollo erkennen schon als Jungs, welches der bedeutendste Teil ihres Körpers ist – und brennen darauf, ihn einzusetzen. Bald ist kein weibliches Wesen der Tundra vor ihnen sicher. Da erteilt ihnen der Schamane Tschenko eine Lehre … Ein verschmitztes Märchen und ein weises Plädoyer für die wahre Herzensneigung.

Salim Alafenisch *Amira – Prinzessin der Wüste*

Vierzig junge Männer möchten die schöne Amira heiraten. Das sind so viele, wie die Halskette ihrer Großmutter Perlen hat. Aber nicht alle Perlen sind gleich, man muss schon genau hinsehen, um die Edelsteine von den unechten zu unterscheiden, sagt die Großmutter – und gibt Amira den Rat: »Wähle den, der dir die schönste Geschichte erzählt.«

Salim Alafenisch *Amira – Im Brautzelt*

Amira, das schönste Mädchen der Wüste, konnte sich vor Ehebewerbern kaum retten. Nach gründlicher Prüfung blieben von den vierzig heiratswilligen Männern noch drei übrig. Nun kann sie sich nicht entscheiden. Die Großmutter weiß zu helfen: Sie soll ihr Herz demjenigen schenken, der sich als der beste Geschichtenerzähler erweist.